볼로냐, 붉은 길에서 인문학을 만나다

볼로냐, 붉은 길에서 인문학을 만나다

맛, 향기, 빛깔에 스며든
인문주의의 역사

권은중 지음

메디치

로마가 아닌 볼로냐로 간 기이한 여행자

사람들은 이탈리아 하면 으레 옛 로마 제국과 베네치아, 피렌체 같은 중세 도시국가를 떠올린다. 그래서 대다수 여행자들은 이탈리아 반도의 절정을 느낄 수 있는 밀라노-베네치아-피렌체-로마-나폴리를 다녀온다. 이는 1786년 독일의 대문호인 괴테가 선보였던 이탈리아 기행 루트와도 비슷하다. 당시 30대 초반의 괴테는 "로마에 들어섰을 때 제2의 인생이 시작되었다"고 말했을 정도로 이탈리아에서 큰 영감을 받았다. 괴테뿐 아니라 대부분 사람들의 이탈리아 여행 코스는 예전이나 지금이나 그리고 미래에도 크게 변함이 없을 것이다.

하지만 나는 기이한 이탈리아 여행자다. 나의 여행은 이런 고전적인 이탈리아 여행 루트에서 한참 벗어났다. 로마-베네치아-나폴리 등을 대신해 내가 고른 도시는 볼로냐였다. 나는 2019년 이탈리아에 있는 외국인을 위한 이탈리아 요리학교ICIF에 유학을 다녀왔다. 학교를 졸업하고 레스토랑 인턴 실습을 마친 뒤, 한국으로 돌아오기 전에 나는 볼로냐와 시칠리아에 각각 한 달씩 있다가 귀국했다.

볼로냐와 시칠리아를 고른 데에는 학교에서 강의를 했던 셰프들의 영향이 컸다. ICIF는 토리노가 주도인 이탈리아 북부 피에몬테주에 있다. 프랑스와 국경을 맞대고 있는 피에몬테는 프랑스 문화와 이탈리아 문화의 교차점에 있다. 그래서일까? 이들은 자신의 문화에 대한 자부심이 남다르다. 그런데 이 자부심 강한 피에몬테 사람들이 이탈리아 맛의 원조로 꼽는 도시가 바로 볼로냐와 시칠리아다.

볼로냐가 자리한 에밀리아로마냐주는 이탈리아인들의 골수라고 할 수 있는 치즈와 살루미(햄)가 유명하다. 우리가 '샌드위치 햄'으로 부르는 커다랗고 둥근 햄은 볼로냐에서 마든 모르타델라에서 시작되었다. 이 햄은 신성로마제국을 통해 스페인으로 전해졌고 남미로 퍼졌다. 이 햄뿐 아니라 이탈리아인의 자존심으로 불리는 돼지 뒷다리로 만드는 생햄인 프로슈토의 집산지도 볼로냐다.

우리나라에는 스페인의 이베리코 햄이 널리 알려져 있지만 따지고 보면 고대 로마시대부터 만들어 먹었던 이탈리아가 원조다. 중세시대부터 교황의 하사품으로 알려진 파르미지아노-레지아노 치즈도 볼로냐 인근 도시에서 생산된다. 이밖에도 발사믹 식초 등 볼로냐와 그 주변도시에서 최초로 선보인 원조음식은 끝이 없다. 볼로냐는 이탈리아 '미식의 수도'로 불린다. 이것만으로도 볼로냐는 충분히 다녀올 만한 가치가 있다.

항상 웃는 볼로냐 사람들, 그 행복감의 비밀은?

'곳간에서 인심난다'는 우리 속담처럼 볼로냐는 개방적인

7

이탈리아에서도 가장 개방적인 도시였다. 나는 볼로냐에서 난생 처음으로 젊은 여성들에게 윙크를 받아보았다. 볼로냐의 젊은 여성들은 커피를 마시거나 식사를 하러 가게를 찾는 나에게 "본 조르노"라는 인사와 함께 윙크를 해주었다.

공공서비스도 훌륭하다. 외국인은 아예 못 들어가게 해놓은 토리노와 팔레르모의 도서관과 달리 볼로냐시립도서관은 내게 바로 출입증과 대출증을 만들어주었다. 이탈리아에서 1년 가까이 머물면서 처음 누려보는 빠르고 친절한 공공서비스였다. 외국인 체류자라는 이유로 이탈리아의 시골 경찰서에 가서 열손가락 지문을 찍었던 안 좋은 경험이 있던 나에게 볼로냐는 놀라운 곳이었다.

볼로냐는 활력이 넘쳤다. 이탈리아의 도시들은 고령화로 몸살을 앓고 있지만 대학 건물이 도심 전체에 흩어져 있는 볼로냐는 젊은 사람들로 가득했다. 금요일 저녁에는 서울의 대학로나 홍대 골목처럼 젊은이들이 북적였다. 해가 떨어지면 사람들이 빠르게 사라지는 다른 도시와는 전혀 다른 밤풍경이었다.

나는 의아했다. '왜 볼로냐는 이탈리아의 도시는 물론이고 미국이나 유럽의 도시와도 다른 에너지가 느껴지는가' 하는 의문을 갖게 되었다. 이 책은 내가 가진 그 의문과 거기에 대한 내 나름의 해답을 찾아가는 과정을 담고 있다.

볼로냐에 있을 때는 볼로냐 사람들이 왜 싱거운 사람들처럼 웃고 다니는지 알 수가 없었다. 볼로냐 음식이 싸고 맛있고 볼로냐의 여성들이 친절하다는 걸 느끼는 것만으로도 하루하루가 즐거웠던 탓도 있다. 서울에 와서 이 책 저 책을 본 뒤에야 비로소 볼로냐 사람들의 표정에서 느껴지는 행복감의 정체를 깨달을 수 있었다. 그 실마리는 역시 음식이었다.

볼로냐와 그 주변 도시(에밀리아)에서는 돼지로 만든 햄은 소금과 바람 그리고 시간을 두고 천천히 만들어야 한다고 믿는다.
심지어 햄을 와인용 오크통에 숙성하기도 한다. 치즈 역시
마찬가지다. 치즈는 우유 말고 어떤 것도 섞어서는 안 된다고 여긴다.
풀 말고 소에게 다른 것을 먹이지 않는다. 그래야 자기 조상들이
먹었던 것과 똑같은 치즈를 먹을 수 있다고 주장한다. 대단한
장인들이지만 한편으로는 갑갑한 고집쟁이들인 셈이다.

근대 학문과 협동조합을 탄생시킨 도시

볼로냐의 고집은 뿌리가 깊다. 볼로냐 사람들의 조상인
에트루리아인들은 세계 최초로 금화를 사용했다는 수아시아의 고대
왕국이었던 리디아의 후손으로 추정된다. 이탈리아 반도에 정착한
이들은 화폐를 사용하고 그리스인과 경쟁했다. 에트루리아인들은
벽돌을 사용해 수로를 놓고 아치를 만들었다. 고대 로마는 볼로냐를
정복하고 이 문화를 흡수했다. 벽돌과 아치는 고대 로마를 상징하는
대표적인 건축 문화였다.

9

볼로냐 사람들은 중세에도 독특했다. 세계 최초의 공동체적인
대학을 만들었으며 유럽 최초로 자유도시를 건설했고 노예제를
인정하지 않았다. 게다가 유럽의 강대국인 신성로마제국이나 유럽을
오랫동안 지배해왔던 교황청과도 자유를 얻기 위해 전쟁을
불사했다. 그들은 신민이길 거부하고 고대 그리스인들처럼
자유도시의 시민이길 바랐다. 그리고 볼로냐는 고대 그리스보다
한발 더 나갔다. 볼로냐 대학은 세계 최초로 여성에게 학위를 주었고
대학 교수로 임명했다. 비슷한 시기 이웃 독일과 프랑스에서
여성들을 마녀로 몰아 종교재판에 회부하고 있을 때 볼로냐에서는
여성들이 가진 재능을 발휘할 수 있도록 했다.

근대 법과 근대 의학 그리고 천문학도 볼로냐에서 태동했다. 볼로냐 대학에서 물꼬를 튼 이런 학문은 사회과학과 자연과학을 종교에서 독립하게 만들었다. 학문의 독립 이후 우리가 알고 있는 근대가 시작되었다. 우리가 누리고 있는 현대 학문의 기원을 따지고 들어가면 많은 부분이 볼로냐의 붉은 벽돌 건물과 회랑에서 튀어나왔다.

볼로냐의 성취는 현재 진행형이다. 20개가 넘는 지역으로 쪼개져 있던 이탈리아는 1861년 통일을 했지만 근대국가였던 영국 프랑스 독일과는 상대가 되지 않았다. 그래서 이탈리아 북부 도시들은 강대국의 자본에 맞서려면 연대할 수밖에 없다고 생각했고 협동조합 운동을 주도했다. 중세 때 정치적으로 자치 도시를 만들어 운영했던 이들은 근대에 와서는 경제적 자치 도시를 꿈꾼 것이다.

현재도 이탈리아는 유럽 국가 가운데 협동조합이 가장 많은 나라다. 특히 이탈리아에서 가장 많은 양의 와인을 생산하는 리유니테와 같은 볼로냐와 주변 도시의 협동조합이 유명하다. 덕분에 볼로냐는 '협동조합의 수도'로 불리기도 한다. 협동조합이 있어서 볼로냐의 청년 취업률과 여성 취업률은 이탈리아에서 가장 높은 편이다. 볼로냐의 음식이 맛있고 싼 것도 도시 구석구석에 미치고 있는 협동조합의 힘일 수도 있다.

이탈리아 음식 인문학 기행의 다음 행선지는?

내 눈에는 볼로냐는 음식으로 시작해서 음식으로 마무리된다. 자유를 위해 참 지나칠 정도로 싸워왔던 이 도시의 역사는 음식으로 접근하면 이해가 쉽다. 볼로냐가 배고픈 소크라테스도 배부른 돼지도 아닌 영리한 시민들이 일군 도시라는 것을 볼로냐에서

몇 끼만 먹어보면 금세 온몸으로 느낄 수 있다.

그런데 볼로냐처럼 멋진 도시를 소개하는 책이 국내에 한 권도 없다는 건 좀 의아했다. 물론 이탈리아에 로마, 베네치아, 피렌체처럼 유서 깊고 아름다운 도시가 워낙 많아서 그렇겠지만 아쉬운 대목이다. 이 책이 대학도시이자 미식도시 그리고 미술과 음악의 도시이기도 한 볼로냐에 대한 국내 여행자들의 관심을 열 수 있기를 바란다.

나는 볼로냐에 이어 피에몬테, 시칠리아를 소개하는 이탈리아 음식 인문학 기행 시리즈를 계속 쓸 계획이다. 많고 많은 이탈리아 도시(107개)와 주(20곳) 가운데 시칠리아와 피에몬테를 꼽은 것은 두 지역 역시 볼로냐와 마찬가지로 이탈리아의 음식문화에 큰 영향을 미친 곳이라고 생각하기 때문이다.

아울러 쉰이라는 적지 않은 나이에 이탈리아 음식에 빠져 아무 계획 없이 20년간 해온 기자라는 직업을 그만두고 요리 유학을 떠났던 나에게, 음식 인문학 기행 시리즈 집필을 제안해준 김현종 대표 등 메디치미디어 분들께 감사드린다. 메디치의 제안이 없었다면 하루 15시간(오후 브레이크 2시간 포함) 무급으로 노예처럼 일하던 나는 이역만리 타국에서 어떤 일탈을 했을지도 모른다(이탈리아와 가까운 북아프리카 튀니지나 그리스 크레타섬으로 가볼까 진지하게 고민한 적이 있었다).

또 나에게 음식에 대한 관심과 역사에 대한 애정을 일깨워 주신 나의 부모님 권희균·김금자님께도 감사드린다. 대책없이 회사를 그만두고 자기 좋아하는 일만 하려는 철없는 남편을 인내하며 격려해준 아내 박세나에게도 고마운 마음을 전한다.

2021년 5월 권은중

차례

3장 빛깔

에밀리아로마냐 지도

롬바르디아

베네토

● 피아첸차

파르마
●

레조넬에밀리아
●

● 페라라

모데나
●

볼로냐
■

에밀리아로마냐

라벤나
●

리구리아

폴리
●

체세나
●

리미니
●

토스카나

TORTELLONI
DI ZUCCA

TORTELLONI
GIALLI E VERDI

1장
맛

볼로냐 음식을 맛보면
누구라도 행복해진다

파스타의 맛

파스타를 모르면
이탈리아를 반만 아는 것이다

"오, 볼로냐 사람의 피에 흐르는 고유한 부드러움이여.
볼로냐 사람들은 찬사를 받을 가치가 있다."
보카치오, 《데카메론》 중에서

이탈리아 음식, 하면 가장 먼저 어떤 음식이 떠오르는가? 어떤
사람은 피자를, 어떤 사람은 파스타를, 또 다른 사람은 치즈를 떠올릴
것이다. 그중에서도 특히 피자와 파스타는 이탈리아를 넘어서 서양
요리를 대표하고 있다. 이탈리아뿐 아니라 영국 런던이나 미국 뉴욕
그리고 일본 도쿄에 가도 유명한 이탈리아 레스토랑은 어디에나
있다. 우리나라도 예외는 아니다. 분식집만큼이나 많은 피자집이
골목골목마다 자리하고 있다.

　　　하지만 내 기억에 파스타와 피자가 우리나라에 들어온 지는
그렇게 오래되지 않았다. 내가 태어나 가장 처음 스파게티를 먹었던
것은 서울 신촌의 어느 음식점에서였다. 1988년에 맥도널드
햄버거가 처음 한국에 들어오고, 그 후 피자헛이 들어오더니 어느새
미국의 새로운 음식 문화가 물밀듯이 들어오던 1980년대 말이었다.
당시 새로운 음식 문화를 접하는 수업료는 꽤 비쌌다. 그때 나는 젊은
층 사이에서 핫플레이스였던 종로2가 종로서적에 갈 일이 있으면
근처의 맥도널드에서 친구들과 햄버거를 먹었다. 시집이 한 권에
2,000원이고, 구내식당의 장국밥이나 돈가스가 500원, 1,000원 하던
시절이었다. 그런데 맥도널드 햄버거와 콜라, 감자튀김으로 구성된

21

빅맥 세트는 4,000~5,000원이나 했다. 교내 매점의 햄버거가 250원인 것에 건주면 임청나게 비싼 가격이었다. 요즘 물가로 환산하면 요즘 괜찮은 레스토랑에서 점심 세트 메뉴를 먹을 수 있는 20,000원 정도다.

피자는 한술 더 떴다. 국내에 가장 먼저 들어온 피자 체인점인 피자헛의 피자 한 판 가격이 당시 가격으로 무려 20,000원이었다. 심지어 샐러드 작은 그릇 한 접시가 2,000원이었는데 한 번밖에 담을 수 없었다. 그래서 샐러드를 켜켜이 눌러 담는, 다소 점잖지 못한 기술을 익히려 애쓰기도 했다. 피자를 맘껏 먹을 수 있게 된 것은 1990년대 말 피자가 본격적으로 대중화되면서부터였다.

나의 첫 파스타는 이탈리아 파스타가 아니었다

파스타를 처음 접한 것도 비슷한 시기였다. 대학생 때, 서울 신촌에 미트볼 스파게티를 맛있게 하는 음식점이 있다는 소문을 들었다. 당시 신촌은 대학로와 함께 강북 최고의 핫플레이스였다(1980년대 말 홍대 앞에는 지금과 달리 분식집만 있었다). 미트볼 스파게티를 먹으러 친구들과 가끔 그 집을 찾았다. 미트볼도, 토마토 스파게티도 신기했던 시절이었다. 특히 가장 새로웠던 것은 파스타에 뿌려먹는 파르메산(보통 '파마산'이라 한다) 치즈였다. 신선한 충격이었다. 파르메산 치즈는 미국의 브랜드명으로 우리가 알고 있는 이탈리아의 파르미지아노-레지아노 치즈와는 전혀 다른 치즈다.

한번은 미국에서 중·고등학교를 다녔던 친구와 함께 신촌에 있는 이 가게에 들렀다. 내가 자랑스레 "이 집의 인기 메뉴는 미트볼 스파게티야" 하며 주문을 했는데 정작 그 친구는 이 미트볼 스파게티에 손도 대지 않았다. "왜 먹지 않는 거야" 하고 물었더니 예상치 못한 답변이 돌아왔다.

"미국 학교에서 급식으로 가장 자주 나오는 메뉴가 미트볼 스파게티야."

가난한 학생에게 제공되는 무료 급식 메뉴도 이 미트볼 스파게티였다고 한다. 그 친구에게 미트볼 스파게티는 내가 고등학교 야간 자율학습 때 흡입했던 육개장 사발면과 비슷한 느낌이었나 보다. 그러나 스파게티라는 새로운 문화에 들떠 있던 나에게 '스파게티=가난 혹은 식상'이라는 친구의 말은 납득이 가지 않았다.

친구의 말이 사실이라는 걸 미국에 가서야 알았다. 미국에서는 아침에 맥도널드 앞을 시나가나 보면 많은 사람이 맥모닝을 사려고 줄 서는 모습을 볼 수 있다. 그 가운데에는 상자를 외투 삼아 뒤집어쓴 노숙인도 많았다. 피자 역시 미국에서는 패스트푸드의 일종이었다. 1980년대 말 한국에 세련된 외식으로 알려졌던 대부분의 미국 음식들이 사실상 지극히 평범한 서민 음식이었던 것이다.

미국뿐만이 아니었다. 스파게티는 파스타 종주국인 이탈리아에서도 고급 음식이 아니다. 심지어 지역에 따라서 찬밥 취급을 받을 정도다. 나는 요리 공부를 하려고 이탈리아 북부에 위치한 피에몬테Piemonte주에서 '외국인을 위한 이탈리아 요리학교ICIF'를 다녔다. 그때 내가 학교를 다녔던 지역의 레스토랑 가운데 스파게티를 파는 곳은 거의 없었다. 피자 역시 사정이 비슷했다.

한국에서는 스파게티나 마카로니, 펜네 등의 건면pasta secca과 생면pasta fresca을 크게 구분하지 않는 편이다. 좀 더 정확하게 말하면, 한국에서는 생면 파스타를 내놓는 레스토랑이 극히 드물다.

한국에서는 건면의 일종인 스파게티가 파스타를 대표한다. 그러나 대부분의 북부 이탈리아 레스토랑에서는 유감스럽게도 건면인 스파게티를 팔지 않는다. 심지어 메뉴에 쌀로 만든 리소토는 있어도, 스파게티나 마카로니가 있는 레스토랑은 드물다. 물론 북부에서도 파스타를 먹기는 하지만 대부분 생면 파스타를 선호한다. 이 생면 파스타는 남부의 파스타인 건면과는 확연하게 다르고, 가격도 스파게티보다 두 배쯤 비싸다.*

　　피자도 사정은 비슷해서 한국인이 알고 있는 프랜차이즈 피자와 이탈리아 피자는 많이 다르다. 이탈리아 레스토랑에서는 절대 미국의 파르메산 치즈처럼 공장에서 만든 치즈를 식사와 함께 내놓지 않는다. 이는 대부분 미국에서 건너온 미국식 이탈리아 음식의 특징이다. 이탈리아 북부의 레스토랑에서는 대부분 피자를 팔지 않는다. 그러나 어느 동네에나 피자만 파는 피체리아pizzeria가 따로 있다. 피자 가격은 한 판에 10유로 선으로 저렴하고 푸짐하면서도 맛있다. 당연하게도 피체리아는 내가 이탈리아에서 가장 많이 간 음식점 중 하나였다. 또 피자의 원조인 이탈리아 남부식 피자는 도우가 두껍지 않다. 나폴리 피자협회AVPN에서는 피자 중심의 두께가 3밀리미터를 넘으면 나폴리 피자라는 말을 붙일 수 없다고 규정했다. 그래서 두툼한 도우를 쓰는 중부 지방의 피자는 피자가 아니라 '핀자pinzza' 등 다른 이름을 쓴다. 나는 토스카나Toscana의 두툼한 핀자를 좋아하고 좀 더 두툼한 라치오Lazio식 피자도 좋아한다.

* 북부에서는 피자나 샐러드 등을 간단하게 파는 바르Bar나 역 식당, 고속도로 휴게소 등에서만 건면 파스타를 파는데, 의외로 고급 호텔 중에서 건면 파스타를 파는 곳이 많다. 이는 외국에서 온 고객들이 미국 문화의 영향을 받은 탓에 생면 파스타보다 스파게티 등 건면에 익숙하기 때문이다. 나도 북부 이탈리아에 가보기 전까지는 생면과 건면의 차이를 구분하지 못했다.

핀자에는 피자처럼 바질이 아니라 민트를 뿌려주는데 그 향과 맛이
매우 독특하다.

그렇다면 이탈리아 남부의 음식인 스파게티와 피자는 어떻게
이탈리아 음식을 대표하게 된 것일까? 이탈리아 남부는 오랫동안
스페인의 식민지였기에 경제 사정이 좋지 않았다. 1861년 이탈리아
통일 후에도 이런 사정은 나아지지 않았다. 이탈리아 남부 사람들은
배고픔을 해결하기 위해 미국을 포함해 아르헨티나, 브라질, 호주
등의 신대륙으로 이민을 떠났다. 특히 아메리칸드림을 꿈꾸며 많은
이탈리아인이 미국으로 쏟아져 들어갔다. 19세기부터 20세기 초까지
미국에 건너간 이탈리아 이민자는 500만 명이 넘는데, 이 가운데
80퍼센트는 남부 사람들이었다. 미국을 비롯한 전 세계에 남부
사람들의 음식인 피자와 스파게티가 이탈리아 음식의 전부인 것처럼
알려지기 시작한 계기였다. 미국 문화권인 우리나라도 그중
하나였다.

파스타를 모르면 이탈리아를 모르는 것이다

이탈리아 파스타를 둘러싼 재미있는 이야기가 있다. 이탈리아에서는
북부의 토마토 고기 소스인 라구 소스를 남부의 스파게티 면에
버무려주면 큰일이 난다. 쫄면으로 만든 평양냉면처럼 경계를
허무는 음식이 되는 것이다. 이탈리아에서는 이런 경계를 오가는
음식을 '불경'으로 간주한다. 다른 나라에서는 '창의적'이라고
평가받을 수 있는 시도가 이탈리아에서는 완전히 금지되는 것이다.
그런 음식을 이탈리아인에게 대접하면 그 음식을 받아든 사람이
접시를 요리사 얼굴에 집어던질지도 모른다. 파스타는 자국 음식을
대하는 이탈리아인들의 보수성을 단적으로 보여주는 식재료다.

이들의 보수성은 좀 더 근본적이다. 이들에게 '전통'은 자신의 정체성이다. 로마 제국이 멸망한 이후 이탈리아인은 완전히 별개의 지역에서 별개의 역사를 일구어왔다. 이들에게는 지금도 이탈리아의 국가적 정체성보다 자기가 사는 지역이 중요하다는 생각이 더 강하다. 내 이탈리아 친구들은 "이탈리아는 월드컵 기간에만 한 국가이고 그 외의 시간에는 20개의 지역으로 나뉘어져 있어"라고 말하기까지 했다. 이토록 지역을 중시하는 이탈리아인의 특징을 증명해주는 게 바로 음식이다.

그중에서도 파스타는 이탈리아를 이해하는 가장 중요한 열쇠다. 이탈리아의 파스타는 지역마다 완전히 개성이 다르다. 같은 북부 지역이라도 피에몬테주에서는 파스타 반죽에 계란을 넣고, 리구리아Liguria주에서는 계란을 넣지 않는다. 리구리아주의 파스타로는

27

리구리아를 대표하는 바질 페스토 파스타.
리구리아주는 북부인데도 생면이 아닌 건면을 쓴다.

바질 페스토를 이용한 파스타가 대표적인데, 대부분 건면인 링귀니를 쓴다. 바질 페스토는 바질 잎과 구운 잣을 찧어 올리브 오일과 양젖으로 만든 페코리노 치즈 가루에 버무린 소스다. 바질 특유의 상큼한 향과 오일의 부드러움, 치즈와 잣의 고소함이 잘 어우러진 소스로 파스타는 물론이고, 샐러드나 생선구이 등에도 어울린다.

리구리아주는 바질과 올리브의 대표적인 산지 가운데 하나다. 고도가 높은 편인 리구리아주의 올리브는 남부의 올리브에 비해 열매는 작지만 풍미가 뛰어나다. 리구리아의 바질 역시 원산지 보호*를 할 정도로 명성이 높다. 그런데 바질 페스토처럼 산뜻한 소스의 파스타에는 계란으로 반죽한 생면보다는 건면이 더 어울린다. 리구리아주가 북부인데도 생면을 잘 먹지 않은 이유는, 오래전부터 시칠리아Sicilia에서 밀을 수입해 건면을 만들어 주변 지역에 판매해오던 그 지역의 상업적 전통 때문이다.

리구리아에서는 심지어 치즈도 북부의 치즈가 아니라 남부의 페코리노 치즈를 수입해 먹었다. 이처럼 우리가 알고 있는 유명한 파스타에는 저마다의 역사적 배경이 있다.

그런데 놀랍게도 파스타는 이탈리아의 창작품이 아니다. 파스타의 기원에 대해서는 여러 가지 학설이 있는데 가장 유력한 것은 '아랍 기원설'이다. 강렬한 햇볕이 내리쬐는 뜨거운 날씨의 아랍에서는 이동하기에 편리한 보관식이 발달했는데, 건면도 그중 하나였다는 거다. 치즈 역시 중동 지역에서 기원한 것으로 알려져 있다. 동물의 위에 들어 있는 응고 효소인 레닛rennet을 쓰는 중동의 치즈 생성법이 유럽으로 전파됐을 것으로 추측한다.

---

* Denominazione Di Origine Protetta, 줄여서 DOP라 한다. EU의 원산지 보호 인증으로서 제한된 지역에서 전통적 방식으로 재배, 생산, 포장한 식품이다. 인증받기 까다롭고 비교적 고가의 상품이 많다.

아랍인들과 교류가 가장 활발하고 11세기에 아랍의 지배를 받았던 시칠리아 등 남부 이탈리아에 먼저 건면 제조법이 전파되었을 것이다. 밀 생산량이 풍부해 고대부터 카르타고와 그리스의 식민지였던 이 지역에서 생산한 면들을, 제노바를 비롯한 피사·아말피·토스카나 지역 상인들이 이탈리아는 물론 유럽 전역에 수출했다는 기록이 있다. 기록만 놓고 본다면 시칠리아가 파스타의 성지인 셈이다.

생면 파스타의 성지, 볼로냐

볼로냐 역시 또 다른 파스타의 성지다. 시칠리아가 건면의 성지라면, 볼로냐는 생면 파스타의 성지다. 이탈리아의 생면 파스타는 기원전 에트루리아인들이 최초로 만들었다고 전한다. 1세기 고대 로마의 작가 아피키우스Apicius는 파스타에 고기와 생선을 곁들인 양념에 대한 기록을 남기기도 했다.

29

이러한 기록과는 별개로, 볼로네제 파스타는 전 세계에서 즐겨먹는 토마토 고기 소스 파스타의 원조다. 현재 지구에서 가장 많이 먹는 파스타가 바로 이 볼로네제 파스타다. 내가 대학 때 처음 먹었던 미트볼 스파게티도 이 볼로네제 파스타의 미국적 해석이다. 볼로네제bolognese란 '볼로냐의'란 뜻의 이탈리아 형용사다. 영어 단어 차이니즈나 재패니즈와 비슷하게 '-ese'라는 접미사가 붙는다. 볼로네제 파스타는 아마 이탈리아의 파스타 이름 가운데 도시 지명이 붙은 보기 드문 예일 것이다.

대부분의 파스타에는 각양각색인 파스타 면의 이름이 붙는다. 바질 페스토 파스타Pesto Genovese에 '제노바의'란 뜻의 제노베제Genovese가 붙기는 하지만 볼로네제의 명성에 견주기는 어렵다. 이탈리아에서는

바질 페스토 파스타를 바질 소스 파스타라는 뜻의 '파스타 콘 살사 알 바질리고'라는 이름으로도 많이 부르기 때문이다. 나폴리탄 파스타라는 이름의 파스타가 있기는 하지만, 이는 이탈리아식이 아니라 일본식 파스타다. 문법적으로도 이탈리아어였다면 나폴리타노Napolitano 파스타가 되어야 한다.

볼로냐에서는 건면 파스타를 제외한 거의 모든 파스타를 만날 수 있다. 파스타 가운데 가장 면적이 넓은 라자냐에서부터 볼로네제 라구 소스와 어울리는 두꺼운 면인 탈리아텔레tagliatelle와 같은 다양한 길이와 모양의 파스타를 파는 생면 파스타 레스토랑을 도시 곳곳에서 접할 수 있다. 젊은이들이 많은 거리에는 키오스크 매장이 있는가 하면, 클래식한 미슐랭 레스토랑에서도 단품 메뉴로 생면 파스타를 즐길 수 있다.

볼로냐 파스타에서 주목할 만한 점은 맛도 맛이지만 가격이 매우 합리적이라는 점이다. 이와는 대조적으로 피에몬테의 고유한 생면 파스타인 타야린이나 수제 라비올리인 아뇰로티는 가격이 좀 비싼 편이다. 반면 시칠리아의 스파게티는 상대적으로 저렴하다. 노점이 아닌 레스토랑에서도 10유로도 안 되게 파는 파스타를 심심찮게 볼 수 있다. 심지어 반 인분씩 팔기도 한다. 여행 중에 자주 갔던, 시칠리아 팔레르모 중심가에 위치한 어느 레스토랑 파스타 작은 접시의 가격은 6유로였다(와인 반병은 5유로. 맘마미아! 저렴한 가격임에도 엄청 맛있었다).

볼로냐 파스타의 가격은 두 지역의 중간 정도이다. 대학생이 3분의 1을 차지하는 도시인 만큼 볼로냐의 음식 가격은 다른 도시에 견주어 합리적인 편이다. 미슐랭 레스토랑임에도 비스트로용 점심 세트 메뉴를 만들어서 9~10유로 정도에 팔기도 한다. 게다가 점심 세트 메뉴도 어렵지 않게 찾을 수 있다. 샐러드와 파스타 그리고

이탈리아 만두, 라비올리.

고기나 생선 등 메인 메뉴로 구성되어 있는데, 물과 빵도 포함되어 있어 가성비가 좋다. 심지어 젊은이들이 많이 가는 식당에서는 이 모든 음식을 나무 쟁반 하나에 담아서 낸다. 마치 밥과 국과 반찬을 예쁜 나무 쟁반에 함께 내놓는 한국 식당처럼 말이다. 10유로에 괜찮은 볼로냐 현지 음식을 무제한으로 맛볼 수 있는 점심 뷔페도 제법 많다. 맛도 제법 괜찮아서 좌석은 조금 좁지만 추천할 만하다.

볼로냐에 간 것은 행운이야

내가 요리학교 인턴을 마치고 볼로냐와 시칠리아 딱 두 곳만을 선택해서 각각 한 달씩 머문 데에는 몇 가지 이유가 있다. 우선 시칠리아를 선택한 것은 우리 요리학교인 ICIF에 강의를 하러온 셰프들이 이구동성으로 "이탈리아 요리를 배우려는 사람이라면 시칠리아는 반드시 가봐야 한다"고 강조했기 때문이다. 그들은 우리에게 시칠리아를 거의 이탈리아 미식의 원류쯤으로 강조했다. 평양냉면을 먹으려면 서울의 냉면집이 아니라 평양 옥류관을 가봐야 한다는 식이었다. 나중에 시칠리아에 가서야 그 이유를 깨달았다. 시칠리아는 이탈리아 거의 모든 음식의 고향이었다.

시칠리아는 이탈리아의 밀, 소금, 쌀의 고향이다. 또 오렌지, 아몬드, 피스타치오, 체리 같은 과일과 가지, 펜넬 같은 채소가 시칠리아를 통해 이탈리아에 전달되었다. 다소 과장해서 말하자면, 시칠리아가 없었다면 오늘의 이탈리아 음식은 없었을 것이다. 시칠리아의 밀이 파스타가, 시칠리아의 쌀이 리소토가, 시칠리아의 과일이 젤라토와 디저트가 됐다. 이탈리아인들이 왜 볼로냐를 '미식의 수도'라 부르고, 시칠리아를 '미식의 고향' 혹은 '미식의 조국'이라 칭하는지 알 수 있었다.

시칠리아를 다녀온 뒤 볼로냐에도 꼭 가보겠다고 마음먹은 건, 전적으로 ICIF 동기생이자 이탈리아인 친구 브루노 덕분이었다. 그는 나보다 나이가 많은 몇 안 되는 학생 중 한 명이었다. 피에몬테 출신으로, 사업가이자 아이 네 명의 아버지이기도 한 브루노는 맥주와 빵 등 발효 식품에 푹 빠져 있었다. 그는 은퇴 후 맥주 바를 여는 것이 꿈이라고 했다. 실제로 그의 집 지하실에는 100리터는 족히 넘을 것 같은 거대한 스테인리스 맥주 양조 탱크가 두 개나 있었다.

학교를 졸업한 뒤 토리노에서 인턴을 하면서 나는 가끔 브루노의 집에 놀러가 그의 가족과 식사를 했다. 그때마다 그는 나에게 이탈리아 방방곡곡의 진귀한 음식을 소개해주었다. 책으로는 도저히 배울 수 없는 각종 식재료와 와인도 알려주었다. 와인 말고도 베르무트vermouth라는 멋진 피에몬테의 진gin도 그가 알려줬다. 또 토리노의 유서 깊은 음식점에도 나를 많이 데려가주었다. 고맙게도 토리노 최초의 레스토랑, 토리노 최초의 카페, 토리노 최초로 초콜릿 음료를 선보인 카페 등을 그 덕분에 다 돌아볼 수 있었다.*

2019년 초여름의 어느 날, 브루노의 초대로 그의 집에서 저녁을 먹은 뒤 하루를 묵었다. 이런 저런 이야기를 나누다가 나는 브루노와 그의 부인 마리에게 물었다.

"인턴이 끝난 뒤에 시간이 나면 이탈리아를 돌아볼 계획인데 어느 도시를 가봐야 할까?"

그는 주저 없이 대답했다.

"볼로냐."

35

* 토리노의 비체린bicerin은 에스프레소에 초콜릿과 우유를 층층이 쌓아 만든 음료이다. 1763년 이 음료를 만든 카페Caffe Al Bicerin가 아직도 토리노 시내에 있다. 이곳은 아시아와 아프리카 식재료를 팔고 있는 시장과 가깝다.

"왜 볼로냐야?"

내가 되묻자 그는 주석 잔에 든 자신이 만든 흑맥주를 들이키면서 이렇게 말했다(그가 만든 흑맥주는 도수가 10도를 넘는 강한 맛이었다).

"피에몬테 사람들은 프랑스와 지긋지긋하게 독립 전쟁을 해서 강인해. 하지만 남에게 자신을 잘 내보이지 않지. 그런데 볼로냐 사람들은 완전히 달라. 볼로냐는 정말 개방적이야."

나는 애초에 학교 졸업 후 인턴 실습을 북부가 아니라 남부로 가고 싶었다. 육류 중심인 북부의 음식보다는 해산물 중심의 남부 음식이 좋았기 때문이다. 그리고 쌀쌀맞은 북부 사람 대신 쾌활한 남부 사람들을 더 만나고 싶었다. 학교에서 만났던 남부 출신 셰프와 동기생들은 나의 이런 생각을 더욱 확고하게 만들어주었다. 그들은 학교에서 만났던 북부 사람들보다 훨씬 상냥하고 인간적이었다.

학교에서 한국 학생들에게 인기가 있던 제제(원래 이름은 에우제니오인데 줄여서 '제제'라는 애칭으로 불렸다)라는 셰프가 있었다. 그는 이탈리아 남동부 풀리아Puglia주 출신으로, 거구인데도 아주 섬세한 요리를 했다. 파스타의 귀재였던 그는 듣도 보도 못한 파스타를 시연해서 내 입을 떡 벌어지게 했다. 훌륭한 실력임에도 그는 미슐랭 레스토랑의 수셰프였는데, 그 레스토랑의 오너셰프는 페이스트리 셰프pastry chef(이 셰프도 ICIF의 강사였다)였기에 사실상 레스토랑의 코스 메뉴를 제제가 전담하는 셈이었다.

제제는 친절했고 유쾌한 사람이었다. 한국 인턴을 많이 채용해서 한국어를 조금 할 줄 알았고, 성실한 한국 학생들에게 애정이 많았다. 하루는 휴식 시간에 그와 이런 이야기를 나누었다.

"가브리엘(내 세례명이자 이탈리아 이름), 너 기자 출신이라며?"

"응, 한국에서 기자였지."

"너 그럼 아는 사람 많겠다. 나 일본은 몇 번 가봤는데 한국엔 한 번도 가보지 못했어. 나 한국 레스토랑에 취직 좀 시켜줘. 제주도가 좋다고 하던데 월급은 안 받아도 돼. 나랑 우리 가족이 함께 지낼 체류비만 제공해주면 지금 당장이라도 한국에 갈 수 있어."

"진짜? 너 같은 셰프가 한국에 오면 아마 그 집은 대박이 날거야. 아니다. 내가 한국에 가서 당장 레스토랑을 열어서 널 초청할게. 그때 꼭 와줘."

이런 실없는 농담을 나누며 우리는 낄낄거렸다. 그가 한국 레스토랑에 와서 딱 1년간만 요리를 한다면 그 레스토랑은 대박이 날게 틀림없다. 그만큼 그가 한 요리는 심플하면서도 강렬했다. 특히 남부 출신답게 해산물 요리와 파스타가 정말 훌륭했다. 그의 요리를 배우고 싶어 그의 레스토랑에 인턴을 지원하고 싶을 정도였다. 그러나 제제의 레스토랑은 호텔에 있어서 연회가 많은데, 연회 때마다 새벽 3~4시까지 일을 해야 한다며 주변에서 만류했다. 제제가 좋은 셰프라는 사실은 틀림없지만 내가 버티지 못할 거라는 이유에서였다. 결국 나는 제제의 레스토랑에 지원하지 않았다. 한번 그의 레스토랑에 가봤는데 정말 엄청난 규모였다. 그 레스토랑에서 일했다면 정말 많은 것을 배웠겠지만 아마 체력적으로는 버티지 못했을 것이다.

그런데 내가 인턴을 한 토리노를 비롯해 피에몬테주 출신 셰프들은 따뜻한 제제와 참 다른 스타일이었다. 일부 셰프는 전직이 군인이라는 소문이 돌 정도로 학생들에게 규율을 강조했다. 학생들이 실습 중에 화상을 입거나 칼에 베이면 걱정은커녕 요리사의 기본이 안 되어 있다고 화부터 냈다. 이해는 간다. 10여 주 동안에 외국인 학생들에게 이탈리아 요리를 가르쳐서 이탈리아 유수의 레스토랑으로 최장 8개월 동안 인턴을 보낸다는 미션은

37

그들에게도 대단한 도전이었을 것이다. 학교가 욕먹지 않으려면 학생들을 아주 확실하게 가르쳐야 했다. 실제 졸업생 가운데 일부가 인턴으로 간 레스토랑에서 며칠 만에 짐을 싸 야반도주해 본국으로 돌아갔다는 흉흉한 소문이 돌기도 했다.

학교에서의 이런 엄격한 경험 탓인지, 나는 볼로냐의 개방성이란 게 도대체 어떤 것인지 몹시 궁금했다. 덕분에 나는 로마도, 베니스도, 나폴리도 돌아보지 않고, 인턴을 마치자마자 볼로냐와 시칠리아만을 방문하고 한국에 돌아온 기이한 여정의 여행자가 되었다(물론 학교 부근의 도시인 밀라노, 피렌체, 알바에는 여러 차례 다녀왔다).

그렇지만 나는 시칠리아와 볼로냐에서 이탈리아를 아주 깊게 이해할 수 있었다. 그 지평을 열어준 것은 바로 음식이었다. 파스타도 그중 하나였다. 이탈리아 친구들이 아니었더라면 나는 볼로냐에 갈 생각조차 하지 못했을 것이다. 볼로냐를 다녀오게 된 것은 뜻밖의 행운이었다.

소스는 짧고 파스타는 길다

볼로냐를 대표하는 파스타에는 여러 가지가 있지만 '볼로네제 파스타'와 이탈리아식 만두인 라비올리를 작게 만든 '토르텔리니tortellini'가 특히 유명하다. 세계에서 가장 유명한 파스타인 볼로네제 파스타는 쉽고 편안한 맛 덕분에 세계인이 가장 많이 먹는 파스타로 사랑받고 있다. 볼로네제 파스타의 역사에 대한 자세한 이야기는 뒤의 토마토 편에서 더 자세히 다룰 예정이다.

그렇다면 볼로네제 파스타는 소스가 먼저 만들어졌을까, 파스타가 먼저 만들어졌을까? 볼로냐 소스의 유명세를 따지자면

소스가 먼저 나왔을 것 같지만, 이탈리아 음식사의 관점에서 보면
볼로네제 역시 소스보다는 파스타가 먼저 등장했다. 볼로냐에는
워낙 특색 있는 생면 파스타가 많기 때문에, 파스타가 먼저 등장한 뒤
거기에 맞춰 소스가 개발되었을 것으로 추측한다.

사실 단순한 추측만은 아니고 근거가 있는 이야기다. 기록에
따르면 처음 볼로냐 파스타가 붉은색을 띠기 시작한 때는 1800년대로
추정한다. 그 이전까지만 해도 볼로냐 파스타라고 하면 나폴리의
마카로니처럼 버터에 밀가루를 넣어 만든 화이트소스('베샤멜
소스'라고도 부른다) 요리였다. 이 화이트소스 대신에 토마토소스가
첨가되면서 지금과 같은 붉은색을 띠는 볼로네제 파스타가 나온
것이다. 역사만 보면 '소스는 짧고 면은 긴' 셈이다.

볼로냐에서 특히 생면이 발달한 까닭은 넓은 평야를 끼고 있는
자연환경 덕택이다. 볼로냐보다 더 북쪽에 위치한 리구리아주
제노바와 베네토Veneto주 베네치아에서는 건면을 주로 먹은 반면에,
볼로냐에서는 생면을 먹었다. 제노바와 베네치아가 각각 시칠리아와
풀리아, 동유럽의 경질밀로 만든 스파게티나 링귀니를 먹었던 반면,
볼로냐는 일반적인 밀에 계란 노른자를 넣어 만든 손칼국수를 먹은
것이다. 볼로냐 사람들은 왜 이렇게 생면을 고집했을까?

볼로냐 사람들이 먹는 생면 파스타를 탈리아텔레라고 부른다.
탈리아는 '자르다'라는 뜻의 동사 '탈리에레tagliere'에서 왔다.
우리말에도 비슷한 단어가 있다. 칼과 국수의 조합으로 이루어진
'칼국수'다. 여기에 사람 손으로 만들었다는 뜻의 '손-'이 붙으면
'손칼국수'가 된다. 이탈리아의 손칼국수 면이라 할 수 있는 게 바로
탈리아텔레다.

건면 파스타를 만드는 기계는 우리나라의 국수 뽑는 기계와
거의 비슷하다. 맨 마지막 단계인 배출구의 황동 거푸집 모양을

바꾸면 면의 모양도 달라진다. 이 기계를 이용하면 스파게티나 링귀니는 물론이고 나사 모양으로 생긴 푸실리와 펜 모양의 펜네 등을 만들 수 있다. 이렇게 기계를 통해 갓 뽑아낸 파스타는 건조기에서 말리지 않은 상태이기 때문에 시판하는 건조 파스타보다 훨씬 부드럽다. 그래서 이 반건조 파스타를 가지고 요리를 하면 양념이 잘 묻어난다. 우리말로 하면 '기계식 즉석 파스타' 정도 될 텐데 내 입맛에는 이것도 참 맛났다. 한국에서는 맛보기 힘든 식감이다.

　　ICIF에서는 파스타 수업 시간이 특히 많았는데, 역시 북부답게 생면 만드는 수업이 많았다. 나는 이탈리아에 가기 전까지만 해도 생면 파스타를 좋아하지 않았다. 한국에서 맛본 생면은 계란 면이 약간 미끌미끌하고 늘어졌다. 오히려 넓은 건면이나 속이 빈 펜네나 리가토니만 못한 경우가 많았다.

　　그런데 ICIF에서 셰프들이 만든 생면 파스타를 먹어보고는 깜짝 놀랐다. 단순히 밀가루에 계란을 섞어놓은 면일 뿐인데 메밀냉면의 깐깐한 질감과 묘한 향취마저 느껴졌다. 한국에서 먹었던 생면은 물기가 많았지만 이탈리아의 생면은 오히려 약간 빡빡했다. 심지어 기계 롤러의 자국이 그대로 남아 있을 정도였다. 그런 면을 꼬들하게 삶아서 라구 소스를 올려먹으면 면과 소스가 혼연일체가 된 풍성한 맛이 났다. 원조의 힘은 생각보다 대단했다.

　　나는 학교 셰프인 마시모가 만든 이 생면이 너무 맛있었던 나머지 수업이 끝나고 남은 생면을 집에 챙겨왔다. 수업이 끝나면 보통 빵과 정형한 고기 등을 제외하고는 수업 시간에 만든 대부분의 것들을 버리는데 말이다(단, 학생들이 수업시간에 만든 빵과 정형한 고기는 학교에서 운영하는 레스토랑 '라 바르베라'에서 사용한다). 생면의 독특한 식감에 빠진 나는 쓰레기통으로 갈 뻔했던 이 면들을 기숙사로 잘 챙겨와서 혼자 몰래 끓여먹었다. 아쉽게도 사흘 정도 지나니 곰팡이가 피어서 버려야 했지만 말이다. 보존식인 스파게티는 1년 가깝게 두어도 변질이 되지 않지만 계란을 넣은 생면은 사흘을 버티지 못했다.

이렇게 맛있던 학교 셰프의 생면마저도 내가 인턴을 했던 '라베툴라La Bettula'의 셰프 프랑코가 만든 것과는 비교가 되지 않았다. 연륜의 차이 때문일까? 마시모 셰프는 30대 중반이고, 프랑코 셰프는 40대 후반이었다. 프랑코 셰프의 생면은 마시모 셰프의 생면과 달리 약간 더 촉촉했다. 계란 노른자와 함께 전란을 쓰는 탓인 듯했다. 세이지와 로즈메리를 잔뜩 넣어 진하게 우려낸 라구 소스에 프랑코가 직접 만든 타야린 생면을 얹어먹으면, 맛은 환상 그 자체였다. 아직도 가끔 그 맛이 떠올라 입 안에 침이 고일 때가 있다.

셰프 프랑코가 만든 피에몬테 파스타인 라구 소스를 얹은 타야린.
직원 점심용 요리여서 다소 투박해 보이나 맛은 아주 훌륭했다.

당시에 '이 타야린 레시피만은 반드시 배워서 한국에 가야지. 그러면 노후 걱정은 없겠구나'라고 다짐할 정도였다. 하지만 면 제조 담당은 따로 있었고, 나는 주방 보조에 불과했다. 식재료를 나르고 생선을 자르고 채소를 다듬으면서, 우아하게 면을 뽑고 라비올리를 만들고 디저트를 만드는 페이스트리 부문의 식구들이 부러웠지만 결국 나는 인턴을 하면서 한 번도 면을 뽑아보지 못했다. 안온한 노후가 보장될 법한 일이었는데 아쉬운 대목이다. 나중에 '라 베툴라'에 인삼을 사들고 가 프랑코 셰프를 졸라서라도 타야린 만드는 법만큼은 반드시 재수강을 해야 할 것 같다.

후배에게 볼로냐를 맛보게 하라

볼로냐에 머무르는 동안 서울에서 다녔던 신문사 후배가 피렌체를 거쳐 볼로냐에 하루 들른 적이 있었다. 후배는 나보다 더 먼저 신문사를 그만두고 스타트업에서 일하고 있었다. 그 친구가 퇴사한 뒤에야 나는 그가 대학에서 경영학을 전공했다는 걸 알았다. 독일에 출장을 왔다가 휴가를 내 이탈리아를 여행하는 중이라던 후배는 내 페이스북에서 소식을 알고는 만나자고 연락을 해왔다.

후배는 피렌체에 머물고 있었는데, 볼로냐와 피렌체는 고속열차로 40분 만에 갈 수 있는 가까운 거리다. 아펜니노산맥만 넘어서면 바로다. 이탈리아에서 옛 직장 후배를 만난다니, 매우 설레면서도 지역 가이드로서 '어디를 데려가야 하나' 하는 부담감도 느껴졌다. 고민 끝에 최종 후보지는 볼로냐의 활력을 느낄 수 있는 곳으로 선택했다. 볼로냐 관광을 하는 사람이라면 꼭 들를 수밖에 없는 볼로냐 대학과 볼로냐 탑이었다. 그리고 후배와 식사할 곳으로는 '스폴리아 리나Sfoglia Rina'와 카페 '테르치Terzi'로

계획해두었다. 가이드를 하며 카페는 볼로냐 도심을 산책한 뒤
회랑이 아름다운 산토 스테파노 성당 앞 카페로 자연스레
바뀌었지만 말이다.

스폴리아 리나는 대학이나 IT기업 구내식당 같은 경쾌한
분위기의 레스토랑이다. 정오쯤에 가면 정말 긴 줄을 서야 하기
때문에 점심 때는 2시 이후에 가야 할 정도로 사람이 많다. 가격은
10~15유로 정도인데 파스타와 함께 빵과 샐러드 그리고 물이 한
식판에 담겨 나온다. 가성비 갑인 식당이다. 이곳은 1인당 4~5유로
정도인 물값과 자릿세를 낼 걱정이 없다는 게 장점이다. 게다가
인테리어도 깔끔하다. 입구에 들어서면 넓은 로비가 나오는데, 이
로비의 절반은 생면 파스타를 만드는 작업상이다. 기기에는 그날
빚은 온갖 손국수와 손만두가 산재해 있다. 이 집은 직원들이 직접
손으로 만든 생면 파스타와 각종 라비올리로 요리를 해준다.

음식을 담아내는 솜씨도 보통이 아니다. 파스타를 접시가   43
아니라 컵에 담기도 하고 기존과 다른 형식의 요리를 보여주기도
한다. 나를 놀라게 한 것은 형식뿐이 아니었다. 처음 방문했을 때는
채소를 넣은 동양식 계란찜이 사이드 메뉴로 곁들여져 나와 깜짝
놀랐다. 이탈리아의 계란찜은 보통 생크림과 치즈 가루를 넣고
오븐에 굽는다. 그런데 그 계란찜은 쪄낸 것이었다. 물론 파스타 면은
전통에 따른 꼬들꼬들한 볼로냐식 생면이었다.

나는 후배와 함께 다시 그곳을 찾아 내가 그 집 메뉴 중 가장
좋아하는 볼로네제와 토르텔로니tortelloni* 그리고 경쾌한 감각의

＊ 토르텔로니는 크기 3~4센티미터가량의 라비올리로 주로 볼로냐, 밀라노 등
    북부 지역에서 즐겨먹는다. 그 속에는 리코타 치즈, 시금치 등이 들어 있다.
    토르텔리니는 1~2센티미터 정도의 작은 크기로 주로 고기가 들어 있다.
    토르텔리니도 북부 이탈리아에서 주로 먹는데, 볼로냐가 원조다.

볼로냐의 상징인 두 탑 근처에 있는 레스토랑 '스폴리아 리나'는
합리적 가격에 볼로냐식 수제 파스타를 즐길 수 있어 인기가 높다.

살시차^{salsiccia} 파스타를 주문했다. 후배는 약간의 변주가 있는 살시차 파스타보다 전통적인 볼로네제 파스타가 더 맛있다고 평했다. 오래전에 퇴사하고는 처음 만난 것임에도 우리는 할 이야기가 많았다. 자연스레 와인이 오갔다. 얼마나 시간이 지났을까. 식사를 마치자 창 밖엔 비가 내리고 있었다. 도시 구석구석을 구경시켜주려던 계획은 후일로 미뤄야 했다. 비가 내려 쌀쌀해진 날씨 탓에 미국 시사주간지 〈타임〉이 선정한 세계에서 가장 맛있다는 젤라토 가게에 못 데려간 것이 두고두고 아쉽다.

후배와 함께 갔던 이 식당에 나중에 볼로냐를 같이 여행하며 아내를 데려갔는데, 참 좋아했다. 아내는 이 집의 맛보다 전반적인 분위기를 더 높이 샀다. 누구나 친구가 될 수 있을 것만 같은 밝고 긍정적인 에너지가 넘치는 곳이었다.

볼로냐에서 파스타보다 더 많이 먹는 음식은

45

볼로네제 파스타 외에도 볼로냐 사람들이 자주 먹는 파스타가 있다. 관광객들보다는 볼로냐 사람들이 더 즐기는 로컬 음식이라고 해야 할 듯하다. 관광객이 뜸한 볼로냐 주택가나 대학가에 들어서면 볼로네제 파스타 가게는 찾아볼 수 없고 그 대신 무수히 많은 토르텔리니 가게가 나타난다. 볼로냐는 손가락 마디 하나만 한 작은 만두, 토르텔리니의 성지이기도 하다.

우리가 흔히 말하는 라비올리는 이탈리아 만두를 총칭하는 말이다. 이 중에 토르텔리가 있는데 보통 네모나게 만드는 북부식 라비올리를 가리킨다. 토르텔리 가운데에서도 조금 큰 만두 형태로 빚는 것을 '토르텔로니'라고 하고, 아주 작게 만드는 만두를 '토르텔리니'라고 한다. 따라서 레스토랑에 가서 주문할 때에는 어떤

스폴리아 리나의 로비.
원하는 파스타를 사서 포장해갈 수도 있다.

것을 주문할지 주의를 기울여야 한다. 토르텔리니를 시키면
우리나라 만둣국 같은 음식이 나온다.

토르텔리니에는 '비너스의 배꼽'이라는 별칭이 있다. 중세
이탈리아에서 비너스가 여인으로 변신해서 카스텔프랑코
에밀리아라는 작은 도시의 여관에 묵게 되었다고 한다. 여관 주인은
아리따운 여인에 반해 그녀의 모습을 열쇠 구멍으로 훔쳐보다가
여신의 배꼽을 보게 됐다. 여관 주인은 배꼽마저 아름다웠던 그
여인을 떠올리며 새로운 파스타를 만들게 되었는데 그게
토르텔리니라는 전설이다.*

에밀리아Emilia 지역에는 볼로냐의 토르텔리니 외에도 지역마다
고유한 라비올리가 있다. 그만큼 라비올리는 대중적인 이 지역
음식이다. 우리나라 손만두와 비슷한 크기와 모양을 한 피아첸차
토르텔리Tortelli Piacentini가 한 예인데, 피아첸차는 피에몬테주와 경계를
이루고 있는 에밀리아의 관문 도시다. 또 파르마의 아놀리니Gli anolini di
Parma는 링을 이용해 동그랗게 만드는 라비올리다. 에밀리아 지역
도시는 아니지만, 페라라의 호박 토르텔리도 유명하다.** 단맛이 나는
호박 만두를 상상하면 된다. 생각보다 맛있고 손쉽게 만들 수 있다.

회랑으로 가득한 볼로냐 거리를 걷다 보면 가장 흔하게
마주하는 풍경이 바로 만두를 빚는 사람들이다. 주로 중년이나

---

* 볼로냐와 모데나는 토르텔리니의 원조 자리를 놓고 중세 이후부터 오랫동안
  싸워왔는데, 19세기 말경 두 지역의 경계에 있는 카스텔프랑코로 비너스가 찾아온
  것으로 타협을 보았다는 이야기마저 있다. 1929년 이 도시는 볼로냐에서 벗어나
  모데나로 편입되었으며, 지금도 해마다 9월에 토르텔리니 축제를 연다.
** 페라라는 볼로냐만큼 유명한 미식 도시다. 페라라는 볼로냐 주변 도시인
  모데나와 함께 신성 로마 제국의 공국으로 귀족적인 요리가 특히 발달했다.
  특히 장어요리가 유명하다. 또 이 도시는 이탈리아 현대문학의 거장 조르조
  바시니Giorgio Bassani, 1916~2000의 《페라라》 연작의 배경이 된 도시이기도 하다.

노년의 여성들이 많이 빚고 있는데, 시내 중심가에서는 아주 젊은 여성이 다양한 크기의 만두와 생면을 빚는 모습도 종종 볼 수 있다. 볼로냐만큼 손으로 파스타를 만드는 사람을 자주 볼 수 있는 도시는 없다. 그래서 볼로냐에서는 정말 싼 가격에 맛난 수제 생면 파스타, 토르텔리니와 토르텔로니를 구입할 수 있다.

나는 해외여행을 다닐 때 늘 말린 다시마를 가방 속에 가지고 다닌다. 언제든 한식을 손쉽게 해먹기 위해서다. 다시마의 감칠맛을 내는 아미노산은 소고기의 감칠맛을 내는 아미노산과 비슷하다. 말린 다시마는 부피도 많이 차지하지 않으니 유용하다. 타지에서 한국식 국물이 간절할 때 다시마와 파를 넣고 간단히 계란탕만 끓여도 충분하나. 어느 날엔가는 이렇게 아끼던 디시미에 양파와 당근, 샐러리 등을 넣고 간단히 채수를 내어, 삶은 토르텔리니나 토르텔로니를 넣고 만둣국처럼 끓여먹기도 했다. 이 레시피는 한국의 사찰 요리 레시피를 변주한 것이다. 사찰에서는 떡국을 끓일 때 다시마와 표고버섯 육수를 사용한다.

내가 이탈리아에서 주로 요리해 먹던 것은 한국의 만두와 비슷한 크기의 토르텔로니였다. 가장 좋아했던 토르텔로니는 포르치니나 시금치에 리코타 치즈를 넣은 것이었다. 볼로냐 중심가인 비아 펠리체(우리말로 '행복로'쯤이다)의 에어비앤비 숙소 바로 길 건너편에는 한 수제 토르텔로니 가게가 있었다. 이 집은 면은 팔지 않고 토르텔로니와 토르텔리니만 팔았다. 나이가 지긋한 중년 여성들이 운영하는 가게였는데, 아이보리 유니폼에 흰 머릿수건을 쓴 채 흰 앞치마를 두르고 작업하는 모습이 인상적인, 아주 정갈한 집이었다. 시금치, 계란, 버섯 등의 천연 재료를 넣어 만든 토르텔로니에 한국의 오방색 손만두처럼 색깔을 입혀놓은 게 먹음직스러웠다.

49

볼로냐 사람들이 즐겨먹는 토르텔리니를 빚는 사람들.
볼로냐 거리를 걷다 보면 가장 흔하게 마주하는 풍경이다.

　　나는 종종 이 가게에 들러 토르텔로니를 사와서 숙소에서
끓여먹었다. 10유로 정도면 형형색색의 토르텔로니를 종이 상자
가득 살 수 있었다. 가끔씩 에어비앤비 숙소에서 이 이탈리아식
만둣국을 끓여 세계 각국에서 온 숙박객들에게 나눠주기도 했다.
그곳에는 나와 같이 장기 투숙을 하던 이란에서 온 엔지니어가
있었는데, 다시마 국물에 버섯과 시금치를 넣어 만든 채식 만두라고
하니 무척 좋아했다. 중동에서 온 사람들은 돼지고기를 즐겨먹는
이탈리아에서 음식을 먹는 것이 상당히 조심스러울 수밖에 없다. 잘
알려진 대로 이슬람 문화권에서는 종교적 가르침에 따라 돼지고기를
먹지 않기 때문이다.

　　한번은 이 이란 친구와 함께 볼로냐 중심가의 한 레스토랑에서
식사를 한 적이 있었는데, 소고기 메뉴라고 해서 안심하고 시켰더니
날고기 육회인 바투타 디 비텔로^{battuta di vitello}가 나와 기겁한 적이
있다(송아지 고기로 만든 육회를 떠올리면 된다. 북부 이탈리아인들이 가장
좋아하는 요리다). 그걸 다시 익혀달라고 했더니 가게 종업원이
이탈리아에서는 아무도 이 요리를 익혀먹지 않는다고 거절해서 잠깐
실랑이를 벌이기도 했다. 결국 다시 익혀서 내주기는 했지만,
친구에게 그 식당에 가자고 추천했던 사람이 나였기 때문에
중간에서 매우 난처했던 기억이 있다. 그런 면에서 시금치나 버섯
그리고 리코타 치즈로 만든 토르텔로니는 중동에서 온 사람들도
안심하고 먹을 수 있는 음식이어서 좋았다.

51

볼로냐의 소울 푸드, 꼬마만둣국

내가 볼로냐에 한 달간 머물던 당시 점심에 자주 가던 곳이 하나
있다. 바로 미슐랭 레스토랑인 테레지나^{Teresina}에서 운영하던

비스트로였다. 이 비스트로의 평일 점심 세트 메뉴는 단돈 8~9유로
선이었다. 게다가 이 비스트로는 자릿값이나 물값을 따로 받지
않아서 10,000원 정도면 미슐랭 메뉴를 즐길 수 있었다. 심지어 와인
한 잔을 곁들여 마셔도 전부 합쳐 14유로밖에 되지 않았다. 이 식당의
종업원들은 늘 점심에 와서 혼밥을 먹는 나를 기억하고는 와인을
서빙할 때면 언제나 가득 따라주곤 했다. 테레지나의 하우스 와인은
만족도가 아주 높았다. 하우스 와인을 시킬 때마다 늘 새 병을
따주었던 것도 인상 깊었다.

다만 이 비스트로는 주말마다 문을 닫는다는 치명적인 단점이
있었다. 한편 비스트로와 같은 주방을 공유하지만 출입구는 다른
골목으로 나 있는 본점 레스토랑은 주말에도 운영을 했다.
비스트로에서는 10유로 이내로 한 끼를 해결할 수 있지만
레스토랑에서는 물값에 자릿값, 단품 요리 하나만 시켜도 최소
20유로 이상을 내야 했다. 그러니 내게 구내식당과도 같던 이곳
비스트로가 주말에는 문을 닫는 건 여러모로 아쉬운 일이었다.
그래서 큰마음을 먹고 주말에도 여는 이 집의 레스토랑을 예약해
방문해보았다. 어쩌면 주중의 비스트로는 주말의 레스토랑 이용을
유도하려는 미끼 상품이었는지도 모르겠다. 저렴한 비스트로의 점심
세트가 그리 맛있으니 레스토랑의 정찬 메뉴는 얼마나 맛있을까
하는 호기심이 들었다.

그렇게 큰마음을 먹고 갔던 어느 주말의 레스토랑은 내가
주중에 점심을 먹으러 가던 좁고 긴 비스트로와는 전혀 달랐다.
천으로 된 테이블보도 깔려 있고, 야외 테라스에 딸린 테이블도
있었다. 역시 예상대로 비스트로보다 분위기가 훨씬 더 고급스럽고
공간도 넓었다. 네 배 정도나 되는 금액을 내는 의미가 충분히
있었다. 더 좋은 점은, 비스트로와 달리 셰프가 직접 주문을 받고 그

후에도 셰프가 계속해서 테이블을 돌면서 고객에게 말을 걸어준다는
거였다. 주방 밖의 셰프는 천사다. 특히 '고객님'에게는 말이다.
하지만 주방으로 돌아가자마자 셰프들은 돌변한다. 아름다운
이중성이다. 아무튼 이것저것 물어봐주고 음식과 재료에 대해
친절히 설명해주는 셰프를 대하는 건 참 즐거운 일이었다.

주중의 비스트로가 주로 젊은 사람들이나 관광객들로
북적였다면 주말에는 가족과 연인 중심이었다. 가족 손님으로는
주로 노부부가 많았다. 그런데 의외로 이들이 시키는 음식들이 거의
비슷했다. 이들이 가장 많이 먹던 음식은 토르텔리니 콘 브로도^{tortellini}
^{con brodo}였다. 가운데가 움푹 파인 커다란 파스타 접시에 토르텔리니를
가득 넣은 국물 요리인데 영락없는 한국식 만둣국이다. 노부부들은
이 메뉴에다가 볼로네제 파스타를 시키고 함께 와인을 나누었다.
정겨운 모습이었다.

53

손가락 한 마디만 한 작은 만두 토르텔리니.

그런데 신기하게도 유럽에서는 일부 메뉴를 제외하고는 국물을 먹는 경우가 드물다. 기껏 해봐야 수프나 스튜 정도가 고작이다. 하지만 이 토르텔리니 콘 브로도는 완전히 다르다. 우리나라의 냉면 사발은 저리 가라 할 정도로 크고 움푹한 그릇에 육수가 가득 담겨 나오는데, 피에몬테의 레스토랑에서는 한 번도 본 적이 없는 요리였다.

버터와 기름이 풍족한 서양에서는 국물보다는 이 국물을 눅진하게 조려낸 소스를 더 높이 평가한다. 예를 들면 이탈리아의 대표적인 채소 수프인 미네스트로네minestrone는 원래 농민들이 채소를 물에 끓여 만들어 빵과 함께 먹던 서민 음식이었다. 반면 속에 고기를 꽉꽉 채운 파스타의 일종인 피에몬테의 아뇰로티는 소뼈를 하루 종일 조리고 또 조려 만든 응축된 육수('아로스토arrosto'라고 한다)나 세이지 버터 소스와 함께 먹는다. 이탈리아가 가난하던 시절 피에몬테에서는 이 아뇰로티를 소스도 없이 접시에 흰 천을 깔고 그 위에 올려서 내기도 했다고 한다. 우리나라의 찐만두처럼 말이다. 가난할 때에도 흥건한 국물보다는 아예 국물이 없는 쪽을 더 선호했던 것이다.

그렇다면 볼로냐 사람들은 왜 '국물은 가난한 음식'이라는 이탈리아의 오랜 편견을 무릅쓰고 토르텔리니를 국물에 넣어 먹었을까? 가난해서는 절대 아니다. 역사적으로 볼로냐는 베네치아, 밀라노, 피렌체와 함께 가난과는 거리가 먼 부자 도시였다. 볼로냐는 오랫동안 교역과 학문과 예술의 중심지로 자리 잡은 풍족한 고장이었다.

역사 기록을 찾아보면 이런 의문은 의외로 간단하게 풀린다. 고대 로마 시대에는 파스타 요리가 구이에 가까웠다고 한다. 고대 로마인들은 파스타 반죽을 얇게 만들어 굽거나 튀겨먹었다. 하지만

르네상스 시대 가장 유명한 요리사였던 바르톨로메어 스카피가 쓴
요리책 《오페라》. 모두 6권인 이 책은 풍부한 삽화로
르네상스 시대 주방의 모습을 생생하게 보여준다. (출처: 위키피디아)

어떤 계기에서인지는 모르겠지만, 로마가 멸망한 뒤 중세에
들어서는 파스타가 육수에 삶아먹는 요리로 바뀌었다고 한다.
지금처럼 중간에 심이 씹힐 정도로 살짝 익힌 상태인 알 덴테^{al dente}가
아니라 한 시간 이상을 푹 끓여먹었다. 국물이 특징인 이 지역
토르텔리니의 기원인 셈이다.

　　르네상스 시대의 이탈리아 요리책 가운데 가장 유명했던 책인
바르톨로메어 스카피^{Bartolomeo Scappi, 1500~1577}가 쓴 책을 보면 파스타의
역사에 대해 더 잘 알 수 있다. 롬바르디아^{Lombardia} 출신인 그는 많은
추기경과 교황들을 위해 요리를 했으며 그러한 경험을 바탕으로

《오페라, 조리의 기술》이라는 책을 썼다. '오페라'라고도 불리는 이 요리책은 출간된 이후 200쇄가 넘게 인쇄할 정도로 유럽에서 큰 인기를 끌었다.

　　1570년에 출간된 스카피의 책은 모두 6권으로 구성되어 있다. 이 책의 묘미는 르네상스 시대의 주방과 푸줏간 등 당시의 음식을 만드는 장소에 대한 구체적인 묘사를 담고 있다는 점이다. 주방의 칼, 냄비와 프라이팬, 체 등은 물론, 오븐 등 주방 기구와 상세한 내부 구조 등 주방에 관련한 거의 모든 것을 자세하게 수록했다. 방대한 내용과 정교한 삽화를 보다 보면 그가 얼마나 성공한 요리사였는지 짐작할 수 있다. 실제 그는 당시 교황으로부터 기사 작위까지 받았을 정도로 명성이 높았다. 그래서 역사가들은 스카피를 '유럽 최초의 스타 셰프'라고도 부른다.

　　스카피의 책에는 당시 이탈리아인들이 먹던 다양한 파스타 레시피가 담겨 있다. 그중에는 라비올리를 비롯해 토르텔리니와 관련된 레시피도 등장한다. 이 레시피를 보면 질 좋은 육수에 파스타를 삶아서 그 위에 치즈와 계피, 설탕, 정향 등의 향신료를 뿌려먹는다고 적혀 있다. 지금 상식으로 생각하면 파스타라기보다는 디저트에 가깝게 느껴진다. 하지만 이 레시피를 보면 16세기에 토르텔리니를 먹던 볼로냐를 비롯해 에밀리아로마냐Emilia-Romagna, 롬바르디아 지역이 얼마나 풍족했는지를 알 수 있다.

　　일단 계란을 넣어 밀가루를 반죽해 고기소를 넣고 토르텔리니를 만들어 고기 육수에 넣고 끓인다. 그렇게 삶은 토르텔리니에 계피, 설탕, 정향 등의 향신료를 얹어서 내놓는다. 당시 계피, 설탕, 정향은 동양에서 건너온 대표적인 고급 식자재였다. 12세기 이후 베네치아가 유럽 최고의 부자 도시가 된 비결은 이러한 향신료 무역을 독점했기 때문이었다. 또 다른 레시피 가운데에는 토르텔리니의 육수를 응축하지 않고 넉넉하게 사용한 것들도 있다.
볼로냐의 소울 푸드인 토르텔리니 콘 브로도처럼 말이다. 이미 이
무렵부터 육수에 담긴 토르텔리니를 먹는 것이 낯설지 않았던
셈이다.

서양에서 국물 대신 소스를 강조하기 시작한 것은 근대 프랑스
요리의 영향 때문이다. 프랑스 요리의 핵심은 소스에 있다. 소스로
시작해서 소스로 끝난다고 말할 정도다. 이렇게 된 것은 19세기
프랑스 왕실 요리가 서양 요리의 표준으로 자리를 잡으면서부터다.
이 과정에서 중요한 역할을 한 마리앙투안 카렘Marie-Antoine Carême,
1784~1833은 프랑스 요리를 서양 요리의 중심이 되게 한 1등공신이었다.
카렘은 프랑스 전국에 산재해 있던 요리법을 십대성해 책으로
펴냈다. 그의 업적 가운데 하나는 바로 소스를 고기, 버터, 채소 등
원재료(모체)를 중심으로 다섯 가지로 분류한 것이다. 이 소스
분류법은 이후 여러 번 수정되긴 했지만 지금도 여전히 유용하다. 5대
모체 소스는 벨루테, 베샤멜, 에스파뇰, 홀랜다이즈, 토마토소스다.
베샤멜과 토마토소스는 이탈리아가 원조다. 에스파뇰 소스는 이름에
스페인을 뜻하는 에스파냐가 들어가지만 프랑스의 소스다.

곳간에서 파스타 나고 토르텔리니 났다

따라서 볼로냐 사람들이 즐기는, 무심한 듯한 '토르텔리니 수프'는
가난과는 무관한 볼로냐만의 독특한 음식 문화라고 봐야 한다. 즉
원조 부자인 이탈리아 북부 사람들이 신흥 부자인 프랑스인들보다
먼저 즐겼던 고급스러운 먹거리였다고 볼 수 있다. 뭔가 만들면
확실하게 만드는 볼로냐-모데나 사람들이 다른 지역에는 없는
정교한 만두를 만들고는, 육수를 사용하면 그 만두를 더 맛있게 먹을

1605년 볼로냐 옆 도시인 모데나에 문을 연 발사믹 제조사 주세페 쥬스티^{Giuseppe Giusti}
숙성실의 모습. 이곳에서는 100년 숙성 발사믹도 판매한다.

수 있다는 걸 우연히 발견한 것은 아닐까 싶다.

실제로 볼로냐와 모데나는 특이한 동네다. 이 지역 프로슈토prosciutto와 경성 치즈가 이탈리아뿐 아니라 세계에서 가장 인기 있는 농산물이라는 것은 잘 알려진 사실이다. 그런데 이 지역에는 이런 독특한 특산품이 하나 더 있다. 바로 세계에서 가장 비싼 식초 중의 하나로 꼽히는 발사믹이다.

나는 발사믹 식초의 고향인 모데나에 가서 식초 박물관과 거기에 달린 매장을 돌아봤다. 이곳에 가면 5년, 10년 숙성 식초는 물론이고, 50년, 100년 숙성된 발사믹 식초도 있다. 10년이 넘은 발사믹은 그냥 먹어도 시큼한 맛이 전혀 느껴지지 않아서 이미 식초가 아니라 풍미 진한 음료에 가깝다. 개인적으로는 25년 된 식초가 가장 맛있었는데, 식초의 향도, 설탕의 맛도 느껴지지 않는 완숙미가 있었다. 와인을 응축해 놓은 것 같은 세월의 맛이었다. 모데나에서는 이 발사믹을 별다른 양념 없이 고기와 음식에는 물론 디저트 위에도 무심하게 뿌려먹는다.

좀 다른 이야기지만 이 지역은 농산물만 잘 만드는 게 아니다. 세계에서 가장 비싼 자동차인 람보르기니와 페라리도 이 지역에서 생산된다. 만두를 잘 빚으면 음식도 자동차도 잘 만드나 보다. 볼로냐를 비롯한 에밀리아 지역의 도시에서 이 '비너스의 배꼽탕'이 대표적인 명절 음식으로 손꼽힌다는 점도 이러한 내 추측을 뒷받침해준다. 1903년 볼로냐 지역 신문인 〈볼로냐 가제트〉에는 "토르텔리니가 없다면 볼로냐에 크리스마스란 없다"는 제목의 기사가 실렸다. 이보다 200년 전인 1708년 만토바의 한 수도원에는 "크리스마스 점심 메뉴로 토르텔리니 수프를 먹었다"는 기록이 있다.

볼로냐 사람들은 토르텔리니뿐 아니라 파스타 면에 대한 자부심이 대단하다. 이러한 볼로냐의 '면부심' 혹은

59

'토르텔리니부심'이 단순히 볼로냐의 소스와 라비올리 그리고 생면에서만 비롯한 것은 아니다. 재미있는 섬은 볼로냐가 속한 에밀리아로마냐에서 세계 최초로 일체형 파스타 제조 기계도 만들어졌다는 것이다. 건면의 성지는 시칠리아지만, 그 건면을 일괄 자동화해 생산해내는 기계를 만든 것은 생면의 성지인 에밀리아로마냐였다.

파스타의 기계화는 크게 두 가지 방향으로 이루어졌다. 반죽을 압축해 면을 뽑는 압축기와 이를 건조하는 건조기의 기계화다. 수압을 이용한 기계식 압축기는 1882년 나폴리에서 발명됐다. 그 때문에 나폴리는 '마카로니 파스타의 성지'로 불리기도 한다. 18세기에 이탈리아를 여행했던 독일의 대문호 괴테 역시 나폴리 사람들의 마카로니에 대한 사랑을 《이탈리아 기행》에 자세히 묘사해놓았다.

한편 최초의 기계식 건조기는 1886년 나폴리가 주도인 캄파니아Campania주와 가까운 곳에 위치한 중부의 아브루초에서 개발되었다. 이 건조기를 개발한 사람은 필리포 데 체코Filippo De Cecco, 1854~1930였다. 그의 성을 딴 데 체코De Cecco는 지금도 세계 최대의 파스타 제조사 중 하나다. 이 파스타 건조기가 나오면서 남부 도시마다 파스타를 빨랫줄에 걸어놓고 햇빛에 말리던 길거리 풍경은 사라졌다. 파스타를 완전히 말리는 데는 남부의 뜨거운 햇빛으로도 며칠이 걸리던 일이었다.

그렇지만 파스타의 반죽 성형과 더불어 건조를 통합 처리하는 일체형 기계는 나폴리나 시칠리아가 아니라 1933년 에밀리아로마냐의 파르마에서 마리오 브라이반티Mario Braivante와 주세페 브라이반티Giuseppe Braivante 형제가 만들었다. 원래 그들의 고향은 밀라노였지만 파스타 사업은 포강 건너편의 곡창 지대인

파르마에서 시작했다. 이 발명 덕분에 한쪽에서 밀가루만 넣어주면
반대쪽에서 다양한 모양의 파스타가 쏟아져 나오게 되었다. 그러나
에밀리아로마냐는 이런 기계가 발명되었음에도 건면의 주요
생산지로 등극하지 않았다. 이 지역 사람들은 건면의 기계화와는
상관없이 생면이 좋았던 모양이다. 에밀리아에서 발명한 기계를
계기로 파스타 생산지로 급부상한 곳은 오히려 제노바가 주도인
리구리아주의 여러 도시들이었다. 제노바 남쪽에 위치한 사보나를
비롯해 리구리아주의 항구 도시들은 지금도 시칠리아 밀을 가져다
파스타를 만들어 전 세계에 수출하고 있다.

한편 볼로냐를 비롯해 많은 에밀리아로마냐의 도시에서는
여전히 고집스럽게 손으로 생면을 만들어 먹는다. 그리고 자신들의
소스인 볼로네제 라구 소스는 기계로 뽑은 스파게티에 얹어먹어서는
안 된다며 열을 올린다. 나는 볼로냐 사람들의 이 고집스러운
'면부심'이 재미있다. 볼로냐가 미식의 수도라는 칭호를 얻은 것은,
그저 맛있는 음식을 만들어 먹었기 때문만은 아니었다. 특이하게도
볼로냐는 음식과 관련해서는 처음부터 끝을 생각했던 것 같다.
프로슈토도, 치즈도, 파스타도 그렇다. 서양 요리와 음식 문화의
정점인 와인에 있어서도 그렇다. 볼로냐는 언제나 이탈리아 음식의
시작과 끝에 서 있으려 한다. 그래서 볼로냐는 '뚱보의 도시'라는
별명과 '현자의 도시'라는 별명을 동시에 차지했나 보다.

61

돼지의 맛

하몽이 스페인의 자존심이라면,
프로슈토와 살루미는
이탈리아의 자존심이다

"돼지는 도토리를 꿈꾼다Il porco sogna le ghiande."
이탈리아 속담

이탈리아 북부 에밀리아로마냐의 중심 도시인 볼로냐 중앙역
첸트랄레에 내리면 두 가지에 놀란다. 먼저 역사의 규모에 놀란다.
생각보다 작아서다. 볼로냐는 우리나라의 경부선과 호남선이
갈라지는 대전과 같은 전통적인 교통의 요지다. 나폴리와 로마에서
출발하여 밀라노, 토리노를 거쳐 프랑스로 뻗어나가는 철도 노선과,
베네토, 베네치아, 트리에스테를 거쳐 오스트리아와 동유럽으로
가는 노선의 분기점이다. 역사적으로 이탈리아와 가장 빈번한
전쟁과 교역을 해왔던 프랑스와 오스트리아로 가는 갈림길이 바로
볼로냐에서 시작된다. 프랑스와 스페인은 도시 국가로 분리되어
있던 이탈리아의 지배권을 두고 중세 내내 전쟁을 벌였다. 이 지난한
전쟁은 18세기까지 이어졌는데, 전쟁을 벌인 두 세력은 스페인이나
헝가리 등의 동유럽에까지 걸쳐 넓은 영역을 장악했던 오스트리아의
합스부르크 왕가와 프랑스를 지배했던 발루아·부르봉 왕가였다.
볼로냐는 이 두 국가의 왕가와 계속해서 전쟁을 벌여왔다.
        이렇게 중요한 위치에 자리했으면서도 볼로냐 기차역은
볼품없을 만큼 작고 초라하다. 근교인 밀라노나 토리노 그리고 가장
근접한 관광 도시인 피렌체의 중앙역과 비교해보아도 훨씬 작다.

63

2019년 볼로냐 중앙역의 모습과 1926년 볼로냐 중앙역의 모습.
철도 교통의 중심지인 볼로냐의 위상에 견줘 작은 규모다.
(아래 사진 출처: 위키피디아)

역설적이게도 역이 이렇게 작으니 상대적으로 역사 안을 지나다니는 사람이 정말 많은 것처럼 느껴진다.

식욕을 자극하는 구수한 향기의 정체

정신없이 인파를 헤치고 역사 밖으로 나가면 한 번 더 놀라게 된다. 역 앞에서 돼지국밥 냄새가 솔솔 나기 때문이다. '내가 지금 부산의 서면 거리를 걷고 있나?' 하고 착각할 정도다. 나는 부추와 소면을 넣은 부산의 뽀얀 돼지국밥을 좋아한다. 돼지국밥은 소고기로 끓인 설렁탕과는 다른 구수한 풍미가 느껴진다. 이탈리아에서 많은 도시를 다녀봤지만 이렇게 시내에서 돼지국밥의 구수한 향기가 나는 곳은 없었다. '도대체 이 향기는 어디서 나는 걸까?' 볼로냐에 막 도착한 여행자라면 누구라도 이 맛있는 냄새의 근원이 어디인지 호기심을 가질 수밖에 없다.

'맛의 나라' 이탈리아라 할지라도 이렇게 대놓고 음식 냄새로 여행객을 유혹하는 도시는 드물다. 내가 경험한 바에 의하면 도시를 대표하는 냄새로는 시칠리아의 중심 도시인 팔레르모의 고기 굽는 냄새가 유명한 편이다. 이탈리아인들이 숯불에 즐겨 구워먹는 고기 부위에는 삼겹살도 있어서, 팔레르모에서는 때때로 한국 사람에게 매우 친숙한 고기 냄새를 맡을 수 있다. 그리고 잘 알려진 냄새로는 모스카토 와인으로 유명한 피에몬테 아스티의 시큼한 와인 향기가 있다.

그러나 팔레르모나 아스티에서도 중앙역 앞에서부터 그런 맛있는 냄새를 맡을 수는 없었다. 역에서 떨어진 시장이나 시 외곽의 와이너리 근처에 가야 비로소 냄새가 났다. 그러나 볼로냐에서는 중앙역에서부터 시내 중심가까지 걸어가는 동안 어디에서든 식욕을

볼로냐 시내의 모습. 건물 사이로
볼로냐의 랜드마크인 아시넬리 탑이 우뚝 솟아 있다.

자극하는 구수한 돼지국밥 냄새를 맡을 수 있었다.

이 향기의 정체는 중앙역에서 걸어서 15분이면 도착하는
마조레 광장Piazza Maggiore에서 확인할 수 있다(볼로냐 대부분의 관광지와
맛집은 시내 중심지에서 걸어서 20여 분 거리에 있어 편리하다). 볼로냐의
얼굴, 마조레 광장에는 볼로냐를 상징하는 두 개의 탑과 산
페트로니오 성당Basilica di San Petronio이 있다. 97미터 높이의 아시넬리
탑Torre Asinelli은 주변에 높은 건물이 없는데다가, 착시 효과 때문에
실제보다 훨씬 더 높아 보인다. 탑은 완벽한 중세 초기의 모습을
간직하고 있어서, 가까이 다가가면 영화 〈반지의 제왕〉의 세트장에
온 듯한 착각이 든다.

이탈리아 귀족들은 자기 가문의 위세를 과시하기 위해 중세에
많은 탑을 세웠지만, 지금까지 옛 모습 그대로를 간직한 탑이 남아
있는 도시는 드물다. 중세에는 르네상스의 도시 피렌체에도 도시를
관통하는 아르노강을 중심으로 탑이 많이 있었지만, 지금은 온전한
높이로 남아 있는 탑이 거의 없다. 관광 도시인 피렌체가 이런
상황이니 다른 도시의 탑은 물어보나 마나다. 그런데도 볼로냐
시내에는 잘 보존된 탑이 10여 개나 남아 있다. 볼로냐가 '탑의
도시'라 불리는 이유다.

두 개의 탑과 마조레 광장 주변에 위치한 인디펜덴차
거리(우리말로 '독립로'다)와 리촐리 거리에는 금요일 저녁부터
일요일까지 차가 다니지 않는다. 주말 동안에는 보행자의 천국이
되는 것이다. 내가 이 광장에 도착했던 날은 11월 초 금요일 오후였던
것으로 기억한다. 이탈리아에서는 겨울에 하루가 멀다 하고 비가
내린다. 3월부터 10월까지 내내 푸르고 아름답던, 우리가 알고 있는
그 청명한 이탈리아가 아니다. 축축하고 무거운 날씨가 계속되어,
오히려 독일에 온 느낌이다.

이날도 비가 부슬부슬 내렸다. 그런데도 많은 인파가 광장과 주변 거리를 가득 메우고 있었다. 볼로냐는 고색창연한 이탈리아의 여러 도시 중에서도 유달리 더 고색창연하다. 이탈리아는 수많은 유적을 보유하고 있는 나라지만 모든 도시에서 그 흔적을 찾을 수 있는 것은 아니다. 보통 시내에 르네상스 시대 이후의 건물들이 조금 남아 있는 편이고, 도심을 조금만 벗어나면 바로 현대식 건물이 보인다. 뉴욕이나 도쿄와 같은 대도시에서 볼 법한 아파트들이 등장하는 것이다. 다만 이탈리아의 아파트는 외벽 색깔이 보다 산뜻하고, 햇빛을 가리는 차양막이 화려하다는 정도의 차이만 있을 뿐이다.

그런데 볼로냐는 다른 도시와는 달리 오래된 건물이 구도심을 가득 채우고 있다. 5~6층 이상의 높은 건물을 시내에서 찾아보기 어려울 만큼 거의 완벽한 옛 중세풍 도시다. 그중에서도 마조레 광장은 볼로냐의 고색창연함을 압축해 놓은 곳이다. 광장에서 보이는 두 개의 탑과 레 엔조 궁^{Palazzo Re Enzo} 그리고 산 페트로니오 성당은 지어진 지 거의 1,000년이 된 건물들이다. 12세기에 쌓은 두 개의 탑이 그중에 가장 오래되었고, 13세기에 건설된 레 엔조 궁은 영국의 고성을 연상시켰다. 이곳은 15세기 르네상스 양식이나 17세기 바로크 양식보다 더 시대를 거슬러 올라간 중세의 모습을 떠올리게 만든다. '로마 스타일'이라는 뜻의 '로마네스크^{Romanesque}'라는 멋스러운 이름보다 게르만 부족인 '고트족스러운(우리말로 거칠게 번역하면 '오랑캐스러운'쯤이 될 듯하다)'이라는 말에서 유래된 '고딕^{Gothic}'이라는 단어가 더 잘 어울리는 거리다.

볼로냐는 11월부터 이미 크리스마스 분위기

날씨는 궂고 건물은 칙칙하고, 누가 봐도 음산한 풍경 속에서도 볼로냐는 그 음울함을 아주 가볍게 날려버렸다. 흐린 날씨에도 관광객으로 보이는 사람들 대부분이 웃고 있었다. 아마 비가 아니라 눈이 왔다면 나는 이 도시의 첫인상을 '크리스마스 이브' 같다고 여겼을 것이다. 역에서 맡은 돼지국밥 냄새와 중심가의 크리스마스 분위기 덕분에 볼로냐가 더욱 매력적으로 느껴졌다.

　　불운하게도, 나는 이날 상태가 좋지 않았다. 볼로냐에 오기 전날 시칠리아에서 토리노행 비행기를 타고, 밤에 도착해 늘 기대에 못 미치는 허접한 이탈리아식 역전 호텔에서 하루를 묵었다. 다음날 아침 토리노에서 지인을 만나 맡겼던 물건을 받고는, 다시 기차를 타고 그날 오후 늦게야 볼로냐에 도착했다. 이렇게 복잡하게 이동 경로를 계획한 이유는 토리노와 시칠리아 팔레르모를 오가는, 가격이 80유로쯤 하는 저렴한 라이언항공 왕복표를 끊었기 때문이었다.* 이탈리아 최남단인 시칠리아에서 비행기를 타고 이탈리아 북부에 있는 토리노를 거쳐, 기차로 330킬로미터 정도 떨어진 볼로냐까지 오는 길은 그리 만만치 않았다. 그러나 매우 피곤한 상태였는데도 나는 이 중세풍 도시에 금세 빠져들었다. 비록 코로나19 탓에 뜻을 이루지는 못했지만, 한국으로 돌아오기 전에 볼로냐 어학원에 미리 어학연수 프로그램을 예약해 놓을 만큼

71

---

* 아일랜드 항공사인 라이언항공은 운임이 기차값보다 저렴해 유럽 여행을 할 때 매우 요긴하다. 대신 여러 가지 제약이 많은데, 특히 짐이 20킬로그램을 넘으면 추가 요금이 붙고, 캐리어의 높이가 20센티미터가 넘으면 기내에 들고 탈 수가 없다. 이런 옵션들을 사전에 잘 숙지하지 않으면 패널티를 비행기 요금보다 더 많이 물 수도 있다.

볼로냐가 좋았다.

당시 내가 이탈리아에서 사용했던 여행 가방은 부피가 매우 큰 38인치짜리였다. 보통은 32인치 크기의 가방을 주로 사용하는데, 1년가량 유학을 떠났던 때라서 가방이 상당히 컸다. 이탈리아에서 나는 노숙자들 말고는 나보다 더 큰 가방을 밀고 다니는 사람을 본 적이 없다. 나는 이렇게 무거운 여행 가방을 끌고도 맛있는 냄새에 이끌려 어느 골목으로 들어갔다. 산 페트로니오 성당을 정면으로 보고 왼편으로 나 있는 볼로냐의 유명한 먹자골목, 비아 페스케리에 베키에 Via Pescherie Vecchie(우리말로 '옛 수산시장 거리'쯤이다)였다.

그런데 아뿔싸. 막 들어선 골목은 중세의 모습을 그대로 지니고 있었다. 골목의 정취뿐 아니라 골목의 폭도 에스러웠다. 말 한 마리가 겨우 지나갈 법한 매우 좁다란 골목이었다. 게다가 골목 양쪽에 위치한 식당들이 줄지어 바깥에 내놓은 간이 탁자에 사람들이 빼곡히 들어앉아 음식과 와인을 즐기고 있었다. 앉아 있는 사람과 지나가는 사람 간의 거리는 옷깃이 스칠 정도로 가까웠다. 비까지 내리는 날 그런 좁은 골목에 커다란 여행 가방을 끌고 들어간 건 나의 판단 착오였다.

그런데 그렇게 붐비는 골목 안에서도 사람들은 모두 활짝 웃고 있었다. 궂은 날씨에 서로의 어깨가 맞부딪치는 병목의 틈바구니 속에서도 여유를 잃지 않은 모습이었다. 볼로냐의 분위기와 전혀 어울리지 않는 큼직한 가방을 질질 끌고 가는 이상한 여행객에게도 짜증을 내기보다는 어떻게든 지나갈 공간을 만들어주려는 배려가 느껴졌다. 당시에는 그 여유가 골목에 지천으로 깔린 음식에서부터 비롯했을 것이라고 추측했을 뿐이다. 이 여유와 배려가 볼로냐라는 도시만이 지닌 특유의 개성이라는 것은 한참 뒤에 알았다.

볼로냐 사람들은 좁은 골목 양옆으로 이어진 카페와 바의 야외석에서 프로슈토와 살라미, 치즈 그리고 과일과 빵과 와인을 한 상 가득 차려놓고 먹고 마시고 있었다. 골목이 좁으니 행인들은 카페 손님들이 음식을 즐기는 광경을 바로 코앞에서 생생하게 볼 수 있었다. 즐거운 관음이었다. 게다가 카페뿐 아니라 골목의 수많은 정육점('마첼레리아macelleria' 혹은 '프로슈테리아prosciutteria'라고 부른다)도 수백 개의 프로슈토와 살라미를 천장에 주렁주렁 걸어놓고 행인을 유혹한다. 손님들이 햄과 치즈를 사서 가게 앞에서 바로 먹을 수 있게 해놓기도 했다. 이런저런 가게들이 모인 푸드코트도 이 골목 끝에 위치해 있다('메르카토 디 메조Mercato di Mezzo'라는 이름의 이 푸드코트는 꽤 유명한 명소인데 내부가 복잡한 편이다. 여기보다는 오히려 한 골목을 더 건너가면 있는 이탈리Italy가 낫다). 볼로냐 중앙역에서부터 풍겼던 은은한 돼지국밥 향은 이곳을 비롯해 골목마다 가득 찬 수많은 음식점에서부터 온 것이었다.

와인과 햄을 한가득 받아드니 웃을 수밖에

이탈리아에서는 햄을 살루미salumi로 통칭한다. 살루미는 돼지로 만든 햄과 소시지를 통칭하는 집합명사다. 염장 건조 소시지는 '살라미salami'라 하고, 내장에 고기와 향신료를 함께 넣은 생소시지는 '살시차'라고 한다. 'sāl'은 라틴어로 소금을 뜻한다. 이탈리아어로 소스를 뜻하는 'salsa' 역시 여기서 유래한 단어다. 비아 페스케리에 베키에의 여러 식당에서는 살루미나 과일, 치즈 등을 나무로 만든 도마에 한가득 올려 와인과 함께 팔고 있었다. 양에 따라 가격은 조금씩 다르지만 2인 기준 10~15유로, 4인 기준으로는 20~30유로 정도였다.

메뉴판을 직접 들여다보면 엄청나게 넓은 선택의 폭에 또 한

볼로냐 중심가의 식료품점에는 온갖 살루미와 치즈들이
빼곡히 차 있다. 이런 식료품점에만 가봐도
이 도시가 왜 미식의 수도라고 불리는지 짐작할 수 있다.

번 놀란다. 여러 종류의 살루미와 치즈, 포도나 오렌지와 같은 과일을 아낌없이 올린 것이어서 그런지, 메뉴 이름도 '도마'를 뜻하는 이탈리아 단어인 '탈리에레tagliere'다. 탈리에레는 전통 음식인데도 불구하고 시각적으로 매우 현대적이어서 인스타그램에서 인기를 끌 만한 멋이 느껴진다. 대부분의 식당이 음식에 와인을 곁들여 패키지로 파는데, 잔술의 가격도 4~6유로여서 적당한 가격대로 즐길 수 있다. 볼로냐의 와인 람브루스코lambrusco는 한 병을 시켜도 그다지 비싸지 않다.

트립어드바이저Tripadvisor와 같은 여행 사이트를 보면, 이 메뉴는 볼로냐 관광객 사이에서 가장 만족도가 높은 음식으로 거론되곤 한다. 왁자지껄한 중세풍 골목에서 프로슈토와 모르타델라 햄 그리고 치즈와 과일 안주를 한가득 담아놓고 와인을 마시면, 어느새 중세로 낭만적인 시간 여행을 온 듯한 착각이 든다. 볼로냐를 여행하기 전까지 나에게 중세란 '마녀재판이나 하는 무지와 암흑의 시대'와 동의어였다. 그러나 볼로냐에 머문 뒤로 중세도 나름 괜찮은 시대였을 수도 있다고 생각을 바꾸게 되었다. 먹는 게 이렇게 무섭다.

잠깐 다른 이야기를 하자면, 볼로냐에서는 중세 때 마녀재판이 열린 적이 단 한 번도 없다고 한다. 그 당시 인근의 도시 국가에서도 마녀재판이 종종 이루어졌던 것과는 상당히 대조적이다. 마녀재판은 중세 말에서 근대로 넘어가던 15~18세기에 걸쳐 많이 일어났다. 주로 독일, 폴란드, 프랑스 등에서 희생자가 많았다. 심지어 재산권과 사상의 자유를 찾아 미국으로 이민을 간 유럽인들도 그곳에서 마녀재판을 벌였다. 이런 사실을 감안한다면, 마녀재판이 아예 일어나지 않았던 볼로냐는 상대적으로 매우 합리적인 도시였다.

다시 여행기로 돌아오자면, 결국 나는 여행 가방 때문에 전통적인 먹자골목에서의 낭만적이고 여유로운 식사를 포기해야만

했다. 무거운 가방을 질질 끌고 다닐 수는 없는 노릇이었기에 다시 마조레 광장으로 나왔다. 비는 오는데 배는 고프고 가방은 무거운 데다 신발과 바지는 축 젖어 있었다. 다행히 숙소는 광장에서 그리 멀지 않았지만 체크인 마감 시간이 다가오고 있었다. 마음이 바빠진 나는 가장 가까운 음식점을 선택해 들어갔다.

무작정 들어간 그곳은 와인숍을 겸하는 레스토랑 시뇨르비노Signorvino라는 곳이었다. 시뇨르비노는 토리노, 피렌체, 팔레르모에도 분점이 있는 와인 전문숍이다. 대부분의 분점이 시내 중심가의 번화가에 위치해 있는데, 그중 볼로냐에 있는 가게가 가장 크고 멋졌다. 인사동 한정식 집에 가려다가 명동이나 광교쯤에 위치한 모던한 퓨전 한식집에 들어간 셈이었다. 볼로냐에서의 행운은 이 레스토랑에서부터 시작됐다. 비가 오는 오후라서 그런지 그날 레스토랑에는 손님이 한 명도 없었다. 나의 멍에이자 구원(해외여행을 다니면서 쌀밥을 해먹는 나의 가방에는 쌀과 전기밥솥이 들어 있었다)인 가방을 입구에 팽개치고 가장 안쪽 자리에 앉았다. 비가 와서 창문에 김이 뿌옇게 서려 광장은 잘 보이지 않았다.

결론부터 이야기하면 이 집에서 먹었던 음식은 꽤 맛이 좋았다. 종업원들은 모두 젊고 친절했으며 영어를 아주 잘했다. 이탈리아에서 볼로냐처럼 음식점 직원이 영어를 잘 구사하는 곳을 본 적이 없었다. 또한 이탈리아는 대도시가 아니라면 젊은 종업원을 만나기가 쉽지 않은데, 볼로냐는 대학 도시여서 그런지 음식점의 모든 종업원이 20대 초반쯤으로 보였다.

나는 이곳 식당에서 볼로냐에서의 첫 음식으로 치즈 샐러드와 가지 라자냐를 주문했다. 어느 곳에서라도 실패가 없을 만한 메뉴였다. 이탈리아에서는 토마토와 치즈가 들어가는 걸 시키면 대부분 성공한다. 피자, 파스타, 라자냐 같은 메뉴 말이다. 그런데

특이하게도 이 식당은 와인 전문점이어서 그런지 메뉴에 각각의
음식과 잘 어울리는 와인을 함께 적어놓았다. 와인 가격도 5유로
정도로 저렴한 편이었다. 게다가 이 식당에서는 와인을 그냥 잔으로
가져다주는 게 아니라 병을 가져와서 직접 잔에 따라준다.
볼로냐에서 좋았던 것 중 하나였다.

　　사실 레스토랑 와인 가격이 저렴하기로는 시칠리아를 따라갈
수 없다. 시칠리아에서는 화이트 와인의 경우(레스토랑에 따라 편차가
있지만), 내가 머물렀던 2019년 기준으로 대부분 반병에 5유로
정도였고, 한 잔은 3~4유로에 불과했다. 볼로냐나 피렌체 같은
중소도시에서는 이것보다는 약간 비싼 편이었고 밀라노, 토리노와
같은 대도시에서는 반병씩 파는 경우는 거의 없고, 한 잔에 6~8유로
선이었다.

　　어쨌거나 볼로냐에서 우연히 들어간 첫 레스토랑의 메뉴에는
내가 주문한 가지 라자냐와 어울리는 와인으로 알토아디제 지역의
피노 네로Pinot Nero('피노 누아'의 이탈리아 이름이다) 와인 루지아Luzia를
추천했다. 알토아디제는 오스트리아와 국경을 맞닿은 이탈리아
동북부 지역이다. 이탈리아의 피노 네로 품종 와인은 처음 맛보는
것이었는데 가벼우면서도 옹골찬 맛이었다. 스파클링을 제외하고는
맛있는 피노 네로를 마셔본 적이 별로 없었는데, 프랑스도 아닌
이탈리아에서 만날 줄이야. 시간이 한참 흐른 후에 슈퍼마켓
진열대에서 똑같은 와인을 우연히 봤는데 한 병에 15유로였다. 그
정도면 이탈리아 북부를 대표하는 포도 품종인 네비올로Nebbiolo
중간급 와인과 비슷한 가격이었다. 괜찮은 식사에 괜찮은 와인을
곁들여 한 끼를 먹고 나니 기분이 좋아졌다.

내가 볼로냐에서 처음 먹었던 음식, 치즈 샐러드와 가지 라자냐.
이탈리아에서 토마토소스가 들어가는 음식을 주문하면 거의 실패가 없다.

누군가를 떠올리게 하는 음식, 탈리에레

친절하고, 가격 괜찮고, 전망까지 좋은 이 식당은 볼로냐에서 한 달간 머물면서 내가 가장 자주 찾은 레스토랑 가운데 하나였다. 심지어 나는 원래 생고기를 좋아하지 않는데 옆 테이블 사람들이 많이 시키기에 바투타 디 비텔로도 먹어보았다. 생각보다 고기 냄새가 나지 않았고, 와인과 함께 먹었더니 색다른 맛이었다.

이 레스토랑에서 사람들이 가장 많이 주문하는 요리는 역시 이 지역 햄과 치즈를 한판에 내는 탈리에레 요리였다. 13,000원쯤 하는 10유로짜리 도마 요리는 혼자 먹기에 벅찰 정도로 음식이 가득 담겨 있었다. 기본 메뉴지만, 강냉이와 오징어포로 구성된 우리나라의 마른안주쯤으로 생각하면 절대 안 된다. 메뉴판에는 탈리에레에 대한 소개가 이렇게 적혀 있다.

"DOP 파르마 24개월 숙성 프로슈토, 최고급 모르타델라, 시골 살라미, 피에몬테식 라비올리, DOP 고르곤졸라, DOP 토스카나 양젖 치즈 페코리노, 남부 풀리아 물소 모차렐라, 무화과, 피클, 전통빵 포카치아와 작은 스틱 모양의 빵 그리시니."

이탈리아에서 나오는 햄과 치즈 가운데 가장 좋은 것만 모아 한 판에 올려둔 맛보기 샘플러인 셈이다. 그보다 가격대가 좀 더 높은 25유로짜리 구성도 있는데 엄청난 양의 햄과 치즈를 2층 트레이에 쌓아서 내준다. 아래층 도마엔 프로슈토와 햄이, 위층 도마엔 치즈와 빵이 가지런히 놓여 있다. '이렇게 팔아도 이윤이 남을까?' 음식점을 절로 걱정하게 만드는 비주얼이다.

보통 네 명 정도가 와서 파스타 두 접시에 이 한 판 메뉴를 시켜 와인과 나눠 마시는데, 혼자 볼로냐에 와 있던 나로서는 가장 시켜보고 싶었던 메뉴였다. 누군가와 함께 와 저 메뉴를 시켜서

이탈리아에서 나오는 햄과 치즈 가운데
가장 좋은 것만 모아 한 판에 올려둔 볼로냐식 모듬안주 '탈리에레'.
살라미, 카포콜로, 모르타델라, 프로슈토 등 다양한 생햄을 맛볼 수 있다.

볼로냐의 중심인 마조레 광장을 내려다보며 와인을 마시면 얼마나 좋을까 하는 생각이 자꾸 들었다. 서울에 두고 온 가족과 와인이라면 사족을 못 쓰는 대학 동기들의 얼굴이 번갈아 떠올랐다.

볼로냐 어딜 가더라도 만날 수 있는 이 도마 안주의 주축은 모르타델라 mortadella 와 프로슈토로, 이 도시를 대표하는 햄이다. '음식'이라고 하면 자다가도 벌떡 일어나는 이탈리아인들 사이에서 볼로냐가 '미식의 수도'라는 칭호를 얻게 된 것은 이 햄들의 공이 크다.

프로슈토는 돼지 뒷다리를 바람에 말려 얇게 썰어 먹는 햄이다. 우리나라에는 스페인의 하몽이 좀 더 널리 알려져 있는데, 실은 프로슈토의 역사가 더 길다. 이탈리아의 프로슈토는 고대 로마 때부터 대중적으로 즐겨먹었으며 기원전에 이미 염장하는 방법을 기록으로 남겨두었을 정도로 유서 깊은 음식이다. 모르타델라는 우리나라의 도시락 반찬인 핑크빛 소시지와 비슷한데, 밀가루를 넣지 않고 훨씬 더 굵게 만든 것이라고 생각하면 된다.

살루미는 사실 이탈리아를 대표하는 음식인 피자나 파스타보다 한 수 위다. 고대 로마 시대부터 시작해 지금까지 그 본래의 모습을 그대로 지켜오고 있는 음식으로, 파스타나 피자가 중세 이후 외국과 교류하던 중에 자연스레 탄생했던 것과는 대조적이다. 파스타는 아랍에서, 피자는 대항해 시대 이후 토마토가 신대륙에서 들어온 뒤에 등장했다. 따라서 살루미는 세계에서 인정받는 가장 오래된 이탈리아 음식의 대표 주자다.

멀쩡하던 이탈리아인들이 잠시 이성을 잃고 떠들게 만드는 대화 주제가 있다. 하나는 축구이고, 다른 하나는 음식이다. 이탈리아인들은 음식에 대해서 정말 열정적으로 이야기한다. 왜 그럴까? 이탈리아인들은 19세기 말까지 도시 국가에서 살아왔다. 우리나라처럼 1,000년 넘게 한 나라로 통일되어 살아온 게 아니다.

그래서 "이탈리아는 도시가 시골이고 시골이 도시"라는 말이 있다. 아무리 작은 소읍이라도 자기들만의 탄탄한 이야기와 역사를 지니고 있다는 뜻이다. 이들 이야기의 첫 장은 거의 대부분 음식에서 시작한다. 아무리 작은 동네라도 자기 동네만의 와인이 있고, 치즈가 있고, 살루미가 있다. 뭐든지 서울식으로 통일해야 직성이 풀리는 한국과는 퍽 다른 사고방식이다.

그래서 이탈리아인들은 음식에 대해서 이야기할 때 '전통'을 강조하곤 한다. 내가 다녔던 ICIF에서나 현지 레스토랑에서 인턴을 하면서 가장 많이 들었던 단어는 전통이란 뜻의 '트라디지오네tradizione' 였다(두 번째로 많이 들었던 단어는 '빠삭빠삭하게'라는 뜻의 '크로칸테croccante'였다). 이들은 음식이 전통에서 조금이라도 어긋나면 큰일 나는 것처럼 군다.

이렇게 먹는 것에 유별난 이탈리아인들은 전통 햄도 유별나게 만든다. 이들은 살루미를 만드는 돼지를 숲에 방목해서 적어도 2년 동안 키운다. 그래야 육질이 더 맛있단다. 우리나라를 비롯해 다른 많은 나라에서 돼지를 6개월 정도 키운 후에 도축하는 것과는 사뭇 다르다. 그만큼 가격도 비싸서 잘 만들어진 프로슈토 한 덩이는 100만 원을 훌쩍 뛰어넘는다.

사실 나는 이탈리아에 오기 전에는 육가공품인 햄이나 소시지를 거의 먹지 않았다. 잘 알려진 대로 세계보건기구WHO에서는 햄과 소시지를 1급 발암물질로 규정하고 있다. 햄과 소시지를 가공할 때 첨가하는 아질산염 등의 성분이 대장암의 원인이 될 수 있다는 연구 결과도 있다. 이런 건강상의 이유 때문이기도 하고, 분홍색 밀가루 소시지를 도시락 반찬으로 너무 많이 먹었던 유년 시절의 경험도 한몫했다. 당연히 이탈리아 프로슈토 역시, 공장에서 벽돌 찍듯이 나온 음식이라고 치부하고 되도록 먹지 않으려고 했다.

85

이탈리아에서는 살루미용 돼지를 자연친화적으로 방목해서 키우는 곳이 많다.
(출처: 아그리살루메리아 루이젯 홈페이지)

그러나 ICIF 수업에서 이탈리아 DOP 햄을 만들 때에는 인공적인 화학 성분을 전혀 쓰지 않는다는 것을 알게 됐다. 이탈리아를 비롯해 유럽의 햄과 치즈는 우리가 알고 있는 미국식 햄과 치즈와는 많이 달랐다.

소보다 돼지를 높게 치는 이탈리아

이탈리아 햄은 생햄(프레스코)과 조리햄(코토)으로 나뉘는데, 보통 생햄을 더 쳐준다. 이탈리아식 생햄에는 소금이나 향신료를 제외하고는 인공적인 것을 가급적 첨가하지 않는다. 그게 전통이기 때문이다. 반면에 한국에서는 편리와 효율이라는 이름으로 햄을 만들 때 밀가루도 넣고 인공 조미료에 발색제에 방부제까지 넣는다. 대량 생산을 하니 그만큼 가격도 저렴하다. 반면 이탈리아에서는 아직까지도 고집스럽게 전통을 지켜서 만든다. 대신 가격이 비싼 편인데, 그럼에도 불구하고 온 동네가 이 제품을 칭찬하고 격려하며 앞장서서 소비한다. 그리고 자기 동네 음식이 이만큼 독특하다는 것을 아주 자랑스럽게 여긴다.

맥도날드가 자기 나라에 매장을 열자마자 그에 반대해서 '슬로푸드 운동'을 한 것도 이탈리아인들이었다. 또 스타벅스가 가장 늦게 들어온 나라 중 하나도 이탈리아다. 지금도 이탈리아 전역에서 밀라노와 토리노 단 두 도시에만 스타벅스가 들어와 있다. 그래서 내게 이탈리아 하면 떠오르는 추상명사는 '전통'과 '지역'이다.

나에게 전통과 지역이라는 단어의 의미를 또렷이 알려준 이탈리아인이 한 명 있다. 바로 피에몬테의 살루미 회사 아그리살루메리아 루이젯Agrisalumeria Luiset의 대표인 레지노 루이젯이다. 70대 노인 루이젯을 나는 ICIF 수업에서 만났다. 의사나

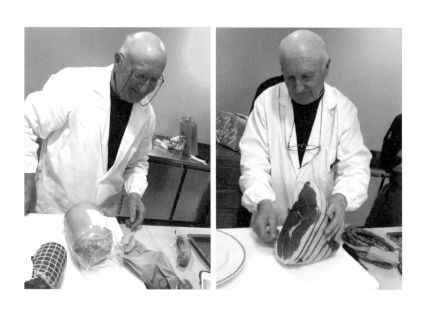

내가 ICIF 수업에서 가장 기억에 남던 강사는
살루미(이탈리아 햄) 수업을 진행했던 70대 노인 레지노 루이젯이었다.
그는 수업을 시작하면서 "맛있는 살루미는
돼지에 대한 애정에서 나온다"라는 말을 해 나를 놀라게 했다.

과학자처럼 흰 가운을 입고 나타난 그의 얼굴에는 '나는 명인이오'라고 쓰여 있는 듯했다. 레지노 루이젯의 회사는 DOP 살루미를 전문적으로 생산하는 회사로, 토리노 시내 여러 군데에 매장을 가지고 있으며 이탈리^{Eataly} 같은 전문 식품 매장에도 진출해 있다. 루이젯의 살라미는 작은 것 한 점에도 20유로가 넘는다.

그는 수업에서 이탈리아 요리를 배우러 온 외국의 젊은이들에게 "햄을 맛있게 만드는 비결은 숨겨진 제조 비법이 아니라 돼지에 대한 각별한 애정이 먼저"라고 강조했다. 돼지를 미국의 공장식 축산 방식으로 넓이가 1제곱미터도 채 되지 않는 축사에 가둬놓고 유전자변형^{GMO} 사료를 먹여 키울 경우, 소금만 써서 자연 바람에 말리는 이탈리아 전통 쁘로슈토를 만들 수가 없다는 그의 이야기는 큰 울림이 있었다. 레지노 대표는 학교에서 강의를 했던 강사 가운데 가장 연장자였고, 가장 기억에 남는 강사였다. 내가 수업을 마친 후 다가가서 개인적으로 사진을 찍자고 청했던 사람은 주로 셰프가 아니라, 살루미 장인과 치즈 장인 그리고 와인 소믈리에였다. 생각해보면 이탈리아에서 유학할 당시 나는 요리법보다는 식재료 그 자체에 호기심을 더 가졌던 것 같다.

레지노 대표가 알려준 DOP에 의거해 키우는 프로슈토용 돼지들의 삶은 봉준호 감독의 영화 〈옥자〉에 등장했던, 강원도 산 중턱에서 뛰놀던 슈퍼돼지를 연상케 했다. 자연친화적으로 방목하여 키우는 이들 돼지는 숲 이곳저곳을 뛰어다니면서 자연의 도토리와 풀을 먹고 자란다. 돼지도 1헥타르당 40마리까지만 키울 수 있다. 땅을 파면서 놀고 진흙 목욕하기를 좋아하는 돼지를 위해서는 그 정도의 공간이 필요하다는 것이다. 물론 돼지가 잠자는 축사도 충분히 넓어야 한다. DOP 프로슈토용 돼지는 소를 키우는 데 필요한 면적보다 두세 배는 넓은 공간을 필요로 한다. 큰 소 한 마리가

20평형 아파트에 산다면, 그보다 몸집이 훨씬 작은 돼지 한 마리가 40~60평형대 아파트에 산다는 이야기다. 이탈리아에서는 돼지 팔자가 상팔자였다.

2년간 방목해 키운 돼지는 도토리나 풀을 먹고 자라기 때문에 일반 돼지에 견줘 육질이 더 단단하다. 풀이 자라지 않는 겨울철에는 사료를 주긴 하지만, 그마저도 GMO 사료는 절대 주지 않는다. 핵심은 옛날처럼 돼지를 천천히 느긋하게 키우자는 거다. 프로슈토용 돼지의 몸무게는 지역마다 약간씩 차이가 있긴 하지만 160~190킬로그램 정도로, 일반 돼지보다 무게가 훨씬 덜 나간다. "깨끗한 돼지는 결코 뚱뚱하지 않다"는 이탈리아 속담이 그래서 나왔나 보다.

방목한 돼지는 육질도 육질이지만, 수분과 지방 함량이 적은 편이다. 그래서 고기가 소금을 잘 흡수하고, 말리는 과정에서도 물이 나오지 않는다. 만일 프로슈토나 살라미를 만들 때 고기가 잘 마르지 않고 제품에 계속해서 물기가 생기면 해당 농장의 돼지 사육 방식에 문제가 있다고 보고 시정을 요구하기도 한다. 그래도 문제점이 개선되지 않으면 아예 공급 자격을 박탈하기까지 한다. 느슨하고 사람 좋아 보이는 이탈리아인들이 반도체나 의약품이 아니라 돼지고기를 그렇게 칼같이 만들어낸다는 게 참 신기하다.

그 이유가 궁금했다. 과거 이탈리아인들에게 있어서 돼지는 긴 겨울을 견딜 수 있게 하는 중요한 생존 식량이었을 것이다. 겨울을 이겨내는 생존 기술은 지역마다 달랐다. 오래 두고 먹어야 했기 때문에 훈연을 하기도 하고 아주 짜게 염장을 하기도 했다.* 또 오래된 고기 특유의 냄새를 없애기 위해 후추를 박기도 하고

---

* 훈연한 프로슈토 가운데 대표적인 것이 스펙speck인데 독일에서 유래됐다. 한국인 입맛에 맞는데다 가격이 저렴하다.

설탕이나 식초에 절이기도 했다. 그러나 에밀리아 지역의
프로슈토는 소금 외에는 그 어떤 것도 첨가하지 않는다. 바로 이 점이
이 지역 프로슈토가 명성을 유지하는 비결이기도 하다.

소금, 바람 그리고 시간만 있으면 충분하다

완벽한 프로슈토를 만드는 데 필요한 3대 요소는 방목해서 키운 돼지
뒷다리와 소금 그리고 풍부한 바람이다. 산맥과 평원을 모두 끼고
있는 에밀리아 지역에는 돼지와 바람이 풍부하다(에밀리아로마냐주와
함께 프로슈토가 유명한 프리울리Friuli주 역시 알프스산맥과 아드리아해를
끼고 있다 둘을 비교해보면 프리울리주이 산 다니엘 프로슈토가 좀 더
짜다). 이탈리아 반도의 서쪽에 위치한 테레니아해(우리로 치면 서해에
해당하는 위치다)에서 끊임없이 불어오는 바람이 아펜니노산맥과
부딪쳐 습기를 잃고 건조해진 뒤 에밀리아를 향해 분다. 이런 바람은
에밀리아가 프로슈토의 중요한 산지가 되는 데 큰 역할을 했다.

91

　　과거에 비해 냉장 시설이 발달한 지금도 파르마의
랑기라노Langhirano에서는 다른 지역으로부터 위탁받은 수백만 개의
프로슈토를 자연풍에 숙성한다. 이는 이곳의 바람과 습도가 그만큼
프로슈토를 만드는 최적의 조건이라는 것을 증명한다. 프로슈토에
들어가는 소금은 시칠리아의 소금을 이탈리아 전역에 공급하던 무역
도시 제노바에서 조달한다. 볼로냐가 있는 에밀리아로마냐주와
제노바가 있는 리구리아주는 인접해 있다.

　　돼지 뒷다리를 바람에 말려 DOP 프로슈토로 만드는 데까지는
보통 1년 이상이 걸린다. 특상품은 3년 이상 말리기도 하는데, 보통은
2년이 넘어가면 상품으로 쳐준다. 돼지의 품종은 외국종인 두록,
랜드레이스 등을 주로 사육하지만, 몸집이 작고 검은 이탈리아 토종

흑돼지를 쓰기도 한다. 토종 흑돼지 프로슈토는 다른 프로슈토에 비교하면 매우 붉다. 돼지를 2년간 방목해서 키운 뒤 정형해 최장 3년 동안 말리는 이 돼지 가공품이 이탈리아를 대표하는 특산품이 된 데에는 이런 장인 정신이 담겨 있다.

이런 사실을 알고 나니 이탈리아에서 햄을 먹어보지 않을 수가 없었다. 나의 '사상 전향'은 이렇듯 대부분 학교에서 시작됐다. ICIF의 살루미 수업 시간에 이탈리아 생소시지인 살시차를 레지노 대표의 지도로 직접 만들 기회가 있었다. 돼지고기 다진 것과 루이젯의 비법 향신료(후추, 정향, 세이지 등이라고 하는데 자세한 배합은 가문의 전통이라며 알려주지 않았다)를 식용 비닐(케이싱)에 넣어서 만드는 방식이었다. 이날 학생들의 실습으로 많은 양의 살시차를 만들었고 수업이 끝난 후 레지노 대표는 맘 좋게 이를 학생들에게 나눠 주었다. 한국인 동기 몇몇은 다양한 살시차를 기숙사로 가져가 다함께 부대찌개를 끓여먹었다.

나는 원래 한국에서 부대찌개를 거의 먹지 않았다. 앞서 말했지만 햄과 소시지 자체를 그렇게 좋아하지 않는데다 가공육의 인공적인 향이 나와는 맞지 않았기 때문이다. 하지만 학교 기숙사에서 한국인 동기들이 끓인 살시차 부대찌개는 그 냄새부터 달랐다. 먹지 않을 도리가 없었다. 게다가 한국에서 먹던 부대찌개와 달리 맛이 아주 독특했다. 향신료 탓인지 몰라도 더 깊이 있는 시원한 맛이 났다.

이탈리아인들은 이 살시차의 껍질을 벗겨 속만 이용해서 파스타를 만들어 먹곤 한다. 볼로냐에는 특히 이 살시차 파스타가 발달해 있다. 파스타 외에도 살시차에 잘 어울리는 허브인 세이지를 갈아 넣고 튀겨먹기도 한다. 내게는 이 살시차 폴페Polpette(미트볼)가 입맛에 잘 맞았다. 돼지고기 맛이 강하지 않고 그보다는 세이지와 향신료의 깊은 맛이 있어서 자꾸만 손이 갔다. 그러다 보니 자연스레 "이탈리아에서 프로슈토와 살시차를 먹지 않는 것은 손해"라는 생각이 들기 시작했다.

프로슈토는 그냥 먹을 때보다 빵과 함께 먹을 때가 가장 맛있다. 또 치즈나 과일과도 궁합이 괜찮은 편이다. 잘 숙성된 프로슈토 냄새가 과일의 향기와 조화를 이루기 때문이다.

코프COOP와 같은 이탈리아 협동조합에서 운영하는 볼로냐의 슈퍼마켓에 가면 이 프로슈토를 사기 위해 사람들이 길게 늘어서 있는 광경을 쉽게 만날 수 있다. 작은 규모의 슈퍼마켓에도 햄을 파는 정육 코너에 별도의 직원이 있을 정도다. 이탈리아 현지인들은 포장된 햄을 구매하지 않고 햄을 골라 그 자리에서 직접 잘라주는 것을 구매한다. 이탈리아인들이 이 음식을 얼마나 중요하게

볼로냐 정육점은 고기를 즐기지 않는 나도 계속 기웃거리게 만들 정도로 신기한 볼거리가 가득했다.

여기는지를 알 수 있는 대목이다.

　내가 처음 이탈리아에서 쇼핑을 하던 날 세운 목표가 둘 있다. 하나는 바로 이 대열에 서서 다른 이탈리아인들과 마찬가지로 당당하게 프로슈토와 올리브 절임을 주문하는 거였다. 또 다른 하나가 바르에서 멋지게 에스프레소를 주문해보는 것이었는데, 이건 하고 나니 너무 쉬운 미션이었다. 커피를 못 마시면 생활이 안 되니까 단 며칠 만에 이탈리아어로 에스프레소를 주문했다. 하지만 불행하게도 학교 부근인 아스티의 슈퍼마켓 직원은 영어를 전혀 하지 못했다. "생프로슈토 200그램에 검은 올리브 절임 200그램만 주세요." 이 주문을 이탈리아어로 하기 위해서 나는 참 많은 연습을 해야 했다. 젊은 동기들은 일주일도 안 돼 주문을 바로 하는데, 나는 이 목표를 달성하는 데만 거의 한 달 남짓 걸렸다.

　처음으로 이탈리아인에게 프로슈토를 직접 주문하는 데 성공했던 그날의 뿌듯함을 잊을 수가 없다. 특히 미식의 수도 볼로냐에서 이방인인 내가 프로슈토를 주문하다니! 쇼핑할 때마다 재미가 쏠쏠했다. 볼로냐에서는 그 유명한 파르마 프로슈토도 5유로 정도면 혼자서 며칠을 먹을 만큼 충분한 양을 살 수 있다.

뚱보의 도시에 오르게 한 1등공신, 모르타델라

볼로냐에는 프로슈토만큼 유명한 햄이 하나 더 있다. 바로 모르타델라라는 햄인데, 우리나라에서는 샌드위치에 들어가는 햄으로 잘 알려져 있다. 이 햄의 사진을 보면 모두가 "아, 이거!" 하며 알아볼 정도로 한국인에게도 익숙한 햄이다. 둥글고 통통한 이 햄의 모양이 볼로냐가 '뚱보의 도시'라는 별명을 얻는 데 적지 않게 기여했을 것 같다.

이 햄의 역사는 500년 정도로 프로슈토에 견주면 짧은 편이다. 프로슈토는 고대 로마 때부터 먹은 반면에, 모르타델라를 만들었다는 기록은 훨씬 이후인 르네상스 시대다. 게다가 프로슈토가 소금 외에는 아무것도 추가하지 않은 반면에, 모르타델라는 다양한 향신료와 돼지 지방 등을 추가해 가열한 살루메의 일종이다. 자연의 은혜보다는 사람의 의지가 엿보이는 식재료라고 평할 수 있다.

이외에도 프로슈토와 모르타델라에는 큰 차이점이 있다. 모르타델라에는 간 고기를 사용하는 반면, 프로슈토는 고기를 그대로 사용하는 생햄이다. 또 모르타델라 가운데 3분의 1은 지방이 차지한다. 부드러운 식감을 내기 위해서 조직이 치밀한 돼지 목살이 지방을 골라서 집어넣는다. 단백질을 위해서는 돼지 어깨살과

샌드위치 햄으로 알려진 볼로냐의 햄 모르타델라.
볼로냐를 뚱보의 도시로 불리게 만든 1등공신이다.

다리살을 넣는다. 이때 고기는 매우 곱게 갈아 사용한다. 다진 돼지고기에 소금, 계피, 정향, 육두구, 후추, 설탕 등의 각종 향신료에 화이트 와인까지 넣어 24시간 정도 숙성한 뒤에 고온에서 성형한다. 고기에 소금만 첨가해 시간에 맡겨두는 프로슈토와는 쏟는 정성에서부터 차이가 있다.

이러한 모르타델라 레시피를 살펴볼 때, 우리는 볼로냐에서는 중세 때부터 향신료를 구하기가 어렵지 않았으리라는 점을 추측할 수 있다. 후추, 정향, 설탕 등의 향신료가 유럽에 처음 도입했을 당시 지나갔던 관문이 바로 이탈리아의 베네치아와 제노바였다. 두 항구 도시는 12세기부터 동방과의 향신료 무역을 통해 부를 쌓았다. 이곳의 항구에 선적된 동방의 물품들은, 이후 운하를 따라 밀라노와 볼로냐 등으로 운송된 후 내륙 지역으로 공급되었다. 모르타델라는 바로 이러한 동양의 신비한 향신료와 지역 특산물인 돼지를 결합하여 만든 독특한 음식이다.

재미있는 점은 이탈리아인들이 애지중지한 모르타델라의 이 같은 제조법이 당시 볼로냐 교회의 칙령을 통해서 보호되고 유지되었다는 점이다. 그래서 모르타델라는 탄생일이 있는 특이한 소시지다. 모르타델라 기념일은 관련 칙령이 발표된 날인 1661년 10월 24일이다. 세계의 식자재 가운데 정확한 탄생일을 가진 건 모르타델라가 거의 유일할 것이다.

모르타델라는 한때 볼로냐를 점령했던 신성 로마 제국의 지배자인 합스부르크 왕가 사람들의 입맛에도 맞았다고 한다. 그들 덕분에 스페인과 그 옆 나라 포르투갈에도 모르타델라가 자연스레 전파되었다. 거기에서 그치지 않고 스페인과 포르투갈이 정복한 중남미 국가들에도 이 햄이 퍼져나갔다. 20세기 초에는 이탈리아 이민자들이 미국 등 해외로 이민을 떠나면서 이 햄은 다시 한 번 전 세계에 널리 알려졌다. 덕분에 오늘날에는 모르타델라는 이름을 떼고 '샌드위치 햄'이라는 평범한 이름으로 한국의 식탁에까지 오르고 있다.

볼로냐의 음식은 미식의 천국인 이탈리아에서도 특별한 산해진미로 통한다. 가장 기름지면서도 가장 독특하기로 유명하다. 이런 볼로냐의 취향은 어디서 비롯되었을까. 아마도 이 도시가 이탈리아에서 가장 풍요로운 땅인 포강 유역에 있어 물산이 풍부한데다가 당시 세계에서 가장 잘사는 도시 국가 중 하나였던 베네치아, 제노바, 밀라노, 피렌체와 인접한 곳에 위치한 지역적 특성 때문이 아니었을까 싶다.

당시 볼로냐는 신을 중심에 둔 중세적 질서에서 벗어나 그리스·로마라는 거인의 어깨에 올라 세상을 바라보길 열망하던 도시였다. 당시 볼로냐 사람들은 '신-귀족-평민'으로 짜여진 꽉 막힌 중세의 신분 질서에서 벗어나고 싶어 했다. 그들은 자유로운 시민이 되고 싶어 했고 그게 오히려 신의 뜻에 부합된다고 생각한 독특한 사람들이었다. 이런 생각은 봉건 질서의 중심이던 로마는 물론, 영주제를 택한 강 건너 밀라노와 무늬만 공화정이었던 산맥 너머 피렌체와도 달랐다.

볼로냐의 독특한 살루미는 그런 열망을 잘 반영한 음식이었다. 이 음식은 단순히 생존을 위해 섭취하는 칼로리만이 아니었고, 한 단계 격이 높아진 시민의 취향을 드러내기에 충분했다. 적당히 고귀하고 적당히 서민적이고 적당히 현학적인 볼로냐식 음식이 탄생한 것이다. 그들은 돼지를 방목해서 도토리를 먹여서 키우고, 치즈를 1년 이상 숙성시키는 노력이 맛을 위해서 뿐만 아니라 시민의 지위에 걸맞은 과정이라고 생각했다. 이러한 음식은 단테의 작품 《신곡》 지옥 편에서 등장하는 시구처럼 "목구멍을 해롭게 할 뿐인

토리노에 있는 이탈리아 친구가 나를 자신의 집으로 초대하여
이탈리아 전역의 살루미와 살라미로 저녁상을 차려주었다.
내 입맛에는 볼로냐의 모르타델라도 좋았지만 토스카나의 생햄과
고추로 유명한 칼라브리아의 매운 햄도 맛있었다.

고깃덩어리"와는 차원이 다른 음식이었다. 이와 같은 맥락에서 볼로냐 사람들은 다른 지역에서는 이미 대중화되어 많은 귀족과 부자들이 가난한 자의 음식이라고 여기던 파스타를 좀 더 맛있게 만들기 위해 노력을 기울이기도 했다.

미식의 도시라는 볼로냐의 명성은 프로슈토를 얇게 썰 수 있는 기계인 고기용 슬라이서가 볼로냐에서 세계 최초로 만들어지면서 더욱 공고해졌다. 1873년 볼로냐의 젊은 엔지니어 루이지 주스티^{Luigi Giusti}가 고안한 이 기계는, 오직 숙련된 장인만이 할 수 있었던 프로슈토를 얇게 저미는 일을 누구나 손쉽게 할 수 있게 해주었다.

기계식 슬라이서 덕분에 종잇장처럼 얇게 썬 프로슈토와 모르타델라를 꽃처럼 돌돌 말아서 접시를 화려하게 장식할 수 있게 되었다. 그때부터 볼로냐의 식자재는 탄탄한 스토리와 독특한 맛에다가 멋진 형식미까지 갖추게 된다. '볼로냐 사람들은 늘 산해진미를 멋지게 차려놓고 먹는다'는 시샘이 다른 이탈리아인들로부터 나올 수밖에 없게 된 것이다.

토마토의 맛

볼로네제 소스를 알면
볼로냐의 역사가 보인다

"토마토는 가난한 자의 조미료다 Il pomodoro è il condimento di chi non ce l'ha."
이탈리아 속담

세계에서 토마토를 가장 많이 생산하는 나라는 어딜까? 토마토 생산량 1위를 차지하는 국가는 의외로 중국이다. 유엔식량농업기구FAO 통계자료를 보면 중국은 2017년 1,033만 톤의 토마토를 생산했다. 이는 세계 전체 생산량의 20퍼센트에 이른다. 2, 3위도 다소 예상 밖인데, 인도와 나이지리아다. 이탈리아는 10위로 세계 생산량의 불과 2.1퍼센트밖에 되지 않는다.

그런데 나는 토마토 하면 이탈리아가 떠오른다. 아마 이렇게 생각하는 게 나 혼자만은 아닐 것이다. 언젠가부터 '토마토=이탈리아'라는 불문율이 성립된 것이다. 이제는 이탈리아의 음식이 아니라 전 세계인의 음식이 된 파스타와 피자 덕분이다.

참고할 만한 설문조사도 있다. 영국의 한 인터넷 마케팅 회사 유고브YouGov에서 2019년 3월 세계 각국 사람들에게 "어느 나라 음식이 가장 맛있냐"고 물었는데, 가장 많은 사람이 맛있다고 대답한 음식이 바로 이탈리아 음식이었다고 한다. 이탈리아에서뿐 아니라 영국, 스페인, 스웨덴 등 유럽 각국에서도 90퍼센트 이상의 답변자가 피자나 파스타 같은 이탈리아 요리가 가장 맛있다고 대답했다. 이탈리아를 대표하는 이 두 음식의 공통점은 토마토소스가 들어가는

붉은색 요리라는 것이다.

이탈리아는 어떻게 남미가 원산지인 토마토라는 채소를 자신들을 상징하는 음식으로 만들었을까? 아마도 토마토를 키우기에 적합한 기후와 토양 그리고 다양한 식재료를 이용하는 이탈리아의 음식 문화 전통 덕분이었을 것이다. 이탈리아는 중세 때부터 유럽에 후추, 설탕, 커피 등을 수입해 전달하는 향신료 무역의 관문 역할을 해왔다. 따라서 어느 지역보다 타국 문화에 개방적이었다. 그렇지 않았다면 '악마의 열매'쯤으로 폄하되던 토마토와 감자 같은 신대륙 농작물을 음식에 과감하게 넣지 않았을 것이다. 이탈리아인의 토마토 사랑은 특히 각별하다. 이들은 다른 유럽 국가들과는 달리 토마토를 '황금 사과Pomo d'oro'라고 불렀고 지금도 그 단어를 그대로 사용하고 있다(토마토는 이탈리아어로 '포모도로pomodoro'다). 용어만 놓고 본다면 이탈리아는 세계에서 토마토를 가장 높이 평가하는 나라다.

토마토를 가장 먼저 음식에 넣은 사람은 누구일까?

그렇다면 이탈리아인 중에 누가 가장 먼저 이 중남미의 붉은 열매를 이탈리아 요리에 넣었을까? 이탈리아의 몇몇 지역이 이 영광스러운 자리를 놓고 치열한 경합을 벌여왔다. '황금 사과'의 원조 자리를 놓고 벌이는 이 승부는 지금도 진행 중이다. 그중에서도 가장 유력한 곳은 이탈리아 북부의 볼로냐와 남부의 나폴리로 압축된다. 일반적으로 토마토소스의 저작권은 나폴리에 있다고들 한다. 하지만 제일 처음 토마토소스에 파스타를 넣은 것은 나폴리가 아니라 볼로냐가 원조라는 반론도 만만치 않다. 특히 고기를 넣은 토마토소스, 즉 라구 소스의 원조가 볼로냐라는 점을 볼로냐 사람은 언제나 힘주어 강조하곤 한다. 볼로냐 사람, 볼로네제의 고집이 어느 정도냐 하면, 이탈리아에서는 물론이고 세계 어디에 가서도 "미트볼 스파게티는 형용모순이다. 오직 볼로냐 파스타(볼로네제)만이 존재한다"라고 외쳐왔다. 이런 외침은 "물냉면은 오로지 평양냉면만이 진리다"라고 말하는 '냉면부심'이 지나친 몇몇 한국인을 연상하게 한다. 볼로냐 사람들은 왜 이렇게까지 토마토에 집착하는 걸까?

문헌을 살펴보면, 이탈리아에서 토마토를 처음 키운 지역은 볼로냐와 나폴리가 아니라 이탈리아 중부의 토스카나주다. 유럽 국가 중에서 중남미 작물인 토마토를 가장 먼저 들여온 곳은 남미를 침공했던 스페인이었다. 1540년 스페인에 들어온 이 식물은 8년 뒤인 1548년 토스카나주의 항구 도시인 피사에서 관상용으로 처음 재배되기 시작했다. 당시 토마토는 붉은색 때문에 일종의 최음제로 여겨졌다. 그래서 유럽에서는 한때 토마토를 '사랑의 사과'라고 부르기도 했다. 남성이 여성에게 친절함을 보여주는 용도로 여성에게 토마토를 선물하는 관례도 있었다. 스페인에서 '토마테tomate'로 부르던 열매가 이탈리아에서 황금 사과로 불린 이유였다.

그렇지만 관상용이던 토마토를 가장 먼저 식용으로 재배한 곳은 나폴리 인근의 캄파니아주였다. 먹기 위해 토마토를 재배했다는 기록이 1692년 나폴리에서 처음 등장하기 때문에 가능한 추정이다. 토마토로 소스를 만들었다는 기록 역시 나폴리에서 가장 먼저 나왔다. 당시 이 토마토소스의 이름은 "스페인 스타일의 토마토소스"였다.

그렇지만 토마토소스 요리법에 대한 구체적인 기록은 100여 넌 뒤인 1778년에야 등장했다. 처음으로 이 소스 요리법을 기록한 사람은 나폴리의 궁중 요리사였던 빈첸초 코라도Vincenzo Corrado, 1736~1836였다. 그는 토마토의 잠재력을 눈여겨본 최초의 유럽인이었다. 코라도는 그의 책에서 "토마토로 만든 소스는 고기, 생선, 계란, 파스타와 함께 무한한 맛을 낼 수 있는 만능 소스"라고 평가했다. 하지만 이때까지도 소스를 파스타와 함께 제공하지는 않았다. 토마토소스와 파스타를 함께 먹게 된 건 이로부터 다시 100여 년이 지난 19세기에 들어서였다. 그전까지 토마토소스는 주로 음식에 곁들여 먹는 양념에 불과했다. 1786년에 이탈리아로 3년간 여행을 떠났던 괴테가 쓴 기행문인 《이탈리아 기행》을 참고해봐도, 나폴리의 마카로니는 여전히 치즈를 주 양념으로 조리되었다. 18세기 말까지도 파스타는 붉은색이 아니라 흰색이었던 것이다.

한편 볼로냐도 문헌 기록만 놓고 보면 토마토 사랑에 있어서만큼은 나폴리에 결코 밀리지 않는다. 16세기 볼로냐 근교인 모데나의 의사였던 코스탄초 펠리치Costanzo Felici, 1525~1585는 "토마토는 맛있다는 말보다는 아름답다는 말이 더 잘 어울린다"라고 써놓았다. 얼마나 자주, 얼마나 많이 먹었는지는 모르겠지만 당시 에밀리아로마냐 지역에서도 토마토를 먹었던 것으로 보인다.

하지만 토마토를 본격적으로 요리 재료로 쓰기 시작한 곳은 16세기의 이탈리아 남부였던 것만큼은 확실하다. 남부에서 토마토를 가지나 호박과 함께 볶아 먹었다는 기록이 꾸준히 남아 있기 때문이다. 결국 토마토를 가장 처음 먹기 위해 재배하고, 또 실제로 각종 요리에 사용했던 곳은 남부인 나폴리가 유력하다.

생긴 것도 맛도 남다른 나폴리의 토마토

나폴리를 비롯한 이탈리아 남부에서 토마토소스를 먹기 시작한 이유는 이탈리아 남부가 토마토를 키우기 적합한 따뜻한 기후였기 때문이다. 나는 이탈리아에 있을 때 참 많은 토마토를 보았는데 가장 기억에 남는 토마토는 나폴리 인근 산 마르자노^{San Marzano}에서 생산된 토마토였다. 이 토마토는 생긴 것은 물론이고 색깔도 맛도 우리가 알고 있는 토마토와 달랐다. 이 토마토는 과육이 부드럽고 향이 좋은데다 맛도 달아 토마토소스를 만들기에 최적이다. 생긴 것도 우리가 아는 둥글둥글하고 가로로 통통한 모양이 아니라 길쭉한 피망처럼 세로로 길다.

　　그런데 나는 이 토마토와 얽힌 악연이 있다. 레스토랑에서 인턴으로 있을 때 이 산 마르자노 토마토가 들어오는 날은 아주 고역이었다. 내가 인턴을 했던 레스토랑의 냉장고에는 항상 20여 가지가 넘는 소스가 들어 있었다. 소스는 보통 화, 수, 목요일에

산 마르자노 토마토. 나폴리 인근 산 마르자노에서 생산하는 이 토마토는 독특한 생김새만큼이나 맛도 질감도 범상치 않았다.

만들어 주로 고객이 많이 몰리는 금, 토, 일요일 장사에 쓴다(월요일은 휴무다). 내가 가장 많이 만든 소스는 바질 소스와 토마토소스였다. 이 두 가지 소스는 전채 요리에 주로 사용했는데, 워낙 많이 쓰여 일주일에 두세 번씩 만들 때도 있었다. 바질을 살짝 데쳐 얼음물에 식혀 만드는 바질 소스는 이미 알고 있던 거라 그다지 신기하지 않았지만, 토마토소스는 경이로웠다. 가성비가 대단했기 때문이다.

내가 일하던 레스토랑 전체의 한 축은 튀김이었다. 만드는 튀김의 종류는 계절마다 다른데, 호박꽃 튀김(꽃 안에 채워 넣는 퓌레가 계절별로 달라진다), 송어 튀김 등을 주로 만들었다. 재료에 얇은 밀가루 옷을 묻혀서 빠삭하게 튀겨 장식용 채소(가니쉬)와 함께 토마토소스와 바질 소스를 뿌려 서비스했다.

토마토소스의 종류는 다양하지만, 내가 주로 만든 건 두 가지 소스였다. 제조 방법은 간단하다. 토마토에 칼집을 내서 살짝 데친 뒤 껍질을 벗긴다. 이때 벗겨놓은 토마토 껍질은 오븐 위의 선반에 놓고 말려서 가니쉬, 즉 고명으로 사용한다. 이어 토마토를 4등분해서 속을 긁어내고, 거기서 나온 과즙을 따로 모아서 올리브 오일을 넣고 믹서에 돌리기만 하면 가벼운 샐러드 소스가 완성된다. 껍질을 벗긴 토마토 과육은 믹서로 으깨 바질 같은 허브와 함께 끓여서 퓌레를 만든다. 퓌레는 나중에 파스타용 토마토소스를 만드는 데 사용한다. 토마토 하나로 샐러드 소스와 퓌레 그리고 고명까지 만드는 것이다.

그런데 여름에 들어왔던 귀한 산 마르자노 토마토는 손질 방법부터 달랐다. 먼저 칼집을 내지 않고 30초 미만으로 살짝 데쳐야 하는데, 이렇게 데친 토마토는 껍질이 잘 벗겨지지 않아서 과육이 뭉개지기 쉬웠다. 옆에서 지켜보던 셰프는 도끼눈을 뜨며 칼을 쓰지 말고 손으로 살살 껍질을 벗기라고 으름장을 놓았다. 콩쥐에게 밑 빠진 독에 물을 가득 채워놓으라고 하는 계모와 다를 게 없었다.

107

산 마르자노 토마토는 이렇게 나를 당혹스럽게 만들었지만 맛만큼은 정말 좋다. 이 토마토의 과육은 타임, 마조람 등의 허브와 함께 오븐에서 약한 불로 굽고, 올리브 오일을 뿌려 신선한 모차렐라 치즈를 곁들여 내놓으면 그것만으로 훌륭한 전채 요리가 된다. 대부분의 토마토가 과육을 갈아 다른 요리를 부각시키는 소스로 사용되는 반면, 이 토마토는 그 자체로 훌륭한 요리가 되었다. 과육에 칼집을 내지 않는 것도 이 때문이었다. 나중에 접시에 담긴 결과물을 보고 감탄하기는 했지만 그래도 손이 느린 인턴에게는 악몽과도 같은 토마토였다.

이 토마토의 과육은 만져보면 질감부터 다르다. 일반 토마토가 멥쌀로 만든 떡이라면, 이 토마토는 찹쌀떡 같은 느낌이다. 데쳐놓은 과육의 농밀함이 밤 양갱처럼 치밀해서, 맛도 질감도 특별했다. 이 토마토를 조리하면서 나는 '이탈리아 요리는 이탈리아 밖에서는 만들기가 쉽지 않다'는 생각을 갖게 되었다.

이탈리아에서 소스에 큰 공을 들이지 않는 이유

요리학교를 갓 졸업한 인턴이 소스를 만들었다 하면 우리나라 사람들은 놀랄 것이다. 우리는 소스를 며느리에게도 안 알려주는 가문의 비법쯤으로 생각하지만, 이탈리아에서 소스는 그냥 소스일 뿐이다. 버터나 소고기 육수를 쓰는 경우도 있긴 하지만 그런 경우가 많지 않고 주로 계절 채소와 과일, 올리브 오일을 사용해 간단히 만든다. 고기 육수도 당근과 샐러리 같은 채소를 넣어서 채소 향을 육수에 입히려고 노력한다. 우리가 된장, 간장, 고추장을 갖고 무심하게 양념하듯이 이탈리아의 소스도 대체로 무심한 편이다. 소스에 목숨을 걸지 않는다. 그렇지 않다면 요리학교를 막 졸업한 초짜 인턴에게 소스를 만들라고 시킬 리가 만무하다.

물론 이탈리아 요리에서 소스가 중요하지 않다는 것은 아니다. 내가 인턴을 했던 레스토랑에서도 소뼈를 이용한 육수로 소스를 만들었는데 그 육수는 셰프나 수셰프가 직접 만들었다. 소뼈를 2시간가량 굽고 이 뼈에 50리터쯤 물을 부어 채소를 넣고 한나절을 끓여 조리면 4~5리터 가량의 갈색 육수가 나온다. 이 육수를 5~6개의 팩으로 진공 포장을 해놓고 아뇰로티 등 메인 요리를 만들 때 사용했다. 그러나 '아로스토'로 불리는 이 소뼈 육수 소스 역시 가문의 비법 정도는 아니었다.

왜 이탈리아에서는 소스에 큰 공을 들이지 않을까? 이건 내 개인적인 생각이지만 이탈리아에서는 그럴 필요가 없다. 이탈리안 소스는 강렬한 태양 아래에서 자란 토마토, 올리브 오일, 레몬 그리고 바질 등의 허브만으로 간단하게 만들 수 있다. 프랑스의 오트 퀴진Haute Cuisine처럼 이탈리아에도 아주 공들여 만드는 귀족들의 요리가 있기는 하지만 이탈리아 요리는 프랑스 요리처럼 그렇게 복잡하지 않다. 오죽하면 "복잡하면 이탈리아 요리가 아니다"라는 말이 있겠는가?

유럽에서 한때 금융업으로 가장 부유한 지역 중의 한 곳이었던 피렌체는 소고기 요리가 아주 유명하다. 그러나 이 피렌체식 고기 요리는 소고기의 양면을 아무런 양념 없이 참숯에 각각 10분쯤 굽는 게 전부다. 특별한 소스도 없고 소금이 전부다. 그들은 소스를 만드는 대신 소를 키우는 데 지극정성을 들인다. 조상들이 그랬던 것처럼 방목하고 풀을 먹여서 키운다. 이탈리아 모든 집에 구비되어 있다는 파르미지아노-레지아노 치즈를 만드는 농장에서는 소에게 옥수수나 콩 등의 곡물 사료를 먹이는 미국식 사육 방식을 따르지 않는다. 먹는 것이 달라지면 소의 몸속에 사는 미생물 균형이 달라지고, 그에 따라

우유의 맛도 달라진다는 게 그들의 생각이다. 조상과 똑같은 방식으로 소를 키워 치즈를 만드는 것이 이탈리아 농부들의 목표다. 화학 약품을 써서라도 비용을 줄여 한 푼이라도 더 남기려는 일반적인 공장형 축산과는 180도 다른 자세다.

이렇게 키운 농산물에 그들의 자랑인 올리브 오일과 집집마다 키우는 레몬을 섞어서 만드는 게 보통의 이탈리안 소스다. 심플한 레시피지만 나는 이탈리아인들이 소스를 대하는 자세가 '진짜'라고 생각한다. 우리 할머니의 할머니의 할머니들이 아주 오래전부터 집에서 키운 콩과 고추로 된장과 고추장을 담가 그걸로 무심하게 소스를 만들었듯이 말이다. 그래서 나는 이탈리아가 '서양 미식의 고향'이라고 생각한다. 먹거리를 기르고 만들고 파는 사람들이 이런 전통을 지키려고 애써 온 이탈리아에 한번쯤은 가봐야 하는 이유다.

이탈리아는 북에서 남으로 1,400킬로미터나 뻗어 있어 기후대가 다양한데다 햇빛이 강하고 삼면이 바다여서 먹거리가 풍부하다. 10월에 북부 이탈리아의 알프스에서는 눈이 내리는데, 남부 시칠리아에서는 사람들이 수영을 즐긴다. 기후 차이는 식재료의 다양성으로 나타난다. 이탈리아에서 수확한 풍성하고 다양한 재료로 만들어야 이탈리아 요리 본연의 맛이 나는 것이다. 이탈리아를 대표하는 식재료인 올리브 오일만 봐도 쉽게 알 수 있다.

올리브 오일은 갓 짠 것일수록 더 맛있다. 갓 짜낸 올리브 오일은 화학 약품처럼 진한 초록색을 띤다. 이탈리아에 가서 각지의 올리브 오일을 먹어봤지만 시칠리아 팔레르모 근교 올리브 농장에서 막 딴 올리브를 동네 방앗간에서 갓 짜낸 것이 가장 맛있었다. 손에 잠깐 묻었는데도 아찔한 향기가 오래 남았고, 손바닥과 손톱이 온통 초록색으로 물들었다. 장작불을 때서 구운 이탈리아 시골 빵을 이 오일에 찍어서 먹으면 이탈리아인의 수선스러운 감탄사

"맘마미아"가 저절로 나온다. 여기에 치즈 한쪽이나 이탈리안 살루메 한쪽을 더하면, 푸아그라나 캐비어를 얹은 빵이 부럽지 않았다.

　　이렇게 맛있는 올리브 오일도 제조한 지 1년이 넘으면 조금씩 산패된다. 그래서 올리브 오일은 유통기간이 보통 2년이다. 뚜껑을 연 뒤에는 어떻게든 빨리빨리 소비해야 한다. 거기다 지방마다 올리브 오일 맛이 다르다. 샐러드에는 상큼한 남부 것을, 파스타나 리소토에는 맛이 가벼운 중부나 북부 것을 써야 한다. 이탈리아가 아닌 곳에서도 이렇게 올리브 오일을 구분해서 쓸 수 있다면 좋겠지만 안타깝게도 쉽지 않은 일이다.

나폴리가 토마토를 먹었던 까닭은 가난 탓

나폴리 사람들이 처음부터 맛을 위해 토마토를 음식에 넣었던 것은 아니다. 맛보다는 오히려 굶주림으로부터 살아남아야 한다는 이 지역의 다급함이 토마토를 즐겨 먹게 했을 것이라고 생각한다. 나폴리를 비롯한 남부 이탈리아는 16~18세기 스페인에게 가혹한 식민 지배를 받으며, 지독한 가난과 식량 부족 문제에 시달렸다. 스페인은 15세기 말 콜럼버스가 처음 아메리카 신대륙을 발견한 때부터 전 세계에 걸쳐 거대한 제국을 만들었다. 바로 에스파냐 제국이었다.

　　하지만 당시 스페인의 왕들은 신성 로마 제국의 황제를 자임하며 유럽 각국을 상대로 지속적으로 전쟁을 벌였다. 스페인은 이러한 시대착오적인 전쟁으로 인해 생긴 재정 적자를 주로 신대륙의 귀금속과 식민지의 조세를 수탈해 채워나갔다. 하지만 신대륙에 있는 귀금속 광산의 생산량은 날이 갈수록 줄어들었고, 돈줄 역할을 하던 해운강국 네덜란드마저 독립하면서 스페인의 재정 위기는 더욱

111

가중되었다. 이 당시 스페인은 자신들이 외국에서 들여온 귀금속으로 인해 통화가 팽창되어 물가가 폭등하고 있다는 사실조차 파악하지 못했다. 그 탓에 스페인은 다른 나라에서 빌린 돈을 갚지 못하겠다는 국가 부도 선언을 왕이 바뀔 때마다 해야 했다.

힘을 잃은 스페인은 나라 밖에서 해결책을 찾고자 유럽 식민지의 하나였던 남부 이탈리아를 도가 넘게 착취했고, 남부 이탈리아인의 삶은 더더욱 피폐해져 갔다. 일제 치하의 우리 선조들이 만주로 도망치듯 떠났던 것처럼, 이탈리아 남부 사람들은 북부로 야반도주를 했다. 이탈리아 남부의 대표 도시인 시칠리아와 나폴리 등지에서는 스페인의 폭정에 항거하는 시위가 벌어지기도 했다. 대부분 가혹한 세금 탓이었다. 시위는 늘 폭력적으로 진압됐다.

당시 남부 이탈리아인들은 양배추와 파스타로 이 어려운 시절을 버텨냈다. 그나마 다행스럽게도 파스타의 기계 생산이 가능해지면서 생산 단가가 낮아졌고, 그로 인해 18세기 이후부터는 가난한 사람들도 파스타를 먹을 수 있었다. 파스타가 남부에서는 배고픔을 해결해주는 중요한 식량이었던 셈이다.

남부 이탈리아는 스페인과 프랑스의 식민 통치를 받기 직전인 11세기 무렵 북쪽 바이킹의 후손인 노르만족의 지배를 받기도 했다. 서로마 제국 멸망 후 베네치아를 비롯해 남부 이탈리아를 지배하던 비잔틴 제국(동로마 제국)은 시칠리아 왕국(이탈리아 반도의 로마 이남 부분)의 골칫거리인 사라센인, 즉 아랍인들을 몰아내기 위해 노르만 용병을 고용했다. 하지만 노르만인은 사라센인을 몰아낸 뒤에도 떠나지 않고 따뜻하고 살기 좋은 시칠리아와 남부 이탈리아를 차지했다.

노르만인을 비롯해 제각기 자신들이 신성 로마 제국의 황제라고 자임하던 오스트리아와 스페인 때문에 그 시대 유럽

대륙은 늘 전쟁이 끊이질 않았다. 사방에서 침략을 받던 이탈리아 남부(시칠리아 왕국)에게는 오스트리아와 스페인 말고도 시어머니가 한 명 더 있었다. 바로 나폴리 가까이에 위치한 로마 교황청이었다. 당시 로마는 빵의 재료인 밀을 나폴리가 속한 캄파니아주의 넓은 평원에서 주로 조달했다. 그래서 나폴리는 주식인 빵을 로마 교황청에 상납하면서 더불어 그들의 눈치도 살펴야 했다. 나폴리는 이민족의 침략과 종교의 간섭이 난무하는 이런 복잡한 상황 속에서 남부 이탈리아의 수도 역할을 했다.

나폴리를 포함한 이탈리아 남부는 이처럼 자신의 문자로 역사를 기록하기 시작한 이래로 오랜 기간 호된 외세의 침략에 시달려야 했다. 그래서인지 이 지역 사람들은 진취적인 기상과 시민 의식을 갖기보다는 '귀족주의'와 '허무주의'에 빠져 있었다.* 지배층은 토지를 개혁하거나 소작료의 합리화를 꾀해 지역 주민들의 시민 의식을 일깨우기보다는 그들의 불만을 쉽게 해소하기 위한 방책으로 축제를 자주 열었다. 아이러니하게도, 남부에서 파티 문화가 발달한 덕분에 이탈리아에서 가장 멋진 양복과 드레스를 만드는 장인도 남부에서 더 많이 탄생하였다.

반면 북부 이탈리아는 남부와는 상황이 달랐다. 북부에는 베네치아, 제노바, 피렌체, 볼로냐, 밀라노 등 무역이나 금융업을 주력으로 삼은 자유 도시들이 번성했다. 베네치아와 제노바는 일찍부터 지중해의 패권을 장악했고, 이들과 경쟁하던 피렌체 역시

115

---

* 이탈리아는 1946년 2월 왕정을 계속 유지할지에 대해 찬반을 묻는 국민투표를 했다. 투표 결과 54퍼센트가 왕정을 폐지하는 공화제에 찬성했다. 그러나 자세히 들여다보면, 지역별 차이가 극명했다. 이탈리아 북부는 왕정을 반대했지만, 남부는 대부분 왕정 유지에 투표를 했다. 모데나와 라벤나가 속한 볼로냐 지구는 80퍼센트가 왕정을 반대했는데, 나폴리 지구는 무려 78퍼센트가 왕정에 찬성해 가장 높은 찬성률을 기록했다(이탈리아 내무부 자료).

이탈리아 남부에서는 20세기 초까지 파스타를 손으로 먹었다.
이런 풍습은 17세기 시작된 전통가면극의 주인공인 풀치넬라Pulcinella의
모습에서도 발견할 수 있다.
(윗사진 출처: 미국 국회도서관 홈페이지, 아래 그림 출처: 위키피디아)

금융업을 바탕으로 유럽의 르네상스를 이끌어냈다. 밀라노 역시
볼로냐와 동맹을 맺고 신성 로마 제국 황제와 전쟁을 벌여
승리하기도 했다. 이렇게 이탈리아 북부 도시 국가들이 해외
무역으로 부를 쌓고 있을 때 나폴리 식민 정부는 올리브와 밀 농사에
주력했다. 이른바 '중농주의 정책'이었다. 페니키아인과 고대
그리스인이 일찌감치 해상 무역을 통해 써내려갔던 지중해의 역사를
조금이라도 알고 있다면 도무지 할 수 없는 무모한 결정이었다.

나폴리인들은 농업을 중요시하는 한편, 무역을 금지했다.
심지어 무역을 주장하는 경제학자나 정치인을 투옥하는 폐쇄성을
보이기도 했다. 농업 생산력이 충분하여 농업만으로도 경제를 꾸릴
수 있다고 여겨 상업 자체를 꺼렸던 것인데 이들을 지배하고 있던
스페인의 영향이었을 것으로 보인다. 당시 스페인 역시 중농주의
국가였다. 비슷한 시대에 동아시아의 명나라와 조선이 선택한
고립과 폐쇄 정책을 지중해 교역의 중심지였던 이탈리아의 한
국가에서 선택했다는 점이 놀랍기만 하다.

117

계속된 외세의 수탈로 고초를 겪으면서도 스스로 가난을
자초한 중농주의를 선택한 탓에 나폴리를 비롯한 이탈리아 남부는
가난할 수밖에 없었다. 결국 배고픔을 해결하기 위해 찾은 값싼
식재료가 파스타였고, 토마토였다. 토마토소스에 치즈를 조금만
뿌려도 맛있게 먹을 수 있는 파스타는 그들에게 더할 나위 없이
훌륭한 음식이었다. 게다가 달고 짠 탄수화물에 매콤한 고추를
약간만 더하면 더 맛있게 먹을 수 있었다.

그래서 이탈리아 남부에서는 파스타가 끼니를 때우는 빈자의
음식으로 섬겨졌다. 20세기 초까지 나폴리 거리에는 파스타 가게가
즐비했는데, 사람들은 이 파스타를 치즈에 비벼 손으로 허겁지겁
집어먹곤 했다. 18~19세기에 영국과 독일 등 가까운 유럽에서 온

남부 이탈리아는 오랜 식민지 경험 탓에 통일 이후에도
가난의 늪에서 벗어나지 못했으며 지금도 그 그림자에서 자유롭지 않다.
남부 이탈리아에 가보면 '여기가 이탈리아 맞아?'라는 생각이 들 정도로
낙후되어 있다. 사진은 시칠리아 주도 팔레르모 중심가에 있는
발로로 시장에서 열리고 있는 축제의 모습이다.

여행자들은 나폴리 거리의 아이들을 불러 모아 파스타를 사주고는, 아이들이 그걸 게걸스럽게 두 손으로 집어먹는 모습을 구경하기를 즐겼다. 일종의 측은지심이었을 수도 있지만, 망해버린 남부 유럽에 대한 북부 유럽 사람들의 우월감에서 비롯된 행동이었을 것이다.

그 당시 부유한 유럽 국가의 젊은이들 사이에서는 서양 문명의 뼈대가 되었던 이탈리아를 방문하는 그랜드 투어Grand Tour가 유행이었다. 고대 로마의 영광과 그 현재 모습을 직접 살펴보기 위해서였다. 하지만 남부 이탈리아를 찾은 그들의 눈에는 정작 자신이 사준 파스타를 허겁지겁 주워먹는 아이들의 모습이 보일 뿐이었다. 그 모습에서 그들은 고대 로마의 영광이 당시의 이탈리아와는 상관없는 일이라 느꼈을지도 모른다. 그래서였는지 영국과 프랑스 등 유럽 선진국은 "로마의 유물을 이탈리아 후손에게 맡길 수는 없다"는 논리로 이탈리아에서 많은 문화재를 약탈해갔다.

이후로도 계속된 가난 때문에 이탈리아 남부 사람들은 19세기 말부터 20세기 초까지 미국과 남미로 이민을 떠났다. 당시 500만 명이 넘는 이탈리아인이 신대륙으로 이민을 갔는데, 80퍼센트가 남부 출신들이었다. 하지만 역설적으로 가난을 피해 미국으로 떠난 이민자 덕분에 이탈리아 음식은 중흥기를 맞았다. 미국과 신대륙에서 토마토소스로 만든 피자와 미트볼 스파게티가 대중적 인기를 얻었기 때문이다. 그 덕분에 나폴리 요리가 이탈리아를 대표하는 요리로서 전 세계인에게 사랑을 받게 되었다.

미국 덕에 나폴리가 파스타 국가대표가 됐다?

나폴리가 이탈리아 요리의 대표로 자리매김하면서, 볼로냐 사람들은 나폴리가 '토마토소스의 성지' 혹은 '파스타의 성지'로 불리는 데에

할 말이 많아졌다. "볼로냐가 아니라 나폴리가 토마토 파스타의 성지라니?" 볼로냐 사람들은 미국을 비롯한 외국 언론이 토마토 파스타의 원조를 나폴리로 만들었다고 분개하곤 한다. 기록을 살펴보면 파스타에 토마토를 넣기 시작한 것은 볼로냐나 나폴리나 19세기로 거의 동일하다. 그런데도 나폴리를 토마토소스 파스타의 원조로 말하는 것은 부당하다는 것이다.

실제 파스타에 대한 기록만 놓고 보면 오히려 볼로냐가 조금 더 앞선다. 파스타는 오래전부터 이탈리아인들의 주식이었지만 로마 제국이 사라진 뒤에는 흔하게 먹을 수 있는 음식이 아니었다. 11세기 이탈리아 북부 지방의 유언장을 보면, 파스타 한 상자가 중요한 유산으로 기록되어 있다. 당시 파스타는 그만큼 귀한 식자재였다.

고대 로마의 파스타는 지금처럼 삶아먹는 국수가 아니라 구워먹는 일종의 빵과 같은 것이었다. 로마 제국이 게르만족의 침입으로 멸망하면서 이런 로마 시대의 파스타도 함께 역사 속으로 사라졌다가, 수도사들이 로마 시대의 농업 기술을 부활시킨 11세기쯤에서야 새로 태어났다. 파스타는 13세기 말 에밀리아로마냐 파르마 출신의 수도사가 쓴 《연대기Cornica》에 처음 기록되어 있다. 그는 책에 "라벤나에서 온 수도사가 접시에 코를 박고 치즈를 얹은 라자냐를 게걸스럽게 먹었다"라고 썼다. 하지만 학자들은 이탈리아 북부의 수도원과 귀족들을 중심으로 이미 그보다 훨씬 전부터 파스타를 먹어왔을 것으로 추정하고 있다.

볼로냐의 파스타도 이런 전통에서부터 이어져 내려왔다. 16세기 유럽을 대표하는 가장 유명한 셰프였던 스카피의 요리책에도 쓰여 있듯이, 이 당시에는 면을 육수에 넣어 3시간쯤 삶아서 치즈와 설탕, 계피 같은 향신료에 버무려먹었다. 고가의 향신료를 듬뿍 넣은 것을 보면, 그때의 파스타는 식사라기보다는 자신의 지위를 과시하는 별식이었을 것으로 추정된다.

대항해 시대가 열려 설탕과 향신료의 가격이 떨어지면서 파스타의 조리법도 점차 바뀌게 되었다. 16세기에 밀라노를 비롯한 북부 이탈리아의 귀족들은 파스타를 '가난한 자의 음식'이라며 자신들의 메뉴에서 삭제하기도 했다. 그러나 다른 쪽에서는 파스타를 먹는 방법이 다양하게 발달했다. 그중 하나가 파스타를 향신료 대신 화이트소스(베샤멜소스)에 버무려먹기 시작한 것이다. 화이트소스는 버터에 밀가루를 넣어 볶은 다음 우유를 첨가해 만든 소스로, 이탈리아에서 고안되어 유럽 각지로 전해졌다.

볼로냐 사람들은 여기에 고기와 채소를 작은 조각으로 잘라서 끓인 라구 소스를 얹었다. 그리고 언제부터인가 그 라구 소스에 화이트소스 대신 토마토를 넣어서 자신들만의 붉은색 소스를

고기와 채소를 작은 조각으로 잘라서 끓인 뒤 토마토를 넣어서 만든
붉은색 '볼로네제 소스'.

만들었다. 볼로냐 특유의 '볼로네제 소스'가 비로소 탄생한 것이다. 볼로냐 사람들은 자신들이 자랑하는 생면 파스타에 이 라구 소스를 얹어서 볼로네제 파스타를 만들었다. 향신료와 설탕 범벅이던 과시적인 음식이 볼로냐에서 비로소 미식의 음식으로 재탄생한 것이다.

볼로냐와 나폴리의 토마토소스 대결은 어떻게 보면 사골 국물로 만든 손칼국수와 멸치국수의 대결처럼 기호의 차이 때문에 벌어진 큰 의미 없는 싸움처럼 보인다. 하지만 우리가 손칼국수와 멸치국수 사이에서 무엇을 먹을지 고민하는 것처럼, 이탈리아에서는 그날의 날씨나 기분에 따라 골라먹으면 되는 단순한 문제가 아니다. 서로 다른 맛을 자랑하는 북부의 파스타와 남부의 파스타는 전혀 다른 역사를 지니고 있다. 그리고 맛도 매우 다르다. 이렇게 맛과 역사가 다른 파스타가 미국으로 건너가 뒤섞이면서 문제가 시작된 것이다.

볼로냐, 아니 이탈리아에서는 정작 먹지 않는 미트볼 스파게티가 이탈리아를 대표하는 음식으로 여겨지니 이들 입장에서는 얼마나 황당한 일일까. 사실 이탈리아에서는 스파게티 같은 가는 면은 주로 해산물이나 바질 페스토처럼 가벼운 소스에 곁들여 먹었고, 주로 이탈리아 남부나 남부의 밀로 파스타를 만드는 해안 도시에서 주식으로 먹었다. 목축이 발달해 버터와 치즈가 풍부한 이탈리아 북부는 눅진한 소스를 만들어 두께가 넓은 면에 비벼먹었다. 그들에게 파스타는 끼니를 때우는 용도가 아니라 명절이나 손님이 찾아왔을 때 내놓는 정성스러운 음식이었다. 이렇게 각 지역마다 파스타에 대한 역사와 기호가 다른데 그걸 하나로 뭉뚱그려 제멋대로 바꾸어버리니 얼마나 억울하겠는가. 손칼국수와 멸치국수가 엄연히 다른 음식인 것처럼, 이탈리아인에게 파스타는 제각기 다른 역사와 맛을 지닌 존재다.

"스파게티로 만든 볼로네제는 신고해달라"

이탈리아는 아마 세계에서 가장 음식과 관련해 '하면 안 된다'는
규제가 많은 나라다. 그중에 가장 강력한 원칙 중 하나가 볼로네제
소스를 스파게티 면과 먹으면 안 된다는 거다. 볼로냐 사람뿐 아니라
이탈리아인에게는 상식인 이야기다. "볼로네제 소스에 스파게티
면을 쓰는 건 개인의 자유다"라고 이야기하는 이탈리아 정치인이
있다면 적어도 에밀리아로마냐에서는 정치적으로 매장을 당할지도
모른다. '근본을 모르는 사람'이라는 인신공격을 감내해야 할 수도
있다. 이렇듯 이들에게 파스타는 이념보다 앞서는 정체성의 문제다.

    2019년 볼로냐 시장인 비르지니오 메롤라^{Virginio Merola}는 자신의
SNS에 볼로네제 스파게티 같은, 볼로네제 파스타를 따라 만든 가짜
음식을 보면 자신의 SNS에 알려달라는 게시글을 올렸다. 그는
이탈리아 공영방송^{RAI}에 출연해 이렇게 말하기도 했다. "볼로네제
스파게티는 실제로 존재하지 않지만 이미 전 세계적으로 유명하다."
그가 이렇게 볼로네제 파스타의 왜곡된 이미지나 레시피를 모은 건
볼로냐에 짓고 있던 음식테마파크인 '이탈리 월드^{Eataly World}'에 이를
전시하기 위해서였다.

    볼로냐 사람들은 왜 이토록 음식에 까탈을 부리는 걸까?
본연의 맛에 대한 고집 때문일 수도 있다. 진한 소스에는 진한 양념이
많이 묻을 수 있는 넓은 면이 어울리니까 말이다. 하지만 기호의
문제로 여길 일에 볼로냐 사람들이 이렇게나 민감하게 구는 것은 이
문제가 맛의 문제를 넘어 자신의 전통과 정체성에 대한 도전이라고
생각하기 때문이다. 볼로냐뿐 아니라 사실 이탈리아 모든 지역의

건면 스파게티로 만든 가짜 볼로네제.

생면 탈리아텔레로 만든 진짜 볼로네제.

사람들은 그게 상식이고 당연한 매너라고 생각한다. 볼로네제 소스에 스파게티 면을 쓰거나 파스타 프레스카에 생선을 넣으면 이탈리아인들은 예외 없이 "미쳤군"이라고 말할 것이다. 이탈리아는 어느 지역이든 자기 음식에 대한 자부심이 있고 이를 존중한다. 그래서 특유의 음식 코드를 모른 채 이탈리아인과 대화를 이어가기란 너무나 어려운 일이다.

하지만 더 근본적인 이유는 볼로냐 사람들의 자부심 때문이 아닐까 싶다. 고대 에트루리아인이 세운 도시였던 볼로냐는 켈트족이 다스리면서 '볼로냐'라는 이름을 얻게 되었다. 켈트족의 목축 기술을 전수받은 그들은 다시 게르만족의 새로운 유목 문화를 흡수했다. 특히 그들은 롬바르디아인의 돼지 사육에 대한 지식을 그대로 배워 프로슈토나 모르타델라 같은 새로운 살루메를 만들어냈다. 세상에서 가장 비싼 치즈인 파르미지아노-레지아노도, 또 가장 독특하면서 가장 비싼 식초인 발사믹 식초도 이 지역의 작품이다. 이들이 잘 만드는 것에는 볼로냐와 모데나에서 생산하는 슈퍼카 페라리, 람보르기니, 마세라티도 포함된다. 볼로냐를 포함한 에밀리아로마냐 사람들이 "우리는 필요하면 우리가 직접 만든다. 그리고 잘 만든다"라고 자신하는 이유다.

125

더욱 대단한 건 볼로냐의 자부심이 실체 없는 구호로 끝나지 않는다는 점이다. 전통을 고집하는 원리주의자들은 대체로 시대에 뒤떨어지는 경우가 많은데 볼로냐는 그 반대다. 아마 도시가 생긴 이래로 교회와 황제에 계속 맞서오면서 공허한 구호로는 그들의 단단한 갑옷을 뚫지 못한다는 것을 깨달은 것 같다. 토마토에서도 이런 열정적인 볼로냐 스타일을 확인할 수 있다.

토마토소스도 볼로냐가 만들면 다르다

이탈리아에서 토마토를 가장 많이 생산하는 주는 시칠리아다. 그 다음으로는 캄파니아(주도는 나폴리), 라치오, 풀리아 순이다(2018년 기준 유엔식량농업기구 통계). 이탈리아 중부의 라치오를 제외하고는 전부 남부에 위치해 있다. 이탈리아인들은 1년에 1인당 18.2킬로그램의 토마토를 먹는데, 유럽에서 1인당 토마토를 가장 많이 먹는다. 아울러 이탈리아는 토마토 관련 소스를 생산해 가공수출을 많이 하는데, 이탈리아의 토마토 관련 식품기업은 대부분 볼로냐와 그 주변에 자리한다. 세계에서 가장 큰 토마토 가공식품 회사는 미국의 '모닝스타Morning Star'다. 2위, 3위는 중국 기업이다. 중국과 미국의 '규모의 경제'에 밀려 이탈리아 회사는 세계 13위를 차지하고 있다. 콘세르베 이탈리아Conserve Italia가 이탈리아에서는 1위의 기업이다.

콘세르베 이탈리아는 볼로냐의 협동조합에서 시작한 기업이다. '콘세르베conserve'는 이탈리아어로 '보존'이라는 뜻이다. 이 협동조합은 1976년에 설립되었으며 약 1만 4,500명의 회원을 둔 51개 이상의 대형 협동조합으로 이루어져 있고, 이탈리아와 유럽 각국에 12개의 공장을 운영하고 있다. 2017년 기준으로 매출은 9억 유로나 된다. 이탈리아 내에서 매출 2위인 카살라스코(롬바르디아), 3위인 무티(에밀리아로마냐)도 볼로냐 주변 지역의 기업이다. 카살라스코 역시 롬바르디아와 에밀리아로마냐의 접경 지역인 크레모나에서 출발한 협동조합이다. 무티는 볼로냐 인근 파르마에서 시작한 주식회사다.

이탈리아는 2015년 기준으로 유럽에서 협동조합에 고용된 인구가 전체 생산가능인구에 대비해 가장 많을 정도로 협동조합이 발달되어 있다. 유럽 협동조합 가운데 매출이 가장 큰 상위 8개 기업이 이탈리아 협동조합이며, 이 가운데 에밀리아로마냐가 협동조합이 가장 발달한 곳이다. 볼로냐에 발달한 협동조합은 볼로냐의 생활물가와 실업률을 낮추는 데 큰 기여를 하고 있다. 전체 실업률은 물론, 30퍼센트에 육박하는 이탈리아의 청년실업률이 가장 낮은 곳도 볼로냐를 비롯한 에밀리아로마냐의 도시들이다. 더불어 여성의 취업률도 가장 높다. 볼로냐에 가면 느낄 수 있는 이곳 사람들의 친절함은 이런 경제적인 이유에서도 찾을 수 있을 것이다.

볼로냐는 이미 오래전부터 이런 넉넉한 풍경이었던 듯하다. 러시아의 작가 파벨 무라토프Pavel Muratov, 1881~1950는 19세기 말 《이탈리아의 이미지》라는 책에서 볼로냐를 이렇게 찬양했다.

"볼로냐는 복잡하지 않고 경쾌하며, 눈을 즐겁게 하는 가벼운 무언가가 있다. 이곳 사람들의 마음에는 기쁨이 가득하고 신체는 건강하다. 이곳은 기름진 곡창 지대와 유명한 와인을 생산하는 포도밭으로 둘러싸여 있다. 풍성함과 다양함에서 볼로냐를 따라올 도시는 없다."

볼로냐에 가면 100년 전 러시아 작가가 느낀 감정이 과장이 아니라는 것을 금세 알 수 있다.

2장
향기

이탈리아인의 피에는
치즈와 커피가 흐른다

치즈의 향기

우유의 단맛이
이탈리아 요리의 출발점

"치즈는 빵과 포도주와 함께 유럽 식탁의 삼위일체를 이룬다."
프랑스 소설가 미셸 투르니에

치즈는 마법 같은 음식이다. 이 세상에 치즈를 넣어서 맛없는 음식은
없다. 심지어 우리는 라면이나 떡볶이, 김밥 같은 우리 음식에도
치즈를 넣어먹는다. 치즈는 영양과 맛의 덩어리여서 우리 몸은
치즈에 본능적으로 반응한다.

밥과 빵이 농경 문화의 정수라면, 치즈는 유목 문화의 정수다.
치즈는 동물의 젖을 가열해 멀건 유청을 제외하고, 나머지 영양분인
단백질, 지방, 무기질 등을 굳힌 뒤 미생물에 의해 발효시켜서 먹는
음식이다. 인간을 비롯해 포유류가 태어나서 얼마 동안 어머니의
젖으로 모든 영양분을 섭취하는 점을 떠올려보면, 치즈가 가진
영양가에 필적할 만한 음식은 없을 것 같다.

131

교황이 왕에게 하사하던 이탈리아 치즈

치즈의 시작은 대부분의 서양 음식이 그렇듯이 서남아시아 즉
중동에서 온 것으로 추정된다. 하지만 와인과 맥주가 중동에서
시작되었지만 유럽에서 완성된 것과 마찬가지로 치즈 역시 유럽에서
꽃을 피웠다. 유럽을 대표하는 치즈는 그 종류가 다양하다. 치즈 하면

떠오르는 나라도 프랑스, 스위스, 네덜란드 등 유럽의 여러 국가다. 그렇지만 세계에서 가장 많이 판매되는 치즈는 이탈리아 치즈인 파르미지아노-레지아노parmigiano-reggiano(이하 파르미지아노)다. 이런 이름이 붙은 것은 이 치즈가 에밀리아로마냐주의 도시인 파르마와 레지오에밀리아에서 주로 생산되기 때문이었다.

이 치즈는 큰북과 같은 크기에 무게 40킬로그램을 넘어서는 거대한 몸집을 자랑한다. 이 치즈는 그 크기만큼이나 명성도 자자하다. 14세기 이탈리아의 시인이자 소설가 조반니 보카치오Giovanni Boccaccio, 1313~1375는 "파르미지아노 치즈를 갈아 만든 산이 있어 사람들이 그 위에서 빈둥거리며 마카로니와 라비올리를 만들어 수프에 넣어 끓여먹는다"라고 비판할 정도였다. 1519년 발간된 라틴어 교재에는 "파르미지아노 치즈를 먹을 거야"라는 예문이 실려 있기도 했다.

심지어 파르미지아노는 뇌물로 사용되기도 했다. 교황 율리우스 2세Julius II, 1443~1513는 신흥 종교인 성공회를 만들어 가톨릭에서 탈퇴하려는 영국의 왕 헨리 8세Henry VIII, 1491~1547에게 파르미지아노 치즈 100덩어리를 선물했다. 헨리 8세는 정략 결혼한 아라곤(스페인의 옛 이름)의 캐서린 왕비와 이혼하고 영국 여인인 앤 볼린과 재혼하기 위해 성공회를 만들었고, 자신이 성공회의 수장에 올랐다. 왕이자 교황이 된 셈이었다.

이탈리아는 분명 축복받은 땅이다. 맑고 짙푸른 하늘에 비옥한 토지를 갖추었고, 동양과 서양의 중간에 위치해 온갖 문화가 교류하는 거점이었다. 그러나 이렇게 따뜻하고 살기 좋은 곳인 까닭에 끊임없는 외침에 시달렸다. 특히 이탈리아 서남쪽 끝에 위치한 아름다운 섬, 시칠리아는 이탈리아가 겪은 외세 침략의 역사를 상징한다. 시칠리아는 페니키아, 카르타고, 그리스, 아랍,

노르만, 스페인, 프랑스의 침입을 차례대로 받았다. 지중해 한가운데 있는 이 섬은 여러 대륙을 잇는 바닷길의 요지일 뿐 아니라 예로부터 토양이 비옥한 곡창 지대였다. 게다가 소금을 생산할 수 있는 요지이기도 해서, 고대로부터 주변 모든 나라가 이곳을 차지하고자 군침을 흘렸다.

최근에 코로나19 팬데믹으로 관광산업이 타격을 받았지만, 팬데믹 이전 이탈리아는 프랑스, 스페인과 함께 유럽에서 가장 해외 관광객을 많이 유치하는 나라이자 다른 대륙인 미국, 중국을 포함해 세계 5대 관광대국이다. 그렇다면 이탈리아에서 가장 축복받은 땅은 어디일까? 내 생각에는 쉽게 떠오르는 '세상의 중심'인 로마나 '지중해의 보석'인 시칠리아가 아니라 알프스와 아펜니노 산맥 사이에 위치한 파다노 평원 일대가 아닐까 싶다. 기차를 타고

파르미지아노-레지아노는 중세 수도사들이 만든 치즈이다. 이 치즈는 이미 중세부터 교황이 왕에게 하사하는 선물로 쓰일 정도로 귀한 대접을 받았다. 지금도 한 통에 100만 원을 호가한다. (출처: 파르미지아노-레지아노위원회 홈페이지)

이탈리아를 종단해본 경험이 있다면 아마 내 말에 수긍할 것이다. 이탈리아의 많은 문필가들은 알프스와 아펜니노산맥 그리고 아드리아해에 둘러싸인 파다노 평원 지대를 '벨 파에제Bel Paese', 우리말로 '아름다운 나라'라고 칭송했다. 단테의 《신곡》에 처음 등장했던 이 말은 오랫동안 이탈리아를 상징하는 말로 쓰였다.

유럽의 상징은 높은 알프스나 푸른 지중해가 아니라 광활하게 펼쳐진 평야다. 지금도 유럽연합은 밀 생산량 세계 1위다. 여기에 세계 3위의 밀 생산국인 러시아까지 합친다면 유럽은 '밀의 땅'이다(밀 생산량 2위는 중국이다). 이탈리아에서 광활한 평원의 모습을 볼 수 있는 곳은 이탈리아 북쪽에 있는 파다노 평원뿐이다. 중부인 로마를 지나 이탈리아 남부로 가면 이탈리아 반도의 등줄기를 형성하는 아펜니노산맥 탓에 이런 대평원은 만나기가 힘들다.

파다노 평원에는 알프스에서 시작해 베니스 근처 삼각주를 끝으로 아드리아해와 만나는 포강이 흐른다. 이 강의 길이는 652킬로미터로 이탈리아에서 가장 길다. 포강을 중심으로 북쪽에는 롬바르디아주가, 동쪽으로는 베네토Veneto주가 있고 남쪽에는 에밀리아로마냐주가 접해 있다. 포강의 발원지인 알프스 아래에 자리한 피에몬테주의 중심지는 피아트 자동차와 동계올림픽으로 알려진 토리노다.

피에몬테는 '산monte'이란 단어와 '발piedi'이란 단어가 합쳐져 만들어진 지명으로, 알프스산맥의 끝자락에 있다는 의미다. 베네토주에는 한때 유럽에서 가장 부유한 지역이었던 베네치아가 있다. 이탈리아에서 살기 좋은 도시의 대부분은 파다노 평원을 포함한 북부 이탈리아에 몰려 있다. 볼로냐는 2019년 로마의 한 대학과 언론사가 선정하는 살기 좋은 도시 순위에 107개 도시 가운데

13위에 올랐다. 5개 광역시인 볼로냐, 로마, 밀라노, 나폴리, 토리노 가운데 1등이었다.

재미있는 점은 이 넉넉한 대평원의 남과 북에서 각각 비슷한 치즈가 생산된다는 것이다. 북쪽의 그라노 파다노grano padano와 남쪽의 파르미지아노-레지아노다. 공정에 미세한 차이가 있지만 만드는 법도, 생긴 것도, 맛도 거의 비슷하다. 하지만 포강 남쪽에서 생산되는 파르미지아노가 좀 더 가격이 비싸고, 이탈리아 내에서는 좀 더 많이 팔린다. 이 치즈는 프로슈토처럼 이탈리아를 상징하는 음식 중 하나다. 와인을 제외한 이탈리아 농산품 가운데 가장 많이 수출하는 것이 치즈다. 2019년 기준으로 치즈가 농산물 수출에서 차지하는 비중은 무려 44퍼센트다. 이 가운데 가장 많이 수출하는 것이 그라노 파다노다(파르미지아노는 좀 더 고가이기 때문에 수출량은 2위지만 이탈리아 내수 판매량은 1위다. 두 치즈의 수출량 차이는 미미하다). 재미있게도 이 이탈리아 치즈를 가장 많이 사가는 나라가 음식에서라면 자신들이 세계 최고라고 생각하는 프랑스다. 치즈에 있어 둘째가라면 서러운 프랑스도 이탈리아 치즈를 인정한다는 의미가 아닐까 싶다.

이탈리아에서 요리를 배우면서 나는 이탈리아 음식뿐 아니라 서양 음식에 대해 전부터 지니고 있던 여러 생각을 바꾸게 됐다. 그 가운데 하나는 치즈였다. 한국에 있을 때 나는 치즈를 라면이나 김밥에 얹어 먹는 가벼운 부식쯤으로 생각했다(그도 그럴 것이 우리가 가장 흔하게 접하는 슬라이스 치즈는 미국에서 처음 만든 것으로, 발효 과정을 짧게 바꾼 공장식 치즈다. 나는 이탈리아에 오기 전까지 그런 공장식 치즈와 최장 몇 년을 발효시키는 자연산 치즈를 구분하지 못했다).

그러나 서양인에게 치즈는 부식이 아니라 또 하나의 주식이다. 밥을 중심으로 식사를 생각하는 우리와 달리, 서양인은 우리의 밥에

135

해당하는 빵만 아니라 주식으로 하나를 더 생각한다. 그게 우유와
유제품이다. 서양인이 생각하는 음식의 원형은 탄수화물이 아니라
탄수화물+단백질인 셈이다. 굳이 우리 음식에 비유하자면 밥+된장
혹은 간장이라고나 할까. 그러나 그들에게 우유와 치즈는
우리나라의 된장이나 간장보다 좀 더 지위가 높다(우리는 5년 묵은
된장만을 놓고 '신의 발냄새'라는 찬사와 함께 술안주로 먹지는 않는다).

　　나는 우유를 주식으로 먹는 인도-유럽인과 쌀을 주식으로 먹는
동양인이 생각하는 음식의 원형이 다르다는 것을 이탈리아에서
경험했다. 우리나라 사람들에게 고향의 향수를 느끼게 하는 향이
있다고 한다면, 많은 이가 밥을 뜸들일 때 나는 구수한 향을 떠올릴
것이다. 나는 백미를 물에 넣고 살짝 끓일 때 나오는 하얀 전분물이
나의 '골수'라고 생각한다. 우리가 아프면 백미죽이나 누룽지를 끓여
먹는 이유도 이런 집단 경험에서 나온 것이다.

이탈리아인의 골수, 우유와 치즈

이탈리아인들은 고향에 대한 향수를 우유 끓이는 향에서 떠올린다.
우유를 어머니와 연관 지어 말하기도 하고, 심지어 단맛을 말할 때도
설탕의 단맛이 아니라 끓인 우유의 단맛을 이야기하기도 한다. 어느
나라나 어머니와의 추억과 결부된 음식은 신성불가침이다.

　　내가 ICIF에서 만난 이탈리아 셰프나 치즈 장인들은 "왜
요리에 입문했느냐" 혹은 "왜 치즈 장인이 되었느냐"라는 질문에
"어릴 때 매일 아침 어머니가 끓여주신 우유의 단맛에
이끌렸다"라고 답하곤 했다. 이들에게 우유의 단맛은 그들 미각의
원형처럼 보였다.

　　'내가 생각하는 단맛의 표준을 무엇일까?' 그들의 말을 듣고

나서야 나는 그것에 대해 곰곰이 생각하게 되었다. 그런데 정확히 이렇다 할 표준이 없었다. 밥의 단맛? 혹은 사과나 엿의 단맛? 내가 어릴 때 자라던 시골에서는 설탕을 자물쇠가 있는 옷장에 넣어두었다. 1970년대 시절, 맹렬하게 근대화가 되면서 초가지붕과 흙길은 기와지붕과 신작로로 바뀌었다. 그때 식탁에서는 조청이 자기 자리를 설탕에게 내어주었다. 설탕은 손님이 오시면 토마토에 뿌려주는 최고의 접대용 음식이었다. 다행히 나는 조청의 단맛과 설탕의 단맛을 구분하지만, 요즘의 설탕은 수많은 단맛을 통합한 것만 같다. 이제는 김치를 담글 때도 나물을 무칠 때도 설탕을 쓴다. 우리 식탁에 올라오는 것 가운데 설탕이 들어가지 않는 것은 밥과 국, 그리고 민두 정도밖에 없다.

'내 입맛의 원형은 무엇일까'를 자주 고민하면서 나는 단맛뿐 아니라 한국의 맛에 대해서 어떻게 설명할 수 있을지도 생각해보았다. '우리는 된장이나 간장 혹은 김치의 맛을 어느 수준까지 정교하고 세심하게 구분해놓았는가'라는 의문도 갖게 되었다. 답을 내기 쉽지 않은 물음이다.

부럽게도 이탈리아인들에게는 모든 맛의 대상을 개별적으로 나누어 분석하는 재주가 있었다. 치즈도 예외는 아니어서 그들은 치즈의 맛을 객관화한 지표를 가지고 있었다. 심지어 맛에 대한 분류도 매우 구체적이었다. ICIF에 강연을 온 그라노 파다노 협회 사람은 치즈의 맛을 크게 여덟 가지로 구분했다. 큰 축이 되는 맛은 과일-채소, 우유-꿀·꽃, 동물-토스팅, 향신료-기타로 구성되며, 이어 각각의 축은 또다시 하위 부문으로 나뉜다. 가령 과일 맛은 마른 과일, 감귤류, 열대 과일, 씨앗 과일(체리, 사과), 올리브 다섯 가지로 나뉜다. 채소 부문에는 풀, 마늘, 양파는 물론이고 나무 향도 있었다. 향신료는 비교적 심플한데 뜨거운 향신료(후추), 차가운 향신료(민트),

137

이탈리아 전국치즈협회 관계자가 ICIF에서 학생들에게
이탈리아 중부 라치오 지역 치즈인 아마트리체 페코리노를 설명하고 있다.
이 치즈는 특이하게 겉면에 석탄가루를 발라 숙성시킨다.

기타 향신료(너트맥, 정향) 세 가지로 나뉘었다.

나를 비롯한 한국 학생들이 가장 헷갈렸던 것은 채소 부문의 풀 향기였다. 풀 향기는 두 가지로 나뉘는데 건초 향과 생풀을 베고 난 뒤의 향이었다. 한국 학생들은 건초 향과 생풀을 베고 난 뒤의 향이 각각 어떻게 다르냐고 질문했지만 강사들은 '왜 그걸 모르지'란 표정을 지을 뿐 구체적으로 설명하지 못했다. 어린 시절 시골에서 자란 나도 짚이나 건초 향을 떠올리기 어려웠는데, 도시에서 생활한 대부분의 한국 학생들이 건초나 생풀을 벤 뒤에 나는 향을 떠올릴 수 없는 것은 당연한 일이었다(건초 향기와 풀을 벤 뒤의 향기는 와인 수업 시간에서도 다시 한번 등장했다. 개인적으로 화이트 와인에 관심이 많은 나는 와인이 건초 향은 치즈이 건초 향보다 좀 더 쉽게 구분이 되었다).

이런 맛과 향의 세부적인 기준이 와인이나 커피뿐 아니라 치즈에도 있다는 것이 놀라웠다. 나도 미각이 나름 발달했다고 자부했던 사람인데 이들의 구체적인 표현력 앞에서는 할 말을 잃었다. 늘 대충대충 좋은 게 좋은 거라며 사는 듯한 이탈리아인들에게 이런 냉철한 면이 숨어 있다니, 반전 매력인 셈이었다.

그런데 나는 학교에서 이렇게 열심히 알려주려고 했던, 이탈리아를 대표하는 이 치즈에 별 감흥을 느끼지 못했다. 특히 ICIF를 다닐 때는 학교 셰프를 비롯해 강사들이 엄청나게 자부심을 갖는 그라노 파다노의 맛을 잘 느끼지 못했다. ICIF에서 가르치는 많은 레시피에는 이 치즈가 거의 예외 없이 들어간다. 샐러드 같은 전채는 물론이고, 파스타와 리소토에도 치즈를 아낌없이 넣는다. 그런데 나에게는 약간의 우유 맛과 적당한 감칠맛 말고는 치즈의 다채로운 맛이 전혀 느껴지지 않았다. 2년산, 3년산 치즈도 그렇게 흥미롭지 않았다. 지금 생각해보면 이 치즈 맛에 눈뜨는 데 이 치즈가 숙성되는 만큼이나 시간이 좀 필요했던 것 같다.

그라노 파다노 공장의 장인이
그라나 파다노를 자르는 시범을 보이고 있다.
치즈를 만드는 과정은 물론이고,
이 크고 딱딱한 치즈를 자르는 모습도
볼 만한 하나의 쇼였다.

그라노 파다노는 '파다노 평원의 알갱이'라는 뜻이다. 여기서 알갱이란 치즈가 굳어지면서 생기는 젖산 알갱이를 말한다. 보통 1년 이상을 숙성해야 이 알갱이가 생겨난다. ICIF에 있을 때 밀라노 인근에 있는 그라노 파다노 치즈 공장을 견학한 적이 있었다. 이탈리아를 대표하는 치즈가 수작업으로 어떻게 만들어질까 궁금하기도 하고 설렜다. 이곳에서 본 치즈가 만들어지는 과정은 완성도 높은, 한 편의 드라마였다. 이 치즈에는 전통과 장인의 퍼포먼스, 오랜 기다림이 모두 깃들어 있었다. 우리나라 절의 스님이나 양반집 종부가 만드는 된장과 간장이 일인극이라면, 이탈리아 치즈는 오페라처럼 종합 예술이었다.

일단 무대부터 압도적이었다. 공장 안에 들어서면 치즈를 만드는 깊이 1미터가 넘는 '칼다야caldaia'('보일러' 혹은 '증기 가마'라는 뜻)라는 구리 수조가 벌써 사람을 압도한다. 칼다야를 구리로 만드는 것은 우유의 열전도율을 높이기 위한 것이다. 새벽에 농장에서 가져온 비가열 우유를 이 수조에 부어서 직접 저온살균한다. 거기에 우유를 굳게 하는 효소인 레닛을 넣어 손으로 굳혀 틀에 넣는 작업을 한다. 그들에게는 고된 노동이겠지만 이방인의 눈에는 한편의 드라마나 흥미진진한 서커스를 보는 것 같았다.

141

이 수조에서 성형된 45킬로그램짜리 큰북 모양 치즈는 며칠 동안의 휴지를 거쳐 다시 3미터 깊이의 소금물 수조에 옮겨진다. 소금물에 넣어서 치즈에 짠맛을 주고 나쁜 균의 생성을 막는 것이다. 치즈는 한 달가량 수조에 있다가 건져내어 숙성실로 옮겨진다. 숙성실은 높이가 10미터가 넘는 지붕 높은 창고다. 온도와 습도가 조정되는 이 어두컴컴한 숙성실에 끝도 없이 쌓여 있는 그라노 파다노의 모습은 참 장관이었다. 위아래 숙성이 동일하게 되도록 조용한 정적 속에서 로봇 한 대가 묵묵히 치즈를 뒤집고 있었다.

142

깊이 1미터의 구리 수조에 풀 외에는 어떤 사료도 먹이지 않고 키운
젖소의 우유를 부은 뒤에, 손으로 파르미지아노 같은 커다란 치즈를 만드는
모습을 지켜보고 있으면 감탄사가 저절로 나온다.

아미노산 입자가 어느 한쪽에 몰리지 않게 하기 위해서였다. 이어 하얀 가운을 입고 안전모를 쓴 검수 전문가들이 지게차 같은 차를 타고 숙성실을 돌아다니면서 치즈 하나하나를 망치로 두들기며 숙성의 진행 정도를 확인했다. 플라스틱 망치로 치즈를 두들겨 이상한 점을 발견하면, 치즈에 티자 모양의 나사형 송곳을 찔러 치즈 안에서 나온 가루를 체크해 이상 여부를 확인한다.

치즈를 만드는 것도, 치즈를 점검하는 것도, 심지어 치즈를 잘라내 파는 것도 모두 수작업이었다. 이 경성 치즈를 처음 만들기 시작한 곳은 10세기 베네딕토 수도회의 수도원이었다. 수도원의 수도사들은 양젖으로 만드는 페코리노 치즈의 제조법을 우유에 적용했고, 그렇게 탄생한 이 치즈는 오늘날 이탈리아를 대표하는 치즈가 되었다.

지금도 이 치즈를 대부분 수작업으로 만드는 것은 1,000년 전 수도사의 정신을 계승하겠다는 고집 때문일 것이다. 그러면서도 이들은 사람들의 마음을 쥐락펴락하는 방법을 잘 알고 있는 것 같다. 수작업으로 일관하다가 마지막 과정에서는 최첨단 로봇을 이용하는 반전을 보여준다. 이 치즈에는 과거의 전통과 미래의 기술이 녹아 들어가 있었다. 거기에 슬로푸드라는 지속가능한 테마까지 입혀져 있어 매력을 더했다. 전통을 이어간다는 멋진 명분이자 지갑을 열게 하는 귀신같은 마케팅이다.

치즈를 만드는 과정은 이탈리아가 영광스러운 자신의 과거와 어떻게 조우하고 있는지를 잘 보여준다. 그들은 조상이 남긴 유산을 있는 그대로 내놓지 않는다. 자신의 조상이 남겨준 유산의 정수를 예리하게 잡아내 이를 절차탁마해서 새롭게 만들었다. 그들은 오래된 건물을 물려받아 되는대로 사는 게으른 건물주 아들이 아니라 그 건물을 어떻게 하면 빛나 보이게 하는지를 잘 알고 있는

노련한 관리인이었다. 이탈리아인들의 이러한 능수능란함이 참
부러웠다.

나는 왜 로마 제국의 치즈에 빠졌나?

그런데 이렇게 멋진 치즈를 나는 눈으로만 느꼈지 혀로는 느끼지
못했다. 머리로는 알겠는데 가슴으로는 잘 이해가 되지 않았다. 그런
나에게도 기회가 찾아왔다. 짚신도 짝이 있듯이 치즈의 맛에
둔감했던 내 입맛을 눈뜨게 해준 치즈를 만난 것이다. ICIF에서
그렇게 강조했던 소젖으로 만든 경성 치즈가 아니라 양젖으로 만든
경성 치즈인 페코리노였다.

이 치즈 역시 그라노 파다노 같은 경성 치즈로, 살균하지 않은
양젖을 성형해 만들어 1년 이상 숙성시켜 먹는다. 내가 먹었던
페코리노는 이탈리아 북부 피에몬테와 가까운 중부 토스카나의
것이었다. 페코리노는 주로 이탈리아 남부의 섬인 사르데냐와
시칠리아, 중부의 토스카나 등에서 많이 생산된다. '페코리노
로마노'라는 이름으로 널리 알려져 있지만 현재에는 로마와 그
주변인 라치오 지역에서는 이 치즈를 많이 생산하지 않는다.

페코리노는 과거 로마 제국을 대표하던 치즈로서
이탈리아에서 가장 오래된 치즈 중 하나다. 늑대 젖을 먹고 자란
로물루스Romulus 형제들이 로마를 건설했듯이 로마인들은 이 양젖
치즈를 먹고 대제국을 건설했다. 이 치즈는 고대 로마군의 전투
식량으로도 이용되었는데, 기록에 따르면 하루에 한 명의
로마군에게 이 치즈 27그램 정도를 배급하였다고 한다.

이 유서 깊은 치즈의 제조법에서 양젖을 소젖으로 바꾸어 만든
것이 파르미지아노와 그라노 파다노다. 페코리노 치즈는 나를

파르미지아노의 세계에 빠지게 하는 징검다리 구실을 했다.
페코리노는 그라노 파다노와 달리 나의 오감을 자극했다. 양젖이
가진 독특한 맛과 향이 이 치즈의 특징이다. '도대체 왜 이름도
생소한 이 치즈가 이렇게나 좋을까' 어느 날 이 치즈를 맛있게 먹고
있는 나 자신을 보면서 스스로 묻지 않을 수가 없었다.

나는 허브 바질을 매우 좋아한다. 내가 이탈리아 요리를
좋아하게 된 계기 가운데 하나도 바질이었다. 오래전 우연히 바질의
향을 맡게 되었는데, 파와 백리향(타임)을 적당히 섞은 듯한 오묘한
바질의 향기가 잊고 지냈던 식물에 대한 관심을 다시 불러일으켰다.
향기에 매료된 나는 바질을 키우고 싶어 씨앗을 백방으로 구하러
다녔다. 지금은 너무 쉬운 일이지만 내가 요리를 막 시작했던 15년
전쯤에는 한국에서 바질 모종이나 씨앗을 찾기가 쉽지 않았다.
물어물어 겨우 아주 작은 검은깨처럼 생긴 바질 씨앗을 구했고,
아파트 베란다에 심어 그해 여름 바질 페스토를 만들어 먹었다.
지금도 친구들에게 늘어놓는 요리 무용담 가운데 하나다.

바질 이야기를 하는 건 음식에 있어서 내가 강한 향을
선호한다는 것을 말하기 위해서다. 나는 고기를 즐기는 편이
아니지만, 양고기 특유의 그 독특한 향취를 매우 좋아한다. 양은
사료를 먹이지 않고 방목해서 키운다. 그래서 양고기에도 풀에서
나오는 독특한 향기가 남아 있다. 이 향기는 양의 지방에 축적되어
있는 카프릴산, 펠라르곤산 등의 지방산으로부터 나오는데 향수나
방향제 등에 쓰이기도 한다. 이를 노린내라고 싫어하는 사람도
있는데 나는 이 특유의 향을 좋아한다. 더불어 이 향내를 없애기 위해
찍어먹는 민트 젤리도 좋아하고 중국식 쯔란孜然도 좋아한다. 당연히
맥주도 향이 강한 에일 맥주를 향이 옅은 라거보다 선호한다. 올리브
오일도 향기가 좀 더 강한 시칠리아나 풀리아 등 남부 이탈리아에서

이탈리아에는 수많은 치즈가 있지만 로마 제국 시절부터 먹었던
페코리노 치즈가 내 입맛에 가장 맞았다.
이 치즈는 양젖으로 만드는 경성 치즈다.

나온 오일을 찾으려고 한다.

　　내가 페코리노를 먹고 "유레카"라 외쳤던 것도 비슷한 이유일
것이다. 페코리노를 갈아서 올리브 오일 약간에 버무려 빵 위에
얹어먹으면 다른 것이 필요 없다. 여기에 토마토나 바질을 넣으면 더
환상적인 맛과 향을 느낄 수 있다. 이탈리아 현지에서 페코리노는
그라노 파다노나 파르미지아노에 비해 비교적 저렴한 편이어서
가루로 갈아놓은 것은 1유로면 구입할 수 있었고, 덩어리도 비싸지
않았다. 1유로짜리도 DOP 제품이니 과연 치즈의 천국이었다.

볼로냐에서 맛본 이탈리아 치즈의 정수

그러던 중 우연히 나는 볼로냐에서 이탈리아가 자랑하는 경성
치즈의 정수를 느낄 수 있는 기회를 잡았다. 그렇게 멀고멀게
느껴지던 경성 치즈의 맛을 드디어 느낀 것이다! 나의 모교 ICIF가
있는 피에몬테에는 미안한 일이지만 나는 그라노 파다노보다는
파르미지아노가 입맛에 맞았다. 볼로냐는 파르미지아노를 만드는
대표적인 도시인 파르마, 피아첸차, 모데나와 가깝다. 프로슈토가
볼로냐를 거쳐 이탈리아 곳곳으로 전해진 것처럼 이 치즈들도
교통의 요지인 볼로냐에 모인다.

　　볼로냐에 가면 음식 때문에 놀랄 일이 많은데 그중 하나는
파르미지아노만 파는 가게가 따로 있다는 거다. 다른 도시에서는
보통 치즈를 살루메 등의 햄이나 올리브 절임 같은 식재료와 함께
판다. 그런데 볼로냐 시내에 가면 오직 이 파르미지아노만 파는
가게가 제법 있다. 내 생각에는 협동조합이 발달한 만큼, 아마도 치즈
협동조합이 직영으로 운영하는 가게가 아닐까 싶다.

　　이 치즈 가게는 이탈리아 현지인뿐 아니라 외국인 관광객도

그라노 파다노 같은 경성 치즈는 숙성 시간에 따라
색깔도 맛도 달라진다. 사진에서 작은 깃발이 꽂힌
것이 1년 숙성 치즈로 가장 하얗다. 시계 방향으로
2년산, 3년산인데 숙성이 될수록 수분이 빠져
알갱이가 씹히고 독특한 풍취를 풍긴다.

많이 찾는다. 이탈리아 치즈를 가장 많이 수입하는 나라는 프랑스, 독일, 영국 그리고 그 다음이 미국이다. 한번은 미국 여성 두 명이 나보다 앞서 이 가게에서 치즈를 사갔다. 이곳에서는 치즈를 덩어리째가 아니라 쪼개 팔아서, 10유로 정도면 굉장히 푸짐하게 살 수 있다. 다만 치즈를 살 때는 몇 년 숙성 제품을 달라고 꼭 말해야 한다. 숙성 정도에 따라 사용법이 다르기 때문이다.

파스타에 뿌려먹는 것은 부드러운 1년산을, 샐러드 등 치즈 맛을 입히는 요리에는 2년산을, 와인 안주로는 3년산 치즈를 쓰는 것이 좋다. 심지어 5년 이상 숙성된 것도 판다. 치즈는 숙성 기간이 길수록 수분이 빠지고 아미노산이 응축된다. 이런 성분들이 미생물에 의해 발효되면서 다재로운 풍미가 나는 것이다. 이런 것을 구분하지 못하면 볼로냐에서는 촌놈 취급을 받는다. 아니 이탈리아에서는 어쩔 수 없이 촌놈이 되고 만다.

다소 까다로운 파르미지아노의 깊은 맛을 느끼게 된 것도 볼로냐의 한 레스토랑에서였다. 볼로냐의 음식점에서는 이 치즈를 정말 아낌없이 준다. 특히 볼로냐를 대표하는 볼로네제 파스타를 먹을 때는 이 치즈를 아예 접시째로 내준다. 대부분의 레스토랑에서는 1년 정도 숙성된 '아기' 치즈를 준다. 그런데 이 레스토랑에서는 2년 이상 된 파르미지아노를 마음껏 맛볼 수 있었다.

151

볼로냐에는 미슐랭을 받거나 혹은 미슐랭 더 플레이트 등에 올라간 식당이 7~8곳 정도 있는데, 유학생이자 무급 인턴으로 주머니 사정이 빠듯했던 나는 그중 2곳만을 가볼 수 있었다. 미슐랭 외에 이탈리아에는 감베로 로쏘Gambero Rosso('붉은 새우'라는 뜻)라는 레스토랑 평가 방식이 있다. 나에게는 이 기준이 좀 더 입맛에 맞았는데, 내가 자주 갔던 감베로 로쏘 식당이 볼로냐 중심지에 있는 트라토리아 달 비아사노트Trattoria Dal Biassanot다.

나는 이 집에서 토마토 라구 소스 파스타인 볼로네제를 비롯해 샐러드, 스테이크 등 다양한 메뉴를 먹어보았다. 그런데 내가 이 집에서 가장 인상 깊었던 것은 단연 계란 샐러드였다. 요리 이름이 좀 길다. 토르티노 디 파르미지아노 아이 포르치니^{tortino di parmigiano ai porcini}, 우리말로 하면 '포르치니 버섯과 파르미지아노 치즈를 올린 작은 케이크'쯤으로 풀이할 수 있다. '토르티노'는 케이크를 뜻하는 이탈리아 단어인 토르타^{torta}에 '작다'라는 뜻의 접미사인 '-ino'가 붙은 것이다. 해석하자면 토르티노는 '작은 케이크'라는 뜻인데 요리를 보면 우리나라의 작은 계란찜과 비슷하다. 다른 게 있다면 계란찜에 생크림과 치즈 가루를 듬뿍 넣어 오븐에 굽는다는 점이다.

ICIF의 첫 실습 수업 주제는 소스였고, 그 다음 수업 주제가 이 토르티노였다. 학교에서 처음 만들었던 것은 가지를 이용한 토르티노 요리였다. 이 메뉴가 수업의 중간 평가 시험으로 나왔을 정도로 이탈리아에서는 제법 중요한 전채 요리다. 그렇지만 느끼한 맛 탓에 맛있다고 생각하진 않았다. 한국에서도 이와 비슷한 음식을 만난 적이 있었는데, 서울 마포의 한 초밥집에서 크림치즈를 살짝 얹은 일본식 계란찜을 맛볼 수 있었다. 일본식 계란찜에는 부드러움을 위해 우유가 들어가는데, 거기에 크림치즈를 얹었는데도 느끼하지 않고 오히려 세련된 맛이 났다. 이 레스토랑에서도 비슷한 방식으로 버섯과 치즈를 더해 계란찜에 새로움을 주었다.

학교 레시피와 실제 레스토랑 레시피의 차이일까? 레스토랑에서 실습을 해보면 학교에서 가르친 레시피가 꽤 심플하다는 걸 알게 된다. 학교 레시피는 '절인 배추에 고춧가루 양념을 넣으면 김치'라는 식의 뼈대를 제공하지만 레스토랑에서 만난 셰프들은 '거기에 찹쌀풀과 젓갈을 넣어야 김치 맛이 더욱 풍성해진다'라는 식으로 기본적인 레시피를 다양하게 변주한다.

이탈리아식 계란찜인 토르티노^{tortino}. 윗사진은 볼로냐의 한 레스토랑에서 먹은 포르치니 버섯을 얹은 토르티노다. 파르미지아노 치즈의 참맛을 느끼게 해준 요리다. 아래 사진은 ICIF 수업에서 배운 토르티노.

게다가 그 변주가 거의 '생활의 달인' 수준이다.

예를 들어 북부 이탈리아에서는 감자 크림을 많이 쓴다. '크레마 디 파타타crema di patata'라고 하는데 학교에서 배운 레시피에는 삶은 감자에 우유만을 넣어 만든다. 하지만 내가 인턴을 했던 레스토랑에서는 여기에 샐러리와 완두콩, 양파를 끓는 우유에 함께 넣는다. 다소 밋밋한 감자에 다채로운 채소 향을 입히기 위해서다. 감자와 향채의 비율은 9 대 1 정도로 완두콩은 감자에 고소함을, 샐러리는 향긋함을 더해준다. 이렇게 만든 감자 크림은 그냥 감자만으로 만든 것보다 더 부드럽고 감칠맛이 난다. 이 감자 크림은 샐러드는 물론이고, 메인 요리에도 들어간다. 이렇게 셰프들의 맛에 대한 집착은 한국이나 이탈리아나 마찬가지였다.

ICIF에서는 이 계란찜 위에 느끼함을 잡아주는 파 튀김을 얹었다. 그러나 볼로냐의 레스토랑에서는 감칠맛이 나는 포르치니 볶음과 파르미지아노 덩어리를 올려주었다. 포르치니는 우리나라 버섯보다 좀 더 농축된 향취가 특징이다. 버섯이 많이 나는 이탈리아 북부에서는 이 버섯을 다양한 요리에 사용한다. 내 입맛에 포르치니는 통째로 튀겨먹었을 때 가장 맛있었다. 하지만 이 메뉴의 주인공은 포르치니가 아니라 파르미지아노였다. 숙성된 치즈가 선사하는 약간의 산미와 감칠맛은 포르치니의 감칠맛과는 결이 달랐지만 추구하는 방향은 일치했다. 여기에 계란과 크림의 부드러움이 결합되면서 입안에서 상승작용이 일어났다. 이 요리에서 나는 비로소 파르미지아노가 지닌 격정을 발견했다.

이탈리아 치즈 맛의 비밀은 '고집'

맛있는 파르미지아노를 만드는 방식은 프로슈토를 만드는

방법만큼이나 까다롭다. 이탈리아에서 전통이란 '규제'의 다른
이름이다. 전통을 따르지 않으면 DOP를 받지 못하기 때문에 이들은
전통을 더욱 철저히 지키고자 한다. 하지만 이탈리아인들은 전통을
규제이자 제약으로 생각하지 않고 지켜나갈 자산으로 생각한다.
이런 느긋함은 전통을 지키는 제품이 생각보다 꽤 많다는 이유에서
비롯된다. 이탈리아에는 어떤 도시나 마을에 가도 DOP를 받는
농산품이 있다. 잘 알려진 와인이나 올리브 오일은 물론이고 햄, 치즈
같은 축산가공품과 함께 바질, 토마토와 같은 농작물도 포함되어
있다. 대부분의 DOP 농산물에는 보호할 만한 가치와 역사적 의미가
담겨 있다. DOP 제품만으로 관광 상품을 만들기도 한다. 이탈리아
남부 풀리아주(이탈리아 반도를 장화에 비유하면 발뒤축 부분이다.
이탈리아 와인과 올리브 오일의 20퍼센트 정도가 이곳에서 생산된다)에는
DOC(와인 및 주류 인증은 DOP가 아니라 DOC다) 인증을 받은
와이너리 18곳과 도시를 돌아보는 와인 길 코스를 운영하기도 한다.
나중에 풀리아에 가게 되면 꼭 시간을 내 돌아보고 싶은 길이다.

　　재미있게도 이탈리아에서는 특별히 어느 한 지역만 그런 게
아니라 이탈리아 전체가 전통에 목숨을 건다. 이탈리아인들이 지닌
이런 고집은 자부심과 동의어다. 그 강한 고집은 파르미지아노를
만드는 과정에서도 여실히 드러난다. 파르미지아노를 만드는
전통적인 방식에서 가장 중요한 점은 몇 넌에 걸친 숙성 과정이라고
생각하기 쉽다. 그러나 파르미지아노 맛의 비밀은 숙성에만 있지
않다. 숙성 외에도 여러 가지 지켜야 할 일들이 많다. 이탈리아
레지오에밀리아에 있는 파르미지아노-레지아노위원회Consorzio del
Formaggio Parmigiano는 자신들이 생산하는 파르미지아노 제품의 이점을
이렇게 설명한다.

① 우리는 소에게 건초와 풀만 먹인다.

② 우리는 우유에 어떤 비자연적인 첨가물을 넣지 않는다. 오직 우유만을 사용한다.

③ 우리는 최소 12개월을 숙성한다(참고로 그라노 파다노는 최소 9개월을 숙성해 출하한다).*

그들이 이렇게 멋진 고집을 부리는 근거는 상당히 과학적이다. 옥수수나 사료가 아니라 풀로 소를 키워야 조상들이 먹던 치즈와 똑같은 맛이 나온다는 것이다. 같은 지역에서 자라는 같은 풀을 먹어야 우유에 동일한 미생물이 생긴다는 게 그들의 근거다. 그들은 자기 고장에서 생산하는 치즈 맛의 기원이 토양에서 자라는 미생물에 기초한다고 생각한다. 그래서 우유에 아무것도 넣지 않고 저온살균해 응고시킨 뒤, 형태를 만들어 오랫동안 숙성하는 것이다.

이런 고집 덕분인지 이 지역 파르미지아노의 금전적 가치는 굉장히 높은 편이다. 이 치즈는 40킬로그램 한 통(숙성 과정에서 수분이 빠져나가고 아미노산이 응축되어 무게가 줄어든다)에 우리 돈으로 100만 원을 훌쩍 넘는다. 잘 만들어진 프로슈토와 비슷한 가격이다.

나는 이탈리아인들이 정치도 엉망이고, 실업률도 PIGS(포르투갈, 그리스, 스페인 등 유럽에서 심각한 재정 적자를 겪고 있는 나라를 말한다)와 함께 유럽 최고이고, 철도나 버스가 툭하면 다니지 않아도 늘 웃음을 머금는 이유를 이를 통해 알게 되었다. "여기는 이탈리아야^{Siamo in l'italia}." 이들이 왜 짜증스러운 상황에서도 이렇게 외치며 짐짓 여유를 부리는지 말이다. 구름 한 점 없이 맑고 높은

* 파르미지아노-레지아노위원회(CONSORZIO DEL FORMAGGIO PARMIGIANO REGGIANO) 홈페이지 https://www.parmigianoreggiano.com/product-guide-parmigiano-reggiano-grana-padano

하늘, 중세 영화의 한 장면 같은 예스러운 거리와 집들, 그리고 맛있는 음식들. 이 모든 것에서 이탈리아인 특유의 여유가 만들어진 것은 아닐까? "너희가 잘살면 얼마나 잘살아? 우리도 예전에 잘살았어"라고 말하는 듯한 그들의 허세 아닌 허세가 이탈리아에서 지내다 보면 그렇게 미워 보이지 않는다. 그리고 한때 그들의 부유했던 영광은 파르미지아노 같은 그들의 먹거리에 고스란히 남아 있다.

이탈리아 치즈 맛에 겨우 감을 잡았을 때, 쉰이라는 나이에 음식을 공부하겠다고 정년이 보장된 회사를 때려치우고 20대 젊은이들 틈에서 요리를 배운 나의 결정이 아주 잘못된 것은 아니었다는 안도감이 들었다. 어쩌면 치즈 덕에 나는 한발 더 나아갈 수 있었는지도 모르겠다. 그리고 고국에 돌아가면 우리나라에서 이탈리아의 치즈와 같은 역할을 하는 우리의 식재료, 간장과 된장 그리고 두부를 좀 더 공부해야겠다는 생각을 하게 되었다.

157

우리나라의 간장, 된장, 두부의 종류와 맛은 서양의 치즈만큼이나 오랜 역사와 다채로움을 지녔다. 된장만 놓고 보아도 '옻된장, 겨된장, 담북장, 청국장' 등 종류가 무수히 많다. 그러나 방방곡곡 색다른 지역 된장의 제조법과 맛에 대한 표준화와 세분화는 이탈리아의 기준에서 보면 많이 부족하다. 각 지방의 된장을 지역을 대표하는 상품으로 만드는 노력도 부족했다. 이탈리아에서는 캔에 든 미국산 파르메산 치즈를 내미는 레스토랑을 단 한 번도 본 적이 없다.

"파랑새는 집 안에 있다." 이탈리아가 내게 준 깨달음이다. '맛의 파랑새'는 반백이 넘은 나를 또 다른 길로 안내할지도 모른다.

와인의 향기

람브루스코,
여럿이 함께 어깨를 걸고 마셔야
맛있는 와인

"한 병의 와인에는 세상의 어떤 책보다 더 많은 철학이 들어 있다."
프랑스의 화학자 파스퇴르

이미 앞에서 눈치를 챘겠지만 나는 심각한 볼로냐빠다. 한국에
돌아와서도 나는 나를 서슴없이 블로녜게('볼로냐 사람'이라는 뜻)라고
말하곤 한다. 내가 졸업한 ICIF는 피에몬테주 아스티에 있었는데,
정작 에밀리아로마냐주의 볼로냐만 이야기하고 있다.

그런데 내가 이렇게 좋아하는 볼로냐에도 이해가 안 가는 것이
있었다. 바로 볼로냐를 대표하는 레드 와인 람브루스코Lambrusco다.
이름은 전에도 많이 들어봤지만 처음 이 와인을 마셔본 것은
볼로냐에 와서였다. 그런데 볼로냐에 있을 때 나는 이 와인을 세 번쯤
마셔보고 다시는 마시지 않았다. 오히려 에밀리아의 람브루스코
대신 옆 동네인 로마냐의 산지오베제Sangiovese를 즐겨 마셨다.
로마냐의 산지오베제는 내가 좋아하는 베리 맛이 풍부하고, 탄닌이
약간 있어 이탈리아 요리와 잘 맞았다. 거기에 토스카나의
산지오베제에 견줘 값도 착했다.

람브루스코가 내 입맛에 맞지 않았던 이유가 몇 가지 있는데,
그중 하나는 이 와인의 도수가 높지 않다는 것이었다. 람브루스코는
종류마다 다르지만 보통 도수가 8도에서부터 시작한다. 그리고 또
다른 문제는 단맛이 난다는 것이었다. 심지어 포도 주스와 비슷한

159

느낌이 나는 경우도 있었다. 이 두 가지는 현대적인 레드 와인이
갖춰야 할 미덕과는 조금 거리가 있다. 레드 와인은 포도 껍질에 있는
탄닌이 만들어내는 떫은맛과 농후함이 특징이다. 탄닌 덕에 레드
와인은 기름기가 있는 육류와 어울린다. 또 구조감이 좋을수록
알코올의 도수는 올라간다. 그런데 가볍고 단 레드 와인이라니.
그것도 레드 와인과 딱 어울리는 고기와 치즈, 햄의 천국인
볼로냐에서 말이다.

볼로냐빠의 볼로냐 와인 흉보기

내가 만약 한국에서 바로 볼로냐로 왔다면 이런 건방진 생각을 하지
않았을 것이다. 그러나 나는 이탈리아 가장 유명한 레드 와인 산지인
피에몬테에서 생활했다. 게다가 나는 운 좋게도 그곳에서 제법
값비싼 와인들을 접할 기회가 있었다.

피에몬테 와인의 주축인 네비올로 품종은 탄닌이 많다. 그래서
네비올로의 별명이 '탄닌의 채찍'이다. 이런 강한 와인을 마시다 술술
넘어가는 람브루스코는 나에게는 다소 충격적이기까지 했다. '미식의
천국이라는 곳에서 어떻게 이런 가벼운 와인이!' 이런 의문이 저절로
생겼다. 사실 이런 의문을 갖는 것 자체가 나에게는 앞뒤가 맞지 않는
일이다. 솔직히 고백하자면 이탈리아에 유학을 오기 전까지 나는
레드 와인의 맛을 잘 알지 못했다. 심지어 레드 와인을 마시는 사람을
약간 삐딱하게 봤다.

고량주 애호가인 나는 예전보다는 줄었지만 지금도 중국
요리에 고량주를 반주로 마시는 걸 좋아한다. 도수는 높을수록 좋다.
그래서 50도가 넘는 대만산 금문고량주를 특히 좋아한다. 그 고릿한
향기 속에서 감추어진 강렬한 한 방이 좋다. 고량주를 한 잔 마시고

기름진 안주를 먹으면 추운 겨울에 냉면을 부리나케 마시듯 먹고 오들오들 떨 때 느끼는 것과 같은 묘한 쾌감이 들었다. 당연히 10도 정도 되는 낮은 도수의 와인은 눈에 들어오지 않았다.

거기에 고기를 그다지 좋아하지 않는 것도 레드 와인을 즐기지 않는 또 다른 이유였다. 레드 와인의 탄닌은 입안에 남은 고기의 기름기를 싹 씻어준다. 그러나 나처럼 흰살 생선이나 나물 반찬을 좋아하는 사람에게 레드 와인은 과하게만 느껴졌다. 소설이나 에세이를 좋아하는 문과생에게 미적분이나 우주 물리와 관련된 책을 던져주는 것과 비슷했다. 게다가 한국인이 좋아하는 맛좋은 레드 와인은 대체로 가격이 비쌌다. 그래서 한국에서는 화이트 와인만 마셨다. 신맛과 단맛이 소화로운 화이트 와인은 내가 좋아하는 해산물 파스타나 피자 같은 이탈리아 음식은 물론이고, 나물이나 전, 잡채 혹은 냉채와도 잘 어울렸다. 그래서 나는 산미가 있는 쇼비뇽 블랑, 피노 그리지오 혹은 스파클링 와인을 즐겨 마셨다.

그렇지만 나의 이런 생각이 일종의 편견이라는 걸 이탈리아에 와서 금세 깨달았다. 이탈리아의 레드 와인은 아주 싸고 맛있었다. 5~10유로 정도면 괜찮은 와인을 고를 수 있었고, 20유로쯤이면 한국에서는 구경하기도 힘든 좋은 와인을 마실 수 있었다. 거기에 600종류가 넘는 이탈리아의 토착 포도 품종은 나의 호기심을 자극했다. 이탈리아에서 지낼 때 나는 새로운 와인을 구입해 마시는 게 낙이었다. 안주도 슈퍼에서 파는 2유로짜리 프로슈토면 충분했다.

여기에는 차근차근 와인의 맛을 느끼며 마시는 방법을 알려준 ICIF 수업도 한몫했다. ICIF에서는 요리뿐 아니라 와인을 매우 강조했다. 수업의 상당 시간을 요리 실습뿐 아니라 와인 음용에 방점을 두었다. 덕분에 학교에 다닐 때 한 병에 수십 유로를 호가하는 고급 와인에서부터 값싼 와인까지, 또 알프스에서부터 시칠리아까지

다양한 지역에서 만든 와인을 마셔볼 수 있었다(하지만 사시카이아
같은 최상급 와인은 자물쇠로 채워놓고 학생들에게는 구경만 시켜주었다).
특히 수업에서는 와인만 마시는 게 아니라 음식과의
조화(이탈리아어로 '아비나멘토abbinamento'라고 하는데 프랑스의
'마리아주'와 같은 개념이다)를 강조했다. 이탈리아에서 배운 것 중 가장
값진 체험을 꼽으라면 나는 이 아비나멘토를 꼽겠다. 그 정도로
유용한 경험이었다.

　　학교의 와인 수업이 얼마나 치밀했냐면 한국 학생들을 위해
파전을 놓고 아비나멘토를 실험하기도 했다. 와인 강사였던
에지오는 한국의 파전을 전분이 많은 단 음식으로 규정했다. 그래서
산미가 있는 화이트 와인을 추천했다. 그런데 재미있는 점은 이
파전을 초간장에 찍어먹는 순간 이 와인과의 궁합이 틀어졌다는

ICIF의 와인 강의실은 수백 년 된 고성 안에 있다. 강의실 옆과 지하에는
ICIF가 컬렉팅한 와인을 모아둔 칸티나(와인 창고)가 있다.

것이다. 초간장을 찍은 파전은 산미가 강해져 화이트 와인과
충돌하기 때문이었다.

바롤로에서 레드 와인에 눈을 뜨다

학교가 위치한 아스티는 이탈리아 최고급 와인 중 하나를 생산하는
알바^{Alba}의 바롤로와 가까웠다. 그래서 가끔 주말에 ICIF 학생들끼리
바롤로로 가서 와이너리 투어를 했다. '바롤로'는 와인명이자
지역명이다. 네비올로 포도로 만든 와인 가운데 일정 조건을 충족한
와인에만 바롤로라는 지명이 붙고, 나머지는 그냥 네비올로
와인이라고 한다. 네비올로와 바롤로의 가격 차이는 두 배 가량인데
보통 사용하는 포도의 품질과 오크통에 숙성하는 기간에 차이가
있다. 나는 와이너리 투어에서 10여 넌을 넘긴 바롤로 빈티지 와인을
처음 마셔봤다. 학교 주변 슈퍼마켓에서 파는 값싼 네비올로 와인의
맛과는 차원이 달랐다.

163

이 와인들은 긴 숙성 기간 덕분인지 탄닌이 부드럽게 변해
있었다. 베리류의 향과 함께 가죽, 바닐라, 담배 같은 복합적인 향도
느껴졌다. 처음 느껴보는 레드 와인의 황홀이었다. 한 병에 50유로가
훌쩍 넘는 고가의 와인이었지만 그만큼의 가치가 있었다. 비로소
나는 사람들이 왜 레드 와인에 지갑을 여는지 알 수 있었다. 물론 이
동네는 고급 와인만 유명한 것이 아니다. 아스티에서 많이 나는 포도
품종인 바르베라, 돌체토, 모스카토 다스티도 거의 매일 마셨다.
바르베라는 한국에 잘 알려지지는 않았지만 과일의 풍미가 매우
진하다. 그래서 피에몬테의 라비올리인 아놀로티와 궁합이 잘
맞았다.

때로는 학교에 강사로 초빙되어온 셰프의 미슐랭 레스토랑에

이탈리아 북부 도시 알바Alba의 랑게Langhe 언덕.
이탈리아를 대표하는 레드 와인인 바롤로를 생산하는 곳이다.

가서 음식과 와인 페어링을 맛보기도 했다. 셰프들은 가르치던 학생들이 왔다고 말도 안 되는 가격에 코스 요리와 와인 페어링을 해주었다. 보통 4~5가지의 음식에 4~5종류의 와인이 나왔는데, 비용은 50~80유로 정도였다. 매 코스 요리별로 다른 와인을 마시다니 얼마나 행복한지. 사냥한 멧돼지고기, 양의 뇌, 사슴 스테이크 등도 이때 처음 먹어보았다.

그런 사치를 누리다 보니 다소 오만해졌던 것 같다. 테이블 와인 대신 늘 고급 와인을 탐했다. 그렇게 피에몬테에서 생활하다가 볼로냐에서 접한 람브루스코는 낯설게 느껴질 수밖에 없었다. 미식의 수도, 뚱보의 도시, 현자의 도시라고 불리는 볼로냐의 와인이라면 당연히 네비올로처럼 강하고 진할 줄 알았다.

와인 대신 내 혀를 탓하다

맨 처음에는 나의 부족함을 탓했다. '그래, 내가 아직 레드 와인에 입문한 지 얼마 되지 않아서 람브루스코의 진짜 맛을 모르는 거야'라고 생각했다. 그래서 볼로냐에서 여러 차례 람브루스코에 도전했다. 심지어 맛집이라고 알려진 곳에 가서 일부러 람브루스코를 시켜보기도 했다. 유명한 레스토랑이라면 자기 음식에 걸맞은 아주 맛있는 람브루스코 와인을 가져다 놓았을 거라고 생각했기 때문이다. 하지만 그런 레스토랑에서조차 람브루스코가 별로인 것은 마찬가지였다. 심지어 레스토랑 직원이 직접 그 음식에는 람브루스코보다 로마냐나 토스카나의 산지오베제가 더 잘 어울린다고도 말하기까지 했다.

어떤 날에는 볼로냐 와인숍에 가서 가장 비싼 람브루스코를 달라고 한 적도 있는데, 가장 비싼 람브루스코도 10유로 대에

불과했다. 바롤로가 50유로는 우습게 넘는 것에 견주면 저렴한
가격이었다. 그래도 10유로 정도에 파는 람브루스코의 병 모양은
100유로짜리 와인에 밀리지 않는다. 람브루스코는 탄산을 포함하고
있어 병이 샴페인 병처럼 화려하기 때문이다.

내가 느낀 람브루스코의 가장 큰 단점은 맛이 단데다 바디가
약해서 뚜껑을 열어놓으면 금세 맛과 향이 사라진다는 것이었다. 정말
기분 좋게 딱 한 잔을 마시기에 좋은 와인이었다. 뚜껑을 따면 향과
맛이 날아가기 전에 바로 다 마셔야 하기 때문에 가족도 친구도 없이
혼자 음식 공부를 위해 볼로냐를 돌아다니던 나에게 람브루스코는
아주 난감한 와인이었다. 남은 와인은 채소를 조리거나 살라미를
볶는 데 썼지만 단맛 때문에 요리에서도 원하는 맛이 나오지 않았다.

볼로냐는 협동조합을 통한 유통이 광범위하게 자리 잡고 있어
이탈리아의 그 어떤 도시보다 음식 물가가 싸다. 시칠리아 와인이
시칠리아 현지에서보다 볼로냐에서 더 싼 가격에 팔리는 기이한
경우도 봤다. 그리고 바다가 없는 내륙인데도 생선을 비롯한 해산물
가격도 저렴했다. 볼로냐의 특산품인 프로슈토는 말할 것도 없다.

볼로냐 와인을 마시며 느꼈던 당혹감에 대한 실마리는
이탈리아에서가 아니라 한국에 돌아와서야 풀 수 있었다. 나는
2019년 연말 한국에 돌아와서 학교와 레스토랑에서 배운 요리
레시피보다 이탈리아에서 마신 와인 정보를 더 먼저 정리했다.
음식도 좋았지만 이탈리아에서 마신 와인에 대한 경험이 그만큼
놀랍고 강렬해서였다. 아마 내가 젊을 때 이탈리아에 갔다면 나는
이탈리아 주방이 아니라 와이너리의 직원이 되어 기꺼이 와인을
만들고 있었을 거다. 하지만 반백의 나이에 이탈리아에 갔으니
와이너리 행은 포기해야 했다. 대신 이탈리아 와인 체험을 오롯이
기록으로 남겨놔야겠다는 생각을 했다. ICIF 수업 때 마셨던 와인과

볼로냐 이웃 도시인 모데나의 한 카페에서 라자냐와 함께
이곳에서 추천하는 람브루스코를 마셨다.
그러나 라자냐의 중후함에 와인이 보조를 맞추지 못했다.
이 카페는 이탈리아의 와인 식당 전문 미디어인
감베로 로쏘에 등재되어 찾아간 집이었다.

내가 찾아갔던 현지 와이너리인 다밀라노, 보르고뇨(피에몬테),
돈나푸가타, 펠레그리노(시칠리아) 등의 사진과 메모도 정리하기
시작했다.

현자의 와인, 람브루스코의 반전 매력

그렇게 내가 마셨던 이탈리아 와인을 정리하면서 볼로냐에서 나를
당황하게 했던 람브루스코에 대해서도 다시 들여다보았다. 그제서야
나는 비로소 이 와인의 저력을 알게 되었다. 나를 당황하게 만들었던
참을 수 없는 가벼움이 오히려 그 와인이 지나온 역사의 무게에서
비롯된 것이라는 것도 알게 되었다. 피에몬테의 네비올루가 혀로,
시칠리아의 에트나 로쏘가 마음으로 마시는 와인이라면
람브루스코는 머리로 마셔야 하는 와인이었다.*

포도의 원산지는 중동 혹은 중앙아시아다. 포도와 포도주는
중동을 거쳐 페니키아인 혹은 그리스인들에 의해서 유럽으로
전달됐을 것으로 추정된다. 이탈리아에서 포도주가 처음 들어온
지역은 그리스의 영향을 받았던 이탈리아 남부나 그리스와 중동과
활발히 교역했던 에트루리아인들이 살던 이탈리아 서쪽 지역이었다.
이탈리아 남부의 풀리아나 칼라브리아Calabria 등에 그리스란 뜻의
이탈리아어인 '그레코Greco'가 붙은 포도 품종이 많은 이유이기도 하다.

그러나 포도는 당시의 이탈리아인에게 이중적 역할을 했다.
포도는 예수의 피를 상징하는 개혁성을 띠면서, 한편으로는 사치로

169

---

* 프랑스의 봉토였던 피에몬테는 프랑스와 오랫동안 교류해온 지역이다. 하지만
나중에는 프랑스와의 전쟁에서 승리해 독립했다. 프랑스식 양조기법을 처음
도입한 곳이기도 했다. 시칠리아는 기원전 10세기부터 다른 나라의 식민지였던
역사를 가지고 있지만 볼로냐는 자유 도시를 지향하며 외세와 투쟁해온 곳이었다.

이어져 민생을 파탄 내는 반개혁성도 함께 가지고 있었다. 고대 로마가 멸망한 이유 가운데 하나가 포도밭이었던 것만 봐도 알 수 있다. 포도를 재배하는 데에는 많은 지력이 필요해서, 포도 농사를 계속 지으면 토양은 황폐해진다. 그로 인해 포도의 가격은 당연히 곡식보다 비쌀 수밖에 없었다. 그렇다면 이 비싼 포도로 만든 술의 가격은 어떻겠는가. 포도주는 높은 가격 덕에 부가 가치에서 곡식과 비교가 되지 않았다.

고대 로마의 사회지도층인 원로원 의원들이 노예를 허수아비로 내세워 이탈리아에는 물론이고 갈리아(지금의 프랑스)와 히스파니아(이베리아 반도)의 밀밭을 갈아엎고 포도를 심은 것도 이런 이유에서였다(하지만 그들은 공식 석상에서는 돈을 좇는 자들을 점잖지 않다고 비방했다. 그래서 노예 출신 바지사장이 많을 수밖에 없었다). 지배층에게 땅을 빼앗긴 많은 농민은 먹고살기 위해 로마로 밀려 들어와 시민이 되었다.

원로원과 집정관들은 시민을 군인으로 징발해 지중해 세계를 정복했지만, 사실상 농민의 땅을 야금야금 나눠가진 장본인이기도 했다. 그들은 빼앗은 땅에 밀 대신 부가 가치가 높은 포도를 심었다. 밀을 심어야 할 땅에 포도를 심으니 식량이 부족한 것은 당연한 일이었다. 대중들은 배가 고팠고, 결국 로마의 정치인들은 신전 앞에서 대중들에게 빵을 공짜로 나눠주었다.

이러한 상황은 일부 군인들과 정치인들이 공화정을 무너뜨리고 로마 황제가 된 후에도 달라지지 않았다. 대신 그들은 굶주린 대중들에게 빵과 함께 검투극을 보여주었다. 맹수가 사람을 잡아먹는 형벌도 시연했는데 대상은 로마를 위협한다는 혐의를 받고 있던 기독교 신자들이 많았다. 콜로세움과 같은 거대한 원형경기장이 수도 로마뿐 아니라 각 도시의 중심가에 지어졌다.

당연히 로마의 재정은 악화되었고 로마는 이 비용을 식민지인 속주屬州의 세금으로 충당했다.

로마가 힘이 있을 때는 이러한 순환이 가능했다. 속주 역시 식량이 빠듯한 건 마찬가지였지만 '전쟁 기계' 로마의 눈치를 볼 수밖에 없었다. 하지만 로마가 흔들리면서 속주는 로마에 식량이나 세금을 보내지 않기 시작했고, 무리한 세금 요구와 재정 악화의 악순환이 계속되었다. 결국 게르만족이 밀려 들어오면서 로마는 속절없이 무너졌다. 만약 로마가 포도와 밀의 황금 비율을 적절하게 지켰다면 어떻게 되었을까? 로마는 그렇게 하루아침에 무너지지 않았을 것이다.

밀과 포도의 재배 균형을 맞출 수 있는 기막히 가이드라인을 보여주는 포도 품종이 람브루스코다. 람브루스코는 이탈리아의 포도 품종 가운데 가장 오래된 것 중 하나다. 고대 로마 시대에 람브루스코를 먹었다는 기록이 남아 있을 정도인데, 이렇게 오랜 기록이 남아 있는 포도 품종은 많지 않다. 로마의 집정관이자 군인이었던 카토Cato Censorius, B.C.234~B.C.149는 그의 책《농업론De Agri Cultura》에서 "1에이커의 땅에서 수확한 람브루스코 포도의 70퍼센트만 가지고도 암포라(고대 로마 때 쓰던 항아리) 300개를 충분히 채울 수 있는 와인을 만들 수 있다"라고 적었다.

171

카토는 평민 출신으로 제2차 포에니 전쟁 때 공을 세워 집정관까지 오른 인물이었다. 그는 엄격한 도덕주의자로 유명했으며, 특히 로마 귀족들의 사치와 도덕적 해이를 경계했다. 우리나라로 치면 막걸리에 김치 안주를 즐기는 안빈낙도형 인물이었던 셈이다. 그는 "농업이 도덕적 가치를 놓고 볼 때 고리 대금이나 무역보다 분명히 바람직하다"며 "농민은 유일하게 좋은 시민으로 높이 평가되어야 한다"고도 말했다.

그런데 엄격한 도덕주의자이면서도 카토는 큰 실수를 했다. 그는 은퇴 후 고향으로 돌아가 농장을 경영하면서 자신의 경험을 책으로 남겼는데 이 책이 《농업론》이다. 그는 농장을 경영할 때 가장 중요한 것은 포도원이라고 강조했다. 사치와 퇴폐를 경계하고 농업을 장려하기 위해 쓴 그의 책은 본의 아니게 '포도가 돈이 된다'는 천기를 누설한 셈이었다. 심지어 카토의 책은 중세 이후에도 지속적으로 번역되어 농업 자본가들의 필독서가 되기도 했다. 고대 로마의 든든한 주춧돌인 농민을 위해 쓴 글은 아이러니하게도 농민들을 쫓아내고 거기에 포도원을 만들고 싶은 지주들의 필독서가 된 것이었다.

탄산 거품을 품은 고대 로마의 물, 람브루스코

람브루스코의 생산성은 척박한 환경에서도 잘 자랄 수 있는 야생성 덕분이었다. 이 포도의 어원은 라브루스카labrusca인데, 가장자리를 뜻하는 라틴어 'labrum'과 야생 식물을 일컫는 라틴어 'ruscum'의 합성어로 추정된다. 어느 논두렁에나 잘 자라는 우리나라의 콩들처럼 아무데서나 잘 자라는 이 포도의 생명력에서 비롯된 이름이다.

거기다 람브루스코는 가을에 수확해 알프스와 아펜니노산맥으로 둘러싸인 에밀리아 지방의 추운 겨울 동안 테라코타 항아리에 담겨져 있다가 봄에 기온이 올라가면 재발효됐다. 이 과정에서 람브루스코는 자연적으로 탄산 거품이 생겼다. 치킨에 맥주가 어울리는 것은 맥주의 탄산 거품이 입안의 기름기를 씻어주기 때문이다. 목축이 발달해 기름기 있는 음식이 많았던 에밀리아에서 탄산 거품이 있는 람브루스코는 인기가 있을 수밖에 없었다.

이런 점에서 람브루스코는 우리나라의 메밀을 떠올리게 한다.
산에서 자라는 메밀은 약을 치거나 잡초를 제거해주지 않아도
저절로 잘 자란다. 그래서 메밀은 농경지가 부족한 산간 지방의
식량이 되었다. 그중의 하나가 냉면이다. 가난한 자의 음식이었던
냉면은 평양의 유흥 문화와 결합하며 고급 음식으로 둔갑해 수도
한양으로 진출해 왕까지 즐기는 음식이 되었다. 왕조가 사라진
지금까지도 냉면은 그 명성을 유지하고 있다. 그러나 람브루스코는
냉면과는 전혀 다른 길을 갔다. 로마와 중세 시대 귀족의 종잣돈
노릇을 하던 람브루스코 와인은 서민들의 음식으로 다시 돌아갔다.

우리에게는 와인이 비싼 술이라는 인식이 있다. 그러나 예수가
자신의 몸을 빵에, 그리고 자신의 피를 와인에 비교할 정도로 와인은
중동과 서양에서는 생활밀착형 음식이었다. 포도가 자라는 지역에서
와인은 물을 대신했다. 그래서 이탈리아에서 물은 천한 음식 취급을
받았다.

중세 이탈리아에는 이런 우화가 있다. 어떤 나그네가 선량해
보이는 농민에게 물을 청했다. 그러자 농민은 화를 내며 "왜 하필
담장과 기둥마저 썩게 하는 천한 물을 달라고 하십니까? 좋은
포도주라면 얼마든지 드리겠지만 물은 못 드립니다"라고 대답했다고
한다. 이탈리아 대부분의 레스토랑에서 수돗물을 요청해도 절대
주지 않는 건 이런 이유다. 이탈리아에서는 와인을 시키지 않는다면
대신 탄산수나 생수라도 시켜야 한다. 레스토랑에서 수돗물을
달라고 하는 것은 그 식당을 무시하는 행동이다.

옛날에는 와인의 가격이 지금처럼 비싸지 않았다. 지금의 독일
맥주의 가격과 비슷하게 생각하면 될 듯하다. 지금까지 전해져오는
중세 이탈리아 수도원의 지출 기록을 보면, 수도원은 미사에 쓰고
일상적으로 마시는 와인 값보다 밀가루 값에 더 많은 돈을 썼다.

에밀리아 지역은 지평선이 보일 정도로 광활한 평야가
끝도 없이 펼쳐져 있다. 이런 풍요로운 대지 덕분에 에밀리아가
미식의 고장이 될 수 있었다.

당시에는 와인에 물을 타서 마셨기 때문이기도 했다.

르네상스 시대를 대표하는 지식인으로 손꼽히는 레오나르도
다빈치Leonardo da Vinci, 1452~1519는 '와인은 반드시 물을 섞어먹어야
한다'고 주장했다. 그는 "포도주는 물과 섞어서 한 번에 조금씩
마시되, 식사와 식사 사이에나 빈속에는 삼가야 한다"고 기록을
남겼다. 와인은 중세에는 술이 아니라 지금의 커피나 차처럼
일상적인 음료였다. 람브루스코는 그와 같은 이탈리아 와인의
역사에 가장 부합한다. 낮은 도수, 높은 생산량 그리고 저렴한 가격이
대중적인 와인이라는 이상에 가장 적합했기 때문이었다.

이탈리아에서 가장 많이 팔리는 와인은?

통계에서도 이런 사실을 증명해준다. 이탈리아 정부 산하
산업재건연구원IRI, Istituto per la Ricostruzione Industriale 통계를 보면, 2019년
이탈리아에서 가장 많이 판매된 와인은 람브루스코(1,300만
리터)였다. 다음이 키안티(1,280만 리터), 몬테풀치아노 다부르초(850만
리터), 샤르도네(영어로는 사도네이, 778만 리터), 바르베라(752만
리터)였다.

람브루스코가 이렇게 이탈리아 와인 산업에서 중요한 위치를
차지한 것은 에밀리아로마냐의 경제적 위상과도 밀접한 관계가
있다. 오랜 세월 동안 람브루스코는 볼로냐와 모데나, 파르마 등 그
주변 도시의 위상에 발맞춰 성장했다. 중세의 대학 도시와 근대의
산업 도시를 거쳐 볼로냐는 지속적으로 발전해왔다. 여기에 19세기
후반 이탈리아 반도에 철도가 건설되면서 로마에서 서유럽과
동유럽으로 가는 철도가 교차하는 볼로냐에 인구가 몰리기
시작했다. 이에 따라 볼로냐와 그 주변 도시에서는 몰려든

노동자들에게 포도주를 공급해야 했다.

앞에서 설명했듯이 식사 때 물 대신 와인을 마시는 이탈리아인에게 와인의 생산은 산업 도시의 발전과도 밀접한 관련이 있는 일이었다. 이에 따라 자연히 볼로냐와 모데나 인근에서 주로 생산되던 람브루스코는 그 높은 생산량 덕분에 다시 한 번 각광을 받게 되었다. 거기다 람브루스코의 특징인 거품을 인공적으로 만드는 샤르망 방식이 도입되면서 람브루스코를 겨울 내내 숙성시키지 않고도 좀 더 빠르게 만들 수 있게 되었다.*

이런 역사만을 놓고 본다면, 람브루스코는 이탈리아뿐 아니라 전 세계 와인의 적자嫡子다. 이탈리아 고전뿐 아니라 성경에도 와인은 물을 타서 마시는 것으로 적혀 있다. 오래전부터 가볍게 마시던 음료로 여겨지던 와인의 풍미가 지금처럼 진해진 것은 근대 이후 프랑스가 만든 새로운 미식 전통이라고 할 수 있다.

프랑스도 중세에는 이탈리아 와인을 수입해서 먹었다는 기록이 있다. 람브루스코의 경쾌한 맛을 중세 프랑스인들도 높게 평가했던 모양이다. 요리에서도 마찬가지다. 지금은 식사할 때 없어서는 안 되는 도구인 포크가 중세 유럽에서는 생소한 물건이었다. 포크는 11세기에 처음 동로마 제국으로부터 향신료 무역을 하던 베네치아로 전달되었다. 동로마 제국의 공주가 베네치아 총독 가문과 결혼을 하면서 이탈리아로 포크를 들고온 것이다. 이후 몇백 넌이 흐른 뒤 이탈리아 메디치가의 여성이

---

* 샤르망 방식은 거대한 와인 탱크에 탄산 가스를 발생시킨 뒤 이를 병입하는 방식으로 제조 단가가 낮아지는 장점이 있다. 이 방식이 나오기 전에는 한 병씩 와인을 넣고 탄산 가스를 발효시키는 개별 병입 방식으로 만들었다. 고급 샴페인이나 스푸만테(이탈리아 스파클링 와인)는 지금도 수작업을 통한 전통적인 방식으로 제조된다.

프랑스의 왕비가 되면서 비로소 포크는 프랑스로 진달되었다. 그저까지 유럽의 다른 지역은 물론 프랑스에서도 손으로 음식을 먹었다. 신이 주신 손 이외에 다른 도구를 써서 음식을 먹는 것을 불경으로 간주하던 지역도 있었다. 이렇게 역사적으로 이탈리아는 고대 로마 이후 서양 식탁 문화를 선도해왔다.*

고대 로마를 거치면서 빵과 와인 같은 서양 음식의 개념이 설립되었다면, 중세 이탈리아에서는 서양 음식의 디테일이 만들어졌다. 하지만 이를 취합해 서양 음식의 정점을 보여준 것은 이탈리아가 아니라 이웃 나라 프랑스였다. 프랑스 왕실을 중심으로 진귀한 요리에 대한 연구가 시작되었고, 이른바 오트 퀴진이 완성되었다. 17세기 이후 절대 왕정이 다스리던 프랑스는 전통의 명가인 이탈리아를 따돌리고 서양 미식의 대표 국가가 되었다. 프랑스 혁명 이후 왕과 귀족들이 사라진 뒤 '지엄하신 분'들의 많은 요리사가 궁정에서 시장으로 나왔고, 이들이 차린 정찬 식당이 바로 레스토랑이었다. 레스토랑은 프랑스어인 '원기를 회복하다'라는 뜻의 'restaurer'라는 단어에서 파생되었다.

프랑스인들이 이처럼 오트 퀴진에 열광할 때 이탈리아는 지옥 불 속에 있었다. 그 원인의 일부는 오트 퀴진을 즐기던 프랑스가 제공했다. 그 당시 이탈리아 남부는 노르만과 프랑스, 스페인의 침략을 받았고, 북부는 스페인과 오스트리아, 프랑스의 침략과 식민

---

* 물론 18세기에 영국, 프랑스, 독일이 포크를 쓸 때 정작 포크를 유럽에 전해준 이탈리아의 남부 서민들은 19세기까지 손으로 파스타를 집어먹었다. 심지어 미국인들은 이탈리아 이민자의 음식인 파스타와 피자 같은 음식이 영양이 부족하다고 보고 이들의 식단을 고기 중심으로 변화시키려고 계도하기도 했다. 그러다 지중해 식단이 오히려 건강식으로 각광받게 되면서 이런 시도는 중단되었다. 이탈리아 음식을 사람에 비유한다면 참 파란만장한 운명의 소유자라고 할 수 있을 것이다.

통치를 견뎌내야 했다. 여기에 교황청도 로마를 중심으로 지역 기반을 넓히려고 했다. 이탈리아는 그 기간 동안 많은 것을 잃어버렸다. 역사는 물론이고 요리에 대한 자부심도 잊어버렸다. 단적인 예가 20세기 초 이탈리아에서 일어난 반파스타 운동이었다. "우리가 꼭 필요하다고 확신하는 것은 이탈리아인들에게 거의 종교에 가까운 음식인 파스타를 추방하는 것!" 미래파로 불리던 이 이탈리아 지식인들은 이렇게 말하면서 "녹말이 가득한 파스타와 같이 연약한 음식을 먹어서는 이탈리아인이 전사처럼 살 수 없다"고 주장했다. 한때 우리가 소중한 전통 음식인 김치를 폄하하려 했던 것과 비슷한 자기 비하였다. 하지만 미래파가 사실은 파스타를 엄청나게 좋아하는 파스타 마니아라는 것이 언론사에 의해 폭로되면서 이들의 주장은 설득력을 잃었다.

이탈리아 요리 vs 프랑스 요리   179

프랑스 요리와 이탈리아 요리에는 큰 차이가 있다. 그러나 동양인이 맛이나 형식을 보고 이를 구분하기란 구분하기 쉽지 않다. 우리 눈에는 유제품과 고기 중심의 메인 요리에 소스를 곁들이는 공통점이 더 눈에 잘 들어오기 때문이다. 하지만 역사적으로 두 음식은 많이 다르다. 프랑스 요리는 왕실이 개입한 것이 특징이다. 대부분의 절대 왕권은 중앙 집권 체제를 강화하기 위해 율령을 반포하고, 도량형을 통일했다. 요리에 있어서도 비슷해서, 프랑스의 왕실 요리사들은 프랑스에 산재해 있던 소스를 통일해 책으로 엮었다. 이때 정리된 프랑스의 소스 체계는 지금도 그 틀을 유지하고 있다. 이것은 프랑스 요리의 큰 장점이어서, 이 소스 틀에다 김치와 간장, 된장을 넣으면 한국식 프랑스 요리가 된다. 실제로 한국에 온 프랑스 요리사들은 한국 재료로 새로운 프랑스식 소스를 만들어내곤 한다. 소스의 법칙으로 세계 각국에서 현지 요리를 프랑스화하며 놀라운 장악력을 뽐내고 있는 것이다.

반면 이탈리아는 19세기 말까지 전국이 작은 도시 국가로 나뉘어져 있었고, 그 도시 국가들은 완전히 다른 별개의 음식을 만들었다. 같은 에트루리아인의 전통을 가지고 있으면서도 에밀리아로마냐가 치즈와 버터로 산해진미를 만들어 먹고 있을 때, 토스카나는 고기를 숯불에 구워 소금에 찍어먹는 미니멀리즘의 전통을 추구했다. 또 부유한 베네치아가 검소하고 합리적인 음식을 먹었던 반면, 프랑스와 맞붙어 있던 피에몬테는 그렇게 미워하던 프랑스 소스를 적극 받아들여 기름지고 화려한 요리를 즐겼다(대신 프랑스에서는 피에몬테를 통해 이탈리아 요리를 배웠다. 밀라네제 리소토와 커틀릿이 프랑스에서는 다 '피에몬테제 리소토와 커틀릿'으로 불린다.

외국인들이 전주비빔밥이나 진주비빔밥을 별 생각 없이 서울비빔밥이라고 자국에 소개하는 것과 비슷한 경우다).

제 잘난 멋에 사는 도시 국가들의 총합인 이탈리아와 중앙 집권적인 프랑스는 국력의 차이가 너무 커서 르네상스 시대의 사상가였던 마키아벨리Niccolò Machiavelli, 1469~1527가 한탄할 정도였다(마키아벨리는 프랑스와 스페인 등에 유린당하는 이탈리아를 보고 "아파할 기력도 없는 병든 환자"라고 묘사했다). 그런 차이는 국력뿐 아니라 음식과 와인에서도 마찬가지였다. 프랑스 와인이 나무 한 그루에서 5~6송이의 포도만을 남기고 모두 잘라내는 '그린 하비스트' 방식을 사용할 때, 이탈리아인들은 한 그루에서 최대한 많은 포도송이를 키워 와인을 만들었다. 나무 한 그루에서 5~6송이만을 키워 만든 와인과 100여 송이를 키워 만든 와인의 맛은 분명 다를 것이다. 프랑스가 19세기 말 일찌감치 도입한 와인 품질 관리 방법을 이탈리아에서는 100년 뒤인 20세기 후반에 도입했다. 그 결과 프랑스 요리와 와인은 서양 미식의 표준이 될 수 있었다.

그렇지만 20세기에 접어들면서 결코 흔들리지 않을 것 같던 프랑스 요리의 아성은 이탈리아 요리의 도전을 받게 되었다. 도전은 두 가지 축이다. 첫째는 미국으로 건너간 이민자들에 의해 피자와 파스타가 알려지고 다시 미국화된 이탈리아 음식이 전 세계로 퍼지면서부터다. 지금 세계인이 가장 사랑하는 음식은 발음하기도 어려운 프랑스 요리가 아니라 이탈리아의 피자와 파스타다. 피자와 파스타의 발랄함은 프랑스 요리의 엄정함과 대척점에 서 있다.* 여기에 인스타그램을 비롯한 SNS 환경은 무거운 프랑스 요리 대신 가볍고 친숙한 이탈리아 요리를 포스팅하는 데 더 적합하다.

이런 변화의 바람은 와인에도 불어왔다. 프랑스의 보르도와 부르고뉴에 견주면 다소 가볍다는 평가를 받아온 람브루스코에게도 기회가 왔다. 람브루스코는 1960~1970년대 이탈리아보다 미국에서 더 많이 팔리던 와인이었다. 공장 햄과 공장 치즈 그리고 기름진 패스트푸드를 즐기는 미국인들에게 가볍고 달콤한 람브루스코가 인기를 끈 것이다. 그래서 람브루스코는 '와인의 코카콜라'라는 별명을 얻게 되었다.

물론 볼로냐를 비롯해 에밀리아의 와이너리는 거기에 만족하지 않았다. 그들은 과거와는 다른 품질 관리에 나섰다. 달콤하고 가벼운 람브루스코만을 고집하지 않고 오래 숙성하고 도수를 높이는 방식의 새로운 람브루스코를 만들기 시작했다. 250년 전통의 와이너리인 '메디치 에르네스트Medici Ermete'는 수확한 포도를

181

---

* 프랑스에서는 버터와 육류 중심의 오트 퀴진에서 벗어나 올리브 오일과 해산물 및 채소를 많이 사용하는 정반대 스타일인 누벨 퀴진Nouvelle Cuisine이 등장하기도 했다. 그렇지만 누벨 퀴진은 프랑스 전통에서 벗어나 있다는 비판을 받기도 했다.

엄선해 와인을 만드는 등 새로운 방법으로 고급 람브루스코를 출시하고 있다. 다른 와이너리도 비슷한 시도를 하고 있다.

가볍지만 무거운 거품, 그 모순의 비밀

람브루스코가 이탈리아 내에서 판매량 1위의 와인이 된 비결은 에밀리아로마냐가 토마토의 생산량은 많지 않지만 이탈리아 1위의 토마토 가공품 생산지가 된 것과 비슷하다. 이탈리아의 자랑인 토마토를 많이 생산하는 곳은 시칠리아, 캄파니아 등 남부다. 하지만 이 토마토소스를 이탈리아 전역은 물론이고 세계로 판매하는 곳은 에밀리아로마냐와 그 주변인 롬바르디아다.

　　토마토가 남부에서 처음 재배되기 시작한 것처럼 이탈리아 남부는 다른 지역보다 먼저 포도를 받아들였고, 먼저 와인을 만들었다. 지금도 남부의 와인 생산량은 적지 않다. 그러나 현재 이탈리아를 대표하는 와인 생산지로 손꼽히는 지역은 대부분 중부와 북부 지역이다. 맛은 토스카나와 피에몬테의 와인을 가장 높이 평가하고, 생산량이 많은 와인으로는 에밀리아로마냐의 와인이 대표적이다. 에밀리아로마냐는 어떻게 토마토는 물론 와인을 대표하는 지역이 될 수 있었을까? 여러 이유가 있겠지만 전문가들은 에밀리아로마냐에 발달한 협동조합을 이유로 꼽는다.

　　앞서 잠깐 살펴본 대로 에밀리아로마냐는 시민 자치 도시를 지향했고, 많은 종교 공동체와 상인 단체가 있어서 협동조합이 뿌리내리기 알맞았다. 협동조합이란 경제적으로 약한 지위에 있는 소규모 생산자들이 협력해 서로의 이익을 도모할 목적으로 자금을 출자해 만든 기업을 말한다. 기존의 자본가가 출자해 상명 하달식으로 운영되는 자본 중심의 주식회사와 달리 협동조합은 모든

구성원이 1인 1표를 행사한다. 볼로냐 대학이 사상적 자유를 얻어낸
공간이었다면 협동조합은 경제적 자유를 만들어내는 공간이었다.

협동조합이 처음 생겨난 것은 19세기 초 산업혁명 이후 소규모
생산자나 소비자들이 거대해진 자본의 힘에 대응하기 위해서였다.
협동조합은 18세기 말 영국에서 시작되어, 19세기에 네덜란드의
생산조합, 영국의 소비조합, 독일의 신용조합 등으로 확대되었다.
이탈리아에서도 독일의 신용조합에 영향을 받아 1850년대부터
협동조합이 결성됐다.

처음 협동조합은 민족주의-공화주의 혁명가 주세페
마치니Giuseppe Mazzini, 1805~1872의 영향을 받아 자유주의 성향을 띠었다.*
지역적으로는 이탈리아 북부를 중심으로 성장했고, 특히
에밀리아(그때는 로마냐와 에밀리아가 하나의 주가 아니었다. 두 지역은
제2차 세계대전 이후 하나로 합쳐졌다) 지역이 중심이었다. 1886년에는
전국 연합이 만들지고, 20세기 초에는 조합원 22만 명 규모로
성장했다. 이런 전통은 이탈리아를 협동조합의 강국으로 만들었다.

이탈리아 와인 역시 협동조합이 이끌고 있다. 통계를 보면,
이탈리아 와인의 60퍼센트는 500여 개의 협동조합에서 생산된다.
가장 큰 협동조합은 볼로냐의 '칸티네 리우니테 & 치브Cantine
Riunite & Civ'로, 2018년을 기준으로 연간 매출액이 5억 유로(한화
6,500억 원가량)가 넘는다. 1953년 와이너리 9개의 연합체로 출발한
리우니테에는 2010년 기준으로 25개의 와이너리 연합과 2,600명의
포도 재배 농민이 가입되어 있다. 리우니테 와인들은 전 세계로
수출되는데 특히 미국으로 많이 수출되고 있다.

183

---

* 주세페 마치니는 '청년이탈리아'라는 비밀 결사 조직을 결성했다. 이 조직은
  이탈리아의 독립을 이루고 통일 국가를 만드는 것을 목표로 목숨을 걸고
  활동했다. 이탈리아 통일의 주역인 가리발디 장군이 이 조직의 회원이었다.

이탈리아에 600여 종의 포도 품종이 있는 비결

협동조합은 이탈리아 와인의 맛뿐 아니라 이야기를 풍부하게
만든다. 협동조합의 진짜 매력은 실제론 여기에 있다. 이탈리아
농민이 보유한 와이너리 면적은 평균 2헥타르로 프랑스(11헥타르)는
물론 호주(25헥타르), 미국(27헥타르) 등보다 훨씬 작다. 이렇게 작은
와이너리는 와인 맛에 대한 연구 개발은커녕, 독자적인 마케팅을
시도하기도 어렵다. 규모가 작은 와이너리가 도태되기 쉬운 이유다.
미국, 영국 등에서 산업혁명 이후 현대 자본주의 아래에서 살아왔던
농촌의 현실이 사실 그렇다. 산업혁명 이후 농민들은 거대 자본은
물론, 심지어는 양들에게까지 밀려나 토지를 잃어버리고 도시의
하층민이 되었다. 이런 현상은 아시아와 아프리카, 남미에서 지금도
똑같이 진행 중이다.

하지만 협동조합은 전혀 다른 이야기를 농민에게 선물했다.
조합원이 된 농민은 단순히 포도나 와인을 거대 유통업자나 주류
제조사에 넘기는 가난한 생산자가 아니라 조합의 결정에 1인 1표를
행사하는 경영자다. 또 조합원은 해마다 작황과 상관없이 정해진
가격으로 포도를 공급할 수 있어 예측 가능한 범위에서 농장을
경영할 수 있다. 게다가 조합원의 생산물 판매가는 비조합원의
판매가보다 평균 20퍼센트 가량 높다. 물론 손실이 날 경우에는
조합원이 이를 부담해야 하지만 그런 경우가 홀로 경영할 때보다는
드물다. 이런 특혜 덕분에 소규모 포도밭에서 포도를 키우는 많은
생산자가 조상 때부터 키워오던 고유의 품종을 가격 경쟁력을 무기로
밀려 들어오는 외국산 저가 와인의 침공으로부터 지켜낼 수 있다.

제한된 품종을 키우는 다른 나라와는 달리 이탈리아 포도가
600여 종이나 되는 품종을 보유한 까닭이 여기에 있다. 이탈리아는

전통에 대한 강한 자부심으로 품종을 지켜냈고, 그 자부심은
협동조합 같은 든든한 배경이 있기 때문에 가능했다. 내가 이탈리아
와인에 반한 것도 이 대목에서다. 세상에서 가장 다양한 품종을 맛볼
수 있는 이탈리아 와인을 어떻게 거부할 수 있을까. 카베르네 쇼비뇽,
메를로, 시라 등의 품종이 대부분인 다른 나라의 와인에 견줘
무궁무진한 이탈리아 와인은 언제나 유혹적이다. 이탈리아 중부
마르케Marche주에서에서 생산하는, 양들이 먹을 정도로 작게 자라는
페코리노Pecorino나 시칠리아 에트나산 기슭의 화산 토양에서 자라는
네렐로 마스칼레제Nerello Mascalese 같은 포도로 만드는 와인은 마시기
전에 이미 그 맛이 머릿속에서 상상이 된다.

이렇게 상상력을 자극하는 와이너리 중 하나가
돈나푸가타Donnafugata다. 돈나푸가타는 생산하는 와인의 많은 이름을
시칠리아의 신화나 전설 혹은 관련한 문학 작품의 주인공에서
따온다. 그래서 와인 병에 붙어 있는 에티켓 하나하나가 문학적이다.

187

하긴 돈나푸가타라는 와이너리
이름도 프랑스의 나폴레옹
군대가 나폴리를 침공했을 때
시칠리아로 피난을 왔던 나폴리
왕국의 여왕 '마리아
카롤리나Maria Carolina'에서 따온
것이다. '돈나푸가타'라는 말은
'도망쳐온 여인'이라는 뜻이다.

이탈리아는 아무리 작은
지역이라도 고대 로마 시대부터
이어진 오래된 역사가 있고,
다른 지역과 차별되는 음식이

시칠리아 와인 돈나푸가타의
화려한 에티켓 디자인.

있고, 거기에 맞는 자기 지역만의 와인이 있다. 람브루스코 역시 볼로냐를 닮았고, 볼로냐 음식과 어울리는 볼로냐의 와인이다.

볼로냐의 슈퍼마켓에서 파는 가장 싼 람브루스코의 가격은 4유로 정도다. 리우니테 제품인데 딱 보기에도 아무렇게나 만든 것처럼 보이는 소박한 모양새다. 나는 처음엔 식초병이나 고량주 병처럼 보이는 이 외양을 이해하지 못했다. 하지만 이 람브루스코가 이탈리아 최대의 와인 협동조합이 만든 와인이라는 것을 알고 나니 이 와인의 평범함 속에 감춰진 비범함을 깨닫게 되었다. 갓 담근 듯 상큼한 맛이 나는 람브루스코에는 고대 로마에서부터 중세와 르네상스를 거쳐 근대와 현대까지 이어져 내려온 볼로냐라는 현자의 인생 역정이 걸쭉하게 농축되어 있다.

람브루스코의 색깔은 어떤 와인의 색보다 짙다. 거의 보랏빛에 가깝다. 그리고 잔잔하고 달디단 거품이 인다. 이 와인에는 프로슈토와 모르타델라 한 점을 얹은 치아바타나 혹은 파르미지아노-레지아노 치즈를 잔뜩 얹은 볼로네제 파스타가 안성맞춤이다. 이런 맛있는 음식과 멋진 와인은 혼자 즐기기보다는 여러 명이 함께 먹고 마셔야 제격이다.

볼로냐에서는 음식도 와인도 가격이 저렴해 도심 곳곳의 노천 카페나 레스토랑에서 여럿이 둘러앉아 와인을 마시는 사람들을 볼 수 있다. 관광객인 것 같기도 하고 학생들 같기도 한 사람들은 푸짐하고 맛있는 볼로냐식 마른안주에 함박웃음을 지으며 왁자지껄 먹고 마신다. 나도 중세를 떠올리게 하는 볼로냐 광장에서 그들처럼 가족과 친구들과 함께 람브루스코를 마시고 싶은 마음이 간절했다. 람브루스코는 혼자서 마시는 와인이 아니라 볼로냐 사람들처럼 어깨를 걸고 신나게 마셔야 하는 와인이다.

189

커피의 향기

혁명은 핏빛이 아니라
커피 빛이다

"나는 커피 스푼으로 내 인생을 측정했다."
영국의 시인 T.S. 엘리엇

나처럼 국가보안법이 서슬 퍼렇던 시대에 대학을 다닌 사람들은
뭐든 조심스럽다. '아, 이게 될까'라는 말로 스스로를 검열하는 값싼
알고리슴이 대학을 졸업한 지 수십 년이 지나서도 여전히 작동
중이다. 그도 그럴 것이 내가 대학을 다닐 때는 마르크스나 레닌 혹은
김일성이라는 이름이 들어간 책을 가지고만 있어도 국가보안법 위반
혐의로 처벌될 수 있었다. 많은 선배가 집에 그런 책을 가지고 있다는
이유로 입건되었고 운이 나쁘면 재판을 받았다.

191

　　　생각해보면 참 어이없는 일이었다. 그런 책을 읽는다고 무조건
그 생각을 추종하고 사회에 위해를 끼치는 것이 아니라는 걸 아마
당시의 정치인이나 공안 당국자도 알고 있었을 것이다. 오히려
양심의 자유에 배치되는 국가보안법이 역사의 흐름에서 보면 더
위험할 수도 있었다. 이제는 패배한 과거가 되어버린 '공산주의'를
인류 보편에 입각해 생각해보려 해도, 아직까지 그 말을 들으면 몸이
경직되는 건 어쩔 수 없는 일인 것 같다.

　　　그런데 볼로냐 거리를 걷다 보면 나 같은 한국 사람이 놀랄
만한 일이 매일 같이 벌어졌다. 대낮부터 번화가에 모인 몇몇
사람들이 지나가는 사람을 상대로 버젓이 공산당원을 모집하기

때문이었다(사회당이 아니라 공산당이다. 이탈리아에서는 공산당의
활동이 훨씬 활발하다). 볼로냐의 가장 번화한 거리에서 거의 매일 이런
사람들을 만날 수 있었다. 게다가 도심 한복판에서 붉은 별이나
공산당 인민복을 입고 있는 사람을 그려놓은 벽화와 정치 구호가
난무한 대자보가 걸려 있기도 했다.

볼로냐 시내를 걷다 보면 흠칫 놀라는 이유

당원 모집은 우리나라에서 기아 돕기 후원자를 모집하는 것과
비슷한 방식이다. 책상을 놓고 3~4명이 앉아 입당원서를 펼쳐놓는다.
책상에는 낫과 망치 로고가 그려진 이탈리아 공산당 포스터가 붙어
있다. 모집에 나선 사람들은 덥수룩한 수염 탓에 나이를 가늠하기가
어려웠지만 한눈에 봐도 젊어 보였다. 대부분 남자였고, 여자도 가끔
있었다. 지나가는 사람을 붙잡는 등 적극적인 모집 행위를 하지는
않았지만, 나는 혹시 그들과 눈이라도 마주칠까봐 늘 걸음을
서둘렀다. 자라 보고 놀란 가슴 솥뚜껑만 봐도 놀라는 셈이었다.

공산주의는 1991년 소비에트 사회주의 공화국 연방(소련)이
해체되면서 사실상 그 수명을 다했다고 생각했는데, 이탈리아의
번화가에서 공산당원들을 만날 줄은 몰랐다. 그전까지 이탈리아의
여러 도시를 다녔고 이탈리아 사회주의 운동의 시발점이었던
토리노에서도 1년 가까이 살았지만 거리에서 공산당원을 모집하는
것은 본 적이 없었다.

공산당원의 활약은 이뿐만이 아니었다. 볼로냐에는
'살라보르사Salaborsa'라는 시립 도서관이 있다. 이 건물은 예전의
볼로냐 증권거래소 건물이어서 매우 화려하다. 그런데 살라보르사
도서관의 남자 화장실에 가면 낫과 망치 즉 소련 국기의 엠블럼이

공산당 관련 벽화가 그려진 볼로냐 대학 주세페 베르디 광장의 벽.

낙서되어 있었다(나중에 찾아보니 이탈리아 공산당은 아직도 소련 국기에
등장했던 고색창연한 낫과 망치를 그대로 정당의 엠블럼으로 쓰고 있었다.
이탈리아 사회당 엠블럼은 카네이션이었다).* "만국의 노동자여
단결하라"라는 30년 전 대학 시절에 봤을 법한 전통적인 구호도 적혀
있었다.

　　일반인들이 오는 시립 도서관에는 공산당 낙서가 있었는데,
볼로냐 대학 도서관의 낙서는 어떨까? 궁금하다면 볼로냐 인문대
등이 있는 주세페 베르디 광장Piazza Giuseppe Verdi에 가보라고 권하고
싶다. 볼로냐 시내 동북쪽에 있는 볼로냐 대학가의 회랑은 정말 진한
빨간색이다. 이 회랑을 따라가면 볼로냐 오페라극장이 나온다. 이
극장에서 공연이 있는 날 오후에는 광장에서도 멋진 리허설 연주를

193

* 이탈리아 사회당도 낫과 망치를 엠블럼으로 쓰다가 1968년 소련과 정치적 노선을
　달리하면서 엠블럼을 붉은 카네이션으로 바꾸었다.

들을 수 있다. 극장 안도 근사하던데, 갈 때마다 공연 리허설을 하고 있어 들어가보지는 못했다.

이 광장의 벽에는 늘 공산당 관련 벽화가 그려져 있다. 그림이 매번 바뀌는데 내가 가 있을 때는 중국 인민복을 입은 공산당원이 깃발을 들고 있는 모습이 그려져 있었다. 벽화 옆으로는 대자보와 구호가 붙어 있었다. 1980년대 우리나라 대학가를 보는 듯한 착각이 들었다.

볼로냐에서는 학생들이 사회적 이슈로 시위를 하는 게 매우 익숙한 풍경이다. 내가 볼로냐에 머물 때에는 일어나지 않았지만 볼로냐 대학 학생들은 여러 가지 이슈로 자주 시위를 한다. 심지어 도서관 등에서 점거 농성에 들어가서 학생들이 강의실을 옮기거나 시내의 다른 도서관으로 흩어지는 일도 빈번하다고 한다.

카공족이 머물 곳이 없는 도시, 토리노

나는 토리노에 있는 레스토랑에서 인턴 생활을 했는데, 매주 주말마다 토리노 인문대('Unito'로 줄여 부른다. 볼로냐 대학은 'Unibo'다) 건물에 자주 갔었다. 이곳은 더운 여름철에도 에어컨을 빵빵하게 틀어주는 데다 자판기 커피와 물이 시내 가격의 반값인 50센트(우리 돈 650원)였다. 책을 읽을 수 있는 소파가 곳곳에 놓여 있었고, 도서관 열람실도 있었다. 휴일에 나는 여기서 레시피를 정리하거나 한국 매체에 기고할 칼럼을 쓰곤 했다.

토리노는 이탈리아의 사회주의, 공산주의 운동의 젖줄이 되었던 도시다. 유명한 이탈리아 사회주의자였던 안토니오 그람시Antonio Gramsci, 1891~1937와 이탈리아 공산당의 산파 역할을 했던 팔미로 톨리아티Palmiro Togliatti, 1893~1964가 토리노 대학 출신이다.

그런데 토리노 대학 화장실에는 이제는 우리나라 역전이나 버스터미널 화장실에서도 보기 어려운 성적인 낙서가 그려져 있었다. 성에 호기심 많은 청소년도 아니고 대학에 그런 낙서가 있다는 게 실망스러웠다. 하지만 한편으로는 그런 낙서를 보니 안심이 되기도 했다. '한국이나 이탈리아나 인간은 다 비슷하다'는 일종의 안도감 말이다.

내가 토리노 대학의 인문대 건물에 간 것은 책을 읽거나 노트북을 펴서 내 생각을 정리할 공간이 많지 않았기 때문이다. 이탈리아에서는 카공족(카페에서 공부하는 사람)이 머물 곳이 드물다. 이탈리아에서는 대부분 카페나 바에 서서 커피를 마시고는 금세 자리를 뜬다. 그래서 대부분의 커피 가격이 1유로로 균일하다. 바에 서서 마시는 커피는 5성급 호텔에서도 1유로로 동일하다. 물론 자리에 앉아 마시는 커피는 보통 서서 마시는 커피보다 가격이 서너 배 비싼데, 종업원들의 서비스를 받기 때문이다.

내가 머물 당시, 토리노에는 스타벅스가 아예 없었다. 내가 떠난 뒤인 2020년 초 토리노에 처음으로 스타벅스가 들어왔다. 내가 아는 대부분의 이탈리아 지인들은 한국에 있는 나에게 스타벅스에 분노하는 메시지를 보내왔다. 이탈리아에 있는 대부분의 카페는 좁고 복잡하다. 사람들이 몰리는 아침과 점심 때에는 북새통도 이런 북새통이 없어서 주문하기가 힘들 정도다. 당연히 이런 데서는 노트북을 펴놓고 뭘 쓰고 있을 수가 없다. 그랬다면 아마도 된통 욕을 먹지 않았을까? 그런데 스타벅스는 커피 한 잔의 가격이 5유로 정도로 비싼 대신, 오래 머무를 수 있다. 커피는 그저 커피일 뿐, 한국인들이나 미국인들처럼 커피 값에 시간과 공간의 가격이 포함된다고 생각하지 않는 이탈리아인들이 스타벅스에 분노하는 건 어찌 보면 당연할 일이었다.

볼로냐 시내 중심인 마조레 광장에는 살라보르사 도서관이 있다.
젊은이들의 약속장소로도 유명한 이곳은 예전에는 증권거래소였다.
이 도서관은 나같은 외국인에게도 5분만에 대출증을 만들어주었다.
심지어 한글로 된 대출 서비스 시스템을 갖추고 있었다.

책은 도서관에서, 커피는 카페에서

그런데 이후에 머문 볼로냐에서는 책을 펼칠 공간을 찾으러 다닐
필요가 없었다. 다른 지역과는 다르게 볼로냐 도서관에서 대출증을
바로 발급해주었기 때문이다. 도서관에 갔을 때 나는 여권도 없고,
휴대폰 배터리도 나가서 신원을 증명할 수도 없었다. 그런데도
친절한 직원은 내 이메일 주소만 받고 대출증을 발급해주었다. 하나
더 놀란 것은 이 도서관의 대출 전산 시스템에 한글 서비스가 있었다.
"비바 볼로냐(볼로냐 만세)." 이탈리아의 공공 서비스는 종종 사람을
속 터지게 만드는데, 볼로냐는 내 이런 울분을 토닥거려준 이탈리아
유일의 도시였다.

　　내가 오래 머물렀던 토리노와 팔레르모의 도서관과는 전혀
다른 개방성이었다. 시칠리아 팔레르모 도서관의 직원은 대출을
원하는 나에게 "여기는 이 도시에 세금을 내는 이탈리아인만 이용할
수 있다"고 딱 잘라 말했다. 토리노는 여권만 있으면 대출증을 만들
수는 있지만 출입증 소지자만 도서관에 들어갈 수 있었다. 두 도시의
도서관에 견줘 볼로냐의 도서관 시스템은 탁월했다.

　　나는 볼로냐 도서관에서 이탈리아 신문은 물론 미국의 뉴욕
타임스도 매일 읽었다. 종이 신문으로 읽는 뉴욕 타임스는
인터넷으로 읽는 것과 달리 종합선물세트 같은 느낌이었다. 여기를
읽으면 바삭바삭한 과자가, 저기를 읽으면 달콤한 사탕이 느껴졌다.
프랑스의 작은 마을들이 마을의 레스토랑이 없어지는 것을 막기
위해 벌이는 필사적인 노력이나, 지구온난화로 포획하는 어종이
달라지는 아이슬란드 등 북유럽 어부의 삶을 다룬 기사가 기억난다.
짧은 이탈리아어 실력 탓에 이탈리아 신문이 아니라 미국 신문을
탐독하는 내 모습이 우스꽝스러웠지만 즐거웠다.

일하기 위해 커피 마시는 공간을 찾는 대신 볼로냐에서 나는 커피 자체를 즐겼다. 그전까지 나에게 카페란 책과 노트북을 펼칠 공간을 의미했다. 한국에서는 그곳이 스타벅스였고, 토리노에서는 토리노 대학 인문관 로비의 자판기 커피와 3층 복도의 소파였다.* 그런데 볼로냐에서는 그런 공간이 단번에 해결되니 오롯이 커피에 집중할 수 있었다.

커피의 고향은 에티오피아지만 전 세계에 커피를 퍼트린 장본인은 이탈리아다. 커피는 지금도 석유 다음으로 세계에서 가장 많이 거래되는 원료다. "현대 문명은 석유 위에 세워져 커피 카페인의 힘으로 끌고 간다"는 말이 있다. 대량 생산과 대량 소비를 특징으로 하는 현대 산업사회는 20세기 미국의 주도하에 석유화학으로 시작되었던 거대 장치산업이 만들었다. 석유는 미국이, 커피는 이탈리아가 전 세계로 퍼뜨렸다.

석유를 대표하는 미국과 이탈리아의 커피 문화가 만나 '스타벅스' 같은 브랜드가 만들어진 건 참 아이러니하다. 유럽 주방기구 회사의 영업 이사였던 하워드 슐츠Howard Schultz는 이탈리아에 출장을 왔다가 커피에 매료되어 스타벅스로 전직했다. 그는 미국에 이탈리아의 커피 문화를 도입해보고 싶었다. 하지만 커피를 서서 마시는 이탈리아의 커피 문화가 느긋하게 앉아 숭늉 마시듯 커피를 마시는 미국인들에게 받아들여질 리 만무했다. 그래서 그는 스타벅스의 주식을 인수해 스타벅스 대표로서 지금의 콘셉트를 선보였다. 스타벅스는 이탈리아와 미국의 커피 문화를 합쳐놓은

* 내가 한국에서 스타벅스에 주로 갔던 이유는 인터넷이 되고 노트북 전원을 꽂을 수 있는 콘센트가 있던 한국 최초의 유일한 프랜차이즈 카페였기 때문이었다. 창업자인 하워드 슐츠가 미국의 IT 마인드를 카페에 도입한 덕분이었다. 다른 프랜차이즈 카페가 스타벅스처럼 인터넷 환경을 갖추는 데에는 꽤 오랜 시간이 걸렸다.

모습이다. 물론 인터넷과 모바일 서비스를 강조하는 지금의
스타벅스는 미국 문화의 지분이 더 많은 것 같다.

그렇다면 이탈리아에서는 어떻게 커피가 발달할 수 있었을까?
커피의 원산지는 아프리카다. 아프리카의 커피 문화는 먼저 이슬람
세계로 전해진 것으로 추정된다. 이 커피 문화를 유럽에 전달한 것은
향신료 무역에서 두각을 나타냈던 이탈리아의 베네치아와
제노바였다. 커피 원두와 커피 관련 기계가 만들어진 것도 당연히
베네치아와 제노바 근처의 도시에서였다.

이 가운데 이탈리아에서 커피로 뚜렷한 성취를 보인 곳은
피에몬테였다. 피에몬테의 주도인 토리노에는 이탈리아를 대표하는
커피 브랜드의 하나인 라바짜Lavazza 본사가 있다. 토리노에서는
1884년 세계 최초로 증기를 이용해 커피를 추출하는 기계가
생산되었다. 또 우리에게 친숙한 가정용 에스프레소 추출기인
모카포트 역시 피에몬테의 기술자인 알폰소 비알레티Alfonso Bialetti,
1888~1970에 의해 만들어졌다. 볼로냐에도 라바짜와 견줄 만한 대형
커피 회사인 세가프레도Segafredo가 있다.✻

이탈리아인의 피에는 커피가 흐른다

이탈리아의 대형 커피 회사가 있는 토리노와 볼로냐에는 또 하나의
공통점이 있다. 바로 기존 질서에 도전하던 곳이었다는 점이다.
1861년 샤르데냐 왕국은 서로 담을 쌓고 사는 게 익숙한 이탈리아를

✻ 커피로 유명한 또 하나의 도시는 베네치아와 가까운 트리에스테Trieste이다. 유명
커피 브랜드인 일리Illy의 본사가 트리에스테에 있다. 남부에서는 나폴리 커피가
유명하다. 나폴리에 본사가 있는 킴보Kimbo는 라바짜, 세가프레도, 일리와 함께
이탈리아를 대표하는 대형 커피 회사다.

통일시켰다. 샤르데냐 왕국의 토리노에서 시작된 이탈리아 통일
운동은 이탈리아를 지긋지긋하게 괴롭히던 외세를 물리치며
이루어졌고, 결국 통일된 이탈리아 왕국의 첫 수도는 토리노가
되었다. 볼로냐 역시 모든 것을 신의 뜻으로 여기던 로마의 교황청에
맞서서 이탈리아에 새로운 생각을 도입한 도시다. 로마가 성경을
중심에 두었다면, 볼로냐는 그리스·로마의 고전을 중요시했다. 결국
16세기에 교황청은 이 '위험한 이념의 도시' 볼로냐를 병합했다.

　재미있게도 역사적으로 커피가 퍼진 곳에서는 기존의 관습을
거부하는 혁명이 일어났다. 유럽보다 앞서 커피를 적극적으로
받아들인 곳은 이슬람 제국이었다. 처음에는 이슬람에서도 커피를
금지했다. 하지만 이후 이슬람에서는 술 대신 커피 정도는 받아들일
수 있다고 생각을 바꾸었다. 알코올을 카페인으로 대체한 셈이었다.

　'이슬람의 와인'으로 불리던 커피는 이슬람 세계에 변화를
가져왔다. 이슬람은 커피를 즐기면서 9세기에 이미 종교와 철학을
분리하는 냉철함을 보였다. 그들은 아리스토텔레스의 철학을
받아들여 신학과 철학의 진리가 각각의 영역임을 논증했다.
이슬람에서 철학의 독립은 사회과학의 독립으로 이어졌다. 이는
정치가 종교로부터의 독립하는 논리적 근거를 마련해주었다. 이런
유연한 사고방식 덕분에 아랍에서는 수학, 과학, 의학 등 새로운
학문이 쏟아져 나왔다.[*]

　중세 유럽의 지식인들은 이슬람 문명이 발전할 수 있었던
비밀을 알고 있었다. 그것은 그리스·로마 고전의 힘이었다.
그리스인들은 인간을 중심에 놓았고, 인간의 정신과 물질문명에
철학적 해석과 의미를 부여했다. 이 전통은 고대 로마로 이어졌고,
로마는 여기에 실용적인 틀을 입혀 제국을 건설했다. 인간다움을
추구하는 휴머니즘의 뼈대는 그리스·로마에서 만들어졌다. 이슬람은

그리스·로마 고전을 부지런히 번역해 읽고는, 종교와 정치를
분리했고 합리적인 의사 결정을 내릴 수 있었다. 그리스·로마 문명의
적자는 중세 중기까지는 분명 이슬람 세계였다.

유럽 지식인들은 게르만족이 유럽을 돌아다니며 불태웠던
그리스·로마의 고전을 읽고 싶었다. 그래서 그들은 이슬람이
통치하던 스페인의 안달루시아에 가서 아랍어로 된 그리스 고전을
가져왔다. 그리고 아랍인이 쓴 아리스토텔레스의 주석본을 라틴어로
번역해 자신들의 해석을 붙이기 시작했다. 이런 노력 덕분에 중세 말,
서양에서도 이슬람처럼 종교적 진리와 학문적 진리를 양립하는 게
가능해졌다. 거기에 토마스 아퀴나스Thomas Aquinas, 1225~1274 등
신학자들의 활약이 더해지면서 교회도 세속의 논리와 종교의 누리가
각각 존중될 수 있다는 것을 인정할 수밖에 없었다. 물론 다른 이유도
있었다. 이미 이슬람에서 건너온 화약이 실전에 배치되었고, 왕들의
성은 무역 상인에게서 받은 세금과 비자금으로 교회보다 더 높은
권위에 올라 있었기 때문이었다. 주님은 멀어지고, 주먹은 가까워진
셈이었다.

이런 변화를 주도한 나라는 영국이었다. 영국이 변화를 주도한
이유는 두 가지다. 첫 번째는 로마 교황청과 영국의 거리가 멀었기
때문에, 교황은 물리적으로 영국에 간섭할 수가 없었다. 교황이
간섭하자 영국의 왕은 자기만의 종교인 성공회를 만들었다.

두 번째로 영국은 가난했기에 부자가 되기 위해서 당시

203

✳ 이슬람이 8~9세기 신정 분리에서 다시 신정 일치로 회귀한 것은 성전을 강조한
이슬람 원리주의자인 오스만 제국이 세력을 얻으면서부터다. 하지만 전쟁과
종교적 원리주의를 강조하던 오스만 제국은 18세기 유럽과 아프리카에서 패전을
거듭하면서 아프리카, 아시아, 동유럽에 걸쳐 있던 거대한 영토를 서방에 거의 모두
내주고 지금의 터키로 축소되었다. 오스만 제국이 급격하게 쇠락하면서 서구 제국이
편의대로 그은 이 지역의 국경선은 지금 중동 분쟁의 주요한 원인이 되고 있다.

술이 가는 곳에 혼돈이 있었다면 커피가 가는 곳은 이성이 빛났다.
이탈리아를 거쳐 영국으로 들어간 '이슬람 와인' 커피는 위 그림의 배경이 된
런던의 커피하우스라는 독특한 공간에서 많은 담론을 이끌어냈다.
커피하우스는 정당 민주주의뿐 아니라 경제, 과학, 예술에 영향을 끼친
공론장의 역할을 톡톡히 했다. (출처: Wikimedia Commons. 작자 미상)

유럽에서 가장 잘 살던 베네치아를 모방했다. 덕분에 과학 기술을
중시했고 실용적 사고가 발전했다. 동양에서는 대부분 천한 일로
취급되던 상공업, 과학, 의학, 금융업은 유럽 세계를 이끄는
기관차였다. 유럽에서는 이런 일들이 신의 뜻에 부합하는 일로
찬양되고 권장되었다. 여기에 대항해 시대가 열려 아메리카
대륙이라는 새로운 시장이 생겨나면서 신흥국인 영국의 약진은 더욱
두드러졌다. 이후 유럽의 많은 나라가 영국의 시스템을 따라하기
시작했다.

　　이 시기에 커피는 영국에 빠르게 퍼져나갔다. 커피는 그들에게
맥주나 진을 대신하는 단순한 음료가 아니라 그 이상의 것이었다.
커피는 새로운 세계에 관한 정보를 교류하는 장을 영국에
선물했는데, 바로 커피를 마시는 커피하우스였다. 커피하우스는
처음에는 옥스퍼드 등 대학가에 먼저 생겨났다. 그리고 커피의
효능이 입소문을 타면서 런던, 리버풀, 브리스톨 같은 대도시로도
커피하우스가 급속도로 퍼져나갔다. 런던의 커피하우스에는
해운업자, 무역업자, 금융가 같은 경제 분야에서 활동하는 사람은
물론이고, 교수나 과학자, 변호사, 정치가, 예술인 등 다양한 직업을
가진 사람들이 출입했다. 커피하우스에서는 늘 토론이 벌어졌는데,
이야기를 나누는 데 신분이나 재력은 전혀 중요하지 않았다.
계급장을 떼고 만나 서로 배우는 자리였다. 그래서 사람들은
커피하우스를 커피 값 1~2페니만 가지고도 세상을 배울 수 있는
곳이라며, '페니 대학'이라 부르기도 했다. 당시 영국 여성들은 남편이
집에 들어오지 않게 하는 커피하우스를 폐지해달라는 청원을 내기도
했다.

　　커피하우스는 영국뿐 아니라 인류 역사를 새롭게 쓰는 계기를
마련했다. 영국 노동당과 보수당의 원조인 '토리당'과 '휘그당'이

205

커피하우스에서 태동했다. 근대 정당 정치의 뼈대가 커피하우스에서 시작된 것이다. 정치뿐이 아니었다. 영국의 보험 협회인 '런던 로이즈'는 1688년 런던항 근처에 문을 연 '로이즈 커피하우스'에 모인 해운업, 금융업 종사자들이 만들었다.

'경제학의 아버지'로 불리는 애덤 스미스Adam Smith, 1723~1790의 《국부론》은 스코틀랜드 출신들이 모이는 커피하우스에서 초안을 잡았다고 한다. 또 '사유재산'과 '자본주의'의 이론적 토대가 되어 미국 헌법과 프랑스 혁명에 영향을 준 존 로크John Locke, 1632~1704의 《사회계약론》역시 커피하우스에서 다듬어졌다. 원자론을 내세운 돌턴John Dalton, 만유인력의 뉴턴Isaac Newton, 발전기와 모터의 원리인 전자기 유도를 발견한 페러데이Michael Faraday 역시 커피하우스 애용자였다.

영국보다는 한참 늦었지만 프랑스에도 파리를 중심으로 커피하우스가 생겨났다. 대표적인 것이 카페 르 프로코프Le Café Procope다. 시칠리아 출신 이탈리아인이 문을 연 이 카페에는 영국의 커피하우스처럼 온갖 저명인사가 모여들었다. 프랑스 혁명의 사상적 바탕을 준 루소Jean-Jacques Rousseau는 물론, 문학가 볼테르Voltaire, 백과사전의 아버지 디드로Denis Diderot 등이 모였다. 또 미국 독립의 아버지로 불리는 벤자민 프랭클린Benjamin Franklin, 토마스 제퍼슨Thomas Jefferson도 이 카페에서 프랑스 계몽주의자들을 만났다. 미국 헌법의 기초가 이 카페에서 만들어진 것이다.

전기를 이용하고, 민주주의 선거를 하고, 평등한 교육을 받고 있는 우리는 모두 어느 정도 커피에 신세를 지고 있는 것이다. 우리의 혈액형은 모두 다르지만, 그 피에는 커피가 흐른다. 토리노와 볼로냐에서 이탈리아 사회당과 공산당이 만들어지고 열렬한 지지자를 내놓으며 좌파의 메카가 된 것도 이런 커피 때문이 아닐까?

그렇다면 혁명은 붉은색이 아니라 검은색인지도 모른다.

볼로냐의 커피가 가장 맛있는 이유

이탈리아 여러 도시 가운데 어느 곳의 커피가 가장 맛있을까? 맛만 놓고 보면 나는 볼로냐에서 마셨던 커피가 가장 맛있었다. 볼로냐 역시 토리노나 피렌체 혹은 팔레르모처럼 100년이 넘은 카페가 제법 있다. 그런 카페는 외관이 정말 근사해서, 박물관 한쪽에 카페를 차린 것처럼 으리으리하다. 일하는 점원은 나비넥타이를 매고 있고, 여성 점원도 검은색 조끼에 흰색 블라우스를 입고 있다. 심지어 오래된 성당처럼 천장에는 여신이 그려진 프레스코화까지 그려져 있다. 하지만 이렇게 근사한 곳치고 내 입맛에 맞는 커피를 파는 집은 드물었다. 뭐라고 해야 할까? 원두를 강하게 배전한 아주 강렬한 맛이었는데, 이탈리아식으로 말하면 트라디지오날레tradizionale, 즉 전통적인 맛이었다.

207

하지만 볼로냐의 몇몇 카페는 이런 고전적인 레시피와 다른 새로운 맛을 선보였다. 그 가운데 한 곳이 카페 테르치였다. 이 카페는 일리에서 최고경영자와 함께 일하던 사람이 나와 독립해 만든 작은 가게다. 일리는 헝가리인인 프란체스코 일리Francesco Illy, 1892~1956가 1933년 베네치아 위쪽에 위치한 항구 도시인 트리에스테에 설립한 커피 회사다. 테르치의 창립자는 프란체스코 일리의 아들인 에르네스토 일리와 함께 일을 했었다고 한다.

이 카페는 특이한 블렌딩의 커피를 선보였다. 여러 국가의 스페셜티 원두를 섞어 적당한 상쾌함을 주는 커피였다. 상쾌함은 인도 원두에서 기인하는 것 같았다. 그동안 이탈리아에서 내가 먹어왔던 진하고 무거운 커피와는 완전히 다른 맛이었다. 나는 이

볼로냐에 있을 때 매일 아침 점심 하루에 두번씩 다녔던 카페 테르치.
이탈리아의 통상적인 강배전 원두가 아니라 상큼한 원두로 나의 미각을 자극했다.

볼로냐의 카페 테르치에는 후추나 고추를 넣은 커피가 있을 정도로 메뉴가 다양했다.
카페 테르치의 마로키노(윗사진). 초콜릿라테와 달리 우유는 거의 들어가지 않고
커피에 다크 초콜릿 가루를 넣어 걸쭉하게 만든 뒤 그 위에 초콜릿을 갈아 올려준다.
아래 사진은 초콜릿라테(왼쪽), 카푸치노(가운데), 크레미노(오른쪽).

카페의 커피가 마음에 들어서 아침과 오후에 한 번씩, 매일 두 번씩 이 카페에 들렀다. 물론 에스프레소는 1유로였다. 이 카페에는 싱글 스페셜티로 만드는 에스프레소도 있었다. 내가 있을 때는 인디아1, 2가 있었는데, 스파이시하지만 바디감은 약했다. 싱글 스페셜티는 가격도 2.5유로로 일반 블렌딩 커피보다 가격이 두 배 이상 비쌌다. 그러나 특정한 향과 맛은 부족하지만 전체적으로 균형이 있는 일반 에스프레소가 내 입맛에는 더 맞았다.

재미있는 점은 이 카페의 커피 메뉴가 100가지가 넘는다는 것이다. 나는 그게 너무 신기해서 다른 사람이 마시는 커피를 유의 깊게 살펴보았다. 물론 대부분이 에스프레소와 카푸치노를 마셨다. 그런데 어느 비오는 날 노부부가 와서 '마로키노marocchino'라는 커피를 시켰다. 이 커피는 우유 대신 커피에 다크 초콜릿을 녹여서 올려주고 그 위에 초콜릿을 갈아준다. 우유가 들어가는 일반적 초콜릿라테와는 다른 레시피였다. 나이가 꽤 들어 보이는 노부부는 바에 서서 함께 이 커피를 마셨다. "우리는 비가 올 때면 이 커피를 마셔요. 나중에 한번 마셔보세요." 그들은 다정한 목소리로 나에게 이 독특한 커피를 추천해주었다.

나도 어느 비가 내리는 날, 이 노부부의 제안대로 마로키노를 시켜보았다. 바리스타가 초콜릿을 어찌나 정성 들여 갈아주는지 커피를 받을 때 황송할 정도였다. 우리나라 사람도 손재주가 좋다고 하는데 이탈리아인들의 손재주도 상상 초월이었다. 바리스타의 정성과 다크 초콜릿의 묵직함이 인상적인 커피였다.

이 카페가 한국에서 꽤 알려진 모양인지, 카페에서 우리나라 사람을 가끔 만날 때가 있었다. 한국 사람들이 가장 많이 마시는 커피는 크레미노cremino였다. 이 커피는 맛도 맛이지만 모양이 근사했다. 에스프레소에 우유를 넣고 그 위에 무지방 우유로 만든

211

크림을 살짝 얹어주는데, 크림에 설탕으로 단맛을 내서 부드럽게
마실 수 있었다.

하지만 무엇보다 이 카페에서 제일 맛있는 커피는
에스프레소였다. 그리고 일반적인 커피라고 할 수 있는 카푸치노나
라테도 참 맛있다.* 에스프레소가 맛있어서 다른 변주도 다 맛있는
걸까? 아니면 이탈리아 우유에 유지방이 더 많아서일까? 한국에
와서도 가끔 이 카페 커피의 삼삼한 맛이 생각나 홈페이지를 방문해
아쉬움을 달래곤 한다.

또 다른 한 카페는 정말 우연히 가게 된 곳이었다. 나의 카페인
충전소 테르치는 일요일에는 문을 닫는다. 일요일에도 에스프레소를
마시고 싶은데 갈 곳이 없어 여러 곳을 다녀봤지만 유감스럽게도
테르치를 능가하는 곳은 없었다.

카페 감베리니Gamberini는 볼로냐에 있는, 100년이 넘은 유서
깊은 카페 중 하나다. 이 카페는 특히 과일 토르타(파이나 케이크)가 참
맛있어 보였는데, 커피는 내 취향이 아니었다. 강배전으로 로스팅한
에스러운 맛이 이탈리아에서 가장 오래됐다는 피렌체의 카페
질리Gilli와 비슷한 스타일이었다.

그런데 어느 일요일, 시내 중심가의 마조레 광장 건너편에
있는 카페 라퀘테Raquette에 들어가 아무 생각 없이 커피를 시켰다. 이
카페는 커피를 만드는 바리스타만 5~6명이고, 야외 테이블에
서빙하는 종업원도 여러 명인 대형 카페였다. 그런데 커피가 의외로

212

✽ 이탈리아에서는 카푸치노cappuccino가 아침 식사를 대용한다고 여긴다. 그래서
오후에 카푸치노를 시키면 바리스타나 카페 주인이 황당해 하거나 심지어 화를
낸다. 이탈리아 카페에서는 당연히 아메리카노를 팔지 않아서, 카페 룽고caffe
lungo를 달라고 해야 한다. 하지만 이 메뉴를 시키면 '외국인이라 커피 맛을 모르는
구먼'이라며 하수 취급을 하는 시선을 견뎌야 한다. 라테를 달라고 하면 우유를
주기 때문에 카페 마키아토caffe macchiato를 시켜야 한다.

볼로냐에서 가장 오래된 카페 감베리니.
정장을 입은 바리스타들이 커피를 내려준다.

맛있었다. 이 카페는 자판기 커피를 팔아도 사람들이 돈을 주고 사서 마실 법한 볼로냐 관광 명소 바로 앞에 위치해 있었다. 그런 북작거리는 카페의 커피가 이렇게 맛있을 줄이야.

또 한 가지 흥미로웠던 점은 이 카페의 주인이 비교적 젊은 중국인 여성이었다는 것이다. 중국인의 상인 정신과 이탈리아의 장인 정신이 오묘하게 결합된 카페였다. 이 여성은 영어도 곧잘 해서, 내가 이것저것을 물어보면 그때마다 친절하게 대답해주었다. 물론 관광객이 너무 많아 오래 대화할 수는 없었다. 볼로냐 시내 한복판에 있었기 때문에 카페에 앉아 지나가는 사람을 구경하기에 안성맞춤이었다. 가끔 문 옆의 맨 끝자리에 앉아 지나가는 이들을 바라보며 커피를 마셨다. 1유로의 사치였다.

왜 볼로냐 옆 로마냐에선 독재자가 나왔을까?

볼로냐에는 권력자의 시선에서 가장 골치 아픈 존재인 커피와 대학이 모두 있었다. 책을 읽는 사람은 누구나 비판적이 된다. 그런데 커피를 마시면서 책을 읽는 사람들이 한자리에 모인다면 어떻게 될까? 그래서 볼로냐는 로마나 나폴리, 교황령의 지배 아래에서 만족하며 지내왔던 옆 동네 로마냐와 달리 생태적으로 기존의 질서에 반대하는 반골의 기질을 가졌는지도 모르겠다. 라틴어로 자유를 뜻하는 '리베르타스libertas'를 부르짖어온 것이 볼로냐의 역사였다. 가까운 로마냐에서 세계 최초의 파시즘 국가를 선보인 독재자 베니토 무솔리니Benito Mussolini, 1883~1945가 나온 것과는 매우 대조적이다.

볼로냐는 지금도 이탈리아에서 가장 잘 사는 도시 중의 하나다. 문화적, 교육적 여건은 이탈리아 최고 수준이다. 볼로냐가

'음악의 도시이자 문화의 도시, 미식의 도시'로 불리는 것은 이런
부와 지적 토양에서 비롯되었다. 볼로냐 같은 도시가 황제와 교황의
간섭을 고분고분 받아들일 리가 없지 않은가. 어떻게 보면 저항은
볼로냐의 숙명이 아니었을까 싶다.

　　볼로냐는 그 저항의 한 방편으로 사회주의를 적극적으로
받아들였던 것은 아닐까?* 1892년 이탈리아 사회당을 창당한 필리포
투라티Filippo Turati, 1857~1932는 볼로냐 대학 출신이었다. 1895년
총선에서 사회당 의원을 최초로 배출한 지역도 에밀리아와 그 인근
지역이었다(당시 로마냐는 에밀리아와 다른 주였다).

　　볼로냐가 주도인 에밀리아가 '좌파의 요새'라고 불리는 이유는
세 가지다. 먼저 이탈리아 사회당이 19세기 말 선거를 통해 의회에
최초로 진출한 것은 볼로냐를 비롯한 에밀리아의 지지 때문이었다.
공산당도 마찬가지였다. 1917년 혁명으로 소련이 등장하고 나서,
볼로냐가 반파시즘 운동의 본산이었을 때부터 볼로냐는 공산당을
지지했다. 제2차 세계대전 이후, 볼로냐는 이탈리아 공산주의의 거점
도시가 되었다. 그때부터 지금까지도 에밀리아로마냐를 비롯해
토스카나, 마르케, 리구리아 4개의 주는 사회당과 공산당의 주요
정치적 무대로 분류되어 왔다. 이탈리아의 언론은 이 4개 주를
지금도 '레드 벨트'라고 부른다.

　　볼로냐에서 사회당과 공산당이 이처럼 자리를 잡을 수 있었던
것은 볼로냐가 중세 때부터 왕이나 교회의 지배를 받지 않고, 주민
자치로 운영되던 자유 도시였기 때문이었다. 또한 볼로냐에는

215

＊　교황청은 사회주의와 무정부주의가 종교를 부정한다는 이유로, 20세기 초
　　사회주의자들이 당선 가능한 지역에서 은밀히 그들의 당선을 막고자 했다. 또
　　사회주의자에게 투표하는 행위는 파문의 대상이었다. 당시 사회주의자 당선자가
　　가장 많은 지역은 에밀리아로마냐였다.

전통적으로 와인이나 살루메 등을 생산하는 식품 가공업과 유통업이 발달해 중세 때부터 노동자가 많았다. 볼로냐의 노동자는 당연히 농노가 아니라 자유인이었으며, 스스로 길드 등의 조직에 속해 활동했다. 볼로냐 대학 역시 학생조합에서 만든 것이다. 이들은 자유 도시 자체를 용인하지 않는 왕족이나 귀족 그리고 교회의 통치를 반대해왔다. 반면 성경의 가르침대로 노약자와 장애인, 이방인을 돌봤다. 볼로냐에서는 이미 1,000년 전에 시민 사회에 기초한 사회적 관계망과 사회적 자본이 발달했던 셈이다.

19세기에 들어서 볼로냐는 철도 교통의 중심지로 떠오르면서 철도, 운송 등의 거대 장치산업이 발달했다. 이에 따라 노동자 유입이 가속화되었고, 노동조합이 생겨났다. 이렇게 볼로냐에서는 오랜 세월 축척되어온 정치 공동체와 대학, 길드 등의 사회적 자본이 뒷받침되어 사회주의가 어느 지역에서보다 쉽게 뿌리를 내렸다. 토리노에 피아트 자동차 공장이 들어선 뒤 노동자가 급증하면서 사회주의 활동이 활발해졌던 것과 비슷하다.

두 번째로 볼로냐는 반파시즘과 레지스탕스의 총본산이었다. 교황과 황제도 무시했던 볼로냐인에게 20세기에 등장한 독재자 무솔리니가 가당키나 했을까? 무솔리니는 제1차 세계대전 직후까지 이탈리아 사회당 기관지인 〈아반티^(Avanti)〉(우리말로 '전진')의 편집장을 할 정도로 극좌였다. 하지만 그는 1920년대에 들어서 돌연 극우로 돌아선다. 그는 파시즘이라는 극단적인 이념 위에 독일 나치보다 더 먼저 세계 최초의 파시스트 국가를 만들었다. 무솔리니의 아내를 비롯해 그의 지인들은 "무솔리니가 사회주의에 대한 이해가 전혀 없었으며 정치적 야망을 달성하기 위해 사회주의를 이용했다"고도 말했다. 병역을 기피해 영창에 갔던 그가 장군 복장을 즐겨 입었던

것만 봐도 그의 독특한 정체성을 알 수 있다.＊

　　무솔리니에 반대하는 레지스탕스 운동은 이탈리아 전국에서
일어났는데 특히 볼로냐가 중심이었다. 그래서 무솔리니가 통치하던
시절, 많은 볼로냐 출신이 사형을 당했다. 볼로냐 마조레 광장의 넵튠
동상 앞에는 레지스탕스 희생자들의 이름이 새겨진 동판이 있다.
무솔리니는 1945년 이탈리아가 패전하자 알프스로 도망을 쳤고,
결국 레지스탕스에게 체포되어 총살되었다.

　　세 번째로는 볼로냐가 최근까지 사회당과 공산당의 핵심 지지
세력으로 있으면서 일군 많은 업적 때문이다. 볼로냐가 도심의
예스러운 풍취를 고스란히 지킬 수 있었던 것은 1970년 사회당
시정부가 들어서면서 만든 도시 계획 덕분이다. 그들우 중세의 등대
역할을 했던 볼로냐 구도심을 그대로 지키고, 외곽 지역에 새로운
산업 단지와 신도시를 만들었다. 볼로냐라는 도시를 브랜드화한
것이다. 지금은 대부분의 도시가 적용하고 있는 이 당연한 정책을
볼로냐는 무려 50여 년 전부터 실시해 왔다. 서울 도심의 피맛길은
물론이고 국립공원도 무조건 개발해 거대한 콘크리트 구조물을
세워야 직성이 풀리는 나라에서 온 이방인의 눈에는 참 찬탄할 만한
일이었다.

　　이처럼 이탈리아의 사회주의와 공산주의는
에밀리아로마냐에서부터 시작해 그 뿌리를 내렸다고 할 수 있다.
하지만 이들의 이념은 아시아나 라틴 아메리카에서 전개되었던
사회주의와 공산주의처럼 아주 맹목적이지는 않다.

217

＊ 함규진, 〈이탈리아 파시즘 체계를 세운 베니토 무솔리니〉, 네이버캐스트, 2010

붉은 이념 대신 노란 만두를 선택한 볼로냐

물론 극렬 공산주의자가 이탈리아 현대사에 등장하기도 했다. '붉은 여단Le Brigate Rosse'이라는 과격파다. 1970년 결성된 붉은 여단은 이탈리아를 미국이 주도하는 북대서양조약기구NATO에서 탈퇴시키는 것을 목표로 삼고 테러를 불사하던 과격 집단이었다. 맨 처음 밀라노 일대에서 노동운동에 참여하는 학생운동가들로 구성되어 있던 그들은 점차 과격해져서 나중에는 정치가는 물론이고 노동운동가를 납치해 살해하기까지 했다.

심지어 1978년 붉은 여단은 이탈리아 총리를 역임했던 알도 모로Aldo Moro, 1916~1978를 납치, 살해하기도 했다. 모로는 이탈리아 기독민주당과 공산당 간의 타협을 이끌어낸 화합형 정치인이었다. 그러나 붉은 여단은 중도 좌파인 모로의 행동이 공산당의 당파성에 어긋난다며 테러를 기획했다. 그들은 모로 전 총리를 납치하는 과정에서 수행원 다섯 명을 살해했고, 그 후 무려 55일 동안 모로 전 총리를 인질로 끌고 다녔다. 협상 조건은 당국에 체포된 붉은 여단 조직원의 석방이었다. 결국 그들은 모로 전 총리를 살해했다. 특이한 점은 기민당과 함께 또 다른 당사자였던 이탈리아 공산당은 정부 당국에 절대 붉은 여단의 요구에 응해서는 안 된다는 확고한 입장을 밝혔다. 이탈리아 공산당은 과격 테러 집단과 확실하게 거리를 두고 싶었던 것이다.

이어 붉은 여단은 1979년에는 노동운동가인 귀도 로사가 자신들의 정보를 경찰에 넘겼다는 의혹만으로 그를 살해했다. 이 사건을 계기로 노동계는 자신들의 신변마저 위협하는 붉은 여단과 선을 그었다. 붉은 여단은 이때부터 내부적으로 무장투쟁의 방법론을 놓고 매파와 비둘기파로 나뉘어 분열하다가 내부자들의

전향이 잇따랐다. 붉은 여단은 결국 내부 분열로 1980년대 말 사실상
조직이 와해되었다.

사실 붉은 여단 같은 과격파는 이탈리아에서 매우 드문
케이스다. 이탈리아 공산당은 소련이나 중국이 목숨을 걸고 지켰던
당파성보다 오히려 이탈리아 먹거리를 더 사수하려고 한다. 특히
볼로냐는 좌파의 요새보다는 미식의 요새를 자처했다.

1998년 이탈리아 공산당에서 분파된 좌파 민주당이 전당
대회를 가졌다. 당시 공산당은 두 개의 정당으로 쪼개졌는데 좌파
민주당마저 분열의 조짐이 있었다. 이탈리아 공산당 출신으로는
최초로 이탈리아 총리에 올랐던 마시모 달레마Massimo D'Alema는 이
전당 대회가 끝난 뒤 당 기관지인 〈루니타L'Unita(우리말로 '통일')〉에
이런 글을 썼다.

"선전물을 돌리고 포스터를 붙이며 '토르텔리니'나 만드는
관대한 활동가로 구성된 좌파에는 미련이 없다."

219

로마 출신이자 공산당 소속 정치가의 아들로 태어났던
달레마는 '좌파의 요새'로 불렸던 볼로냐 사람들에게 토르텔리니가
차지하는 비중이 얼마나 큰지를 잘 몰랐던 것 같다. 결국 달레마
정부는 집권 1년 만에 무너졌다. 볼로냐가 좌파 민주당 대신
토르텔리니를 선택했기 때문이었다.*

볼로냐 전 시장이자 공산당원인 귀도 판타Guido Panta는 "우리가
토르텔리니를 요리하지 않았다면 당신은 그 자리에 없었다"라며
달레마를 비판했다(먹는 걸 중요시하는 나로서는 최고의 정치적
선언이라고 생각한다). 달레마의 실각에 이어 벌어진 총선에서 볼로냐
사람들은 제2차 세계대전 이후 처음으로 공산당 대신 반공산당

---

* 엘레나 코스튜비코치 지음, 김희정 옮김, 《왜 이탈리아 사람들은 음식 이야기를
좋아할까》, 랜덤하우스코리아, 2010

계열의 정치인을 찍었다. 1895년 사회주의자들이 정치에 나선 뒤 일편단심 사회당과 공산당을 지지했던 볼로냐 사람들의 완벽한 변심이었다. 나는 볼로냐의 이런 멋진 좌파가 마음에 든다. 역시 헛된 이념이 커피 한 잔 혹은 밥 한 그릇을 앞설 수는 없는 법이다.

3장
빛깔

하늘에서 바라본 볼로냐가
붉은 이유

©Vdarand Gesijn / Shutterstock.com

붉은색의 도시

붉은 길의 끝에
빛의 교회가 피다

"볼로냐에서는 아이를 잃어버리는 법이 없다."

볼로냐 속담

'붉은색의 도시la rossa' 볼로냐의 이 애칭은 중의적이다. 볼로냐에는
붉은 벽돌로 지은 건물들이 많다. 1970년대부터 시내의 옛 건물을
보존하는 법을 제정해 도시의 무분별한 개발을 막아 시내 중심가
어디에서든 고풍스러운 붉은 벽돌 건물을 만날 수 있다. 그래서 도시
색깔 자체가 붉은색이다.* 거기에 볼로냐는 자동차 공업 도시인
토리노와 함께 이탈리아 사회주의 운동의 중심지이기도 하다.
붉은색의 도시로 불리는 또 다른 이유다.

225

  그런데 볼로냐의 붉은색은 다른 지역의 붉은색에 견줘 깊이가
있고 다채롭다. 이탈리아에서 이야깃거리가 없는 지역이 어디
있겠냐마는 볼로냐의 붉은색 이야기는 단순히 과거에만 그리고
껍데기에만 머물지 않고 지금도 살아 꿈틀거린다. 볼로냐의
붉은색은 볼로네제 파스타 소소의 붉은색이기도 하고, '좌파의

* 그렇다면 붉은색의 반대인 푸른색 도시도 있을까? 있다. 이탈리아 남부
  풀리아주의 카사마시마Casamassima는 '푸른색 도시'로 불린다. 인구 30,000명의
  작은 도시인 이곳이 푸른색 도시가 된 것은 중세의 전염병 때문이었다. 전염병의
  창궐을 막기 위해 스페인 출신의 영주가 성모의 색인 푸른색으로 벽을 칠하게
  명령했다. 전염병이 물러간 뒤에도 시민들은 벽을 계속 푸른색으로 칠했고
  지금까지 그 전통이 이어져오고 있다.

요새'로 불리며 사회당과 공산당을 지지하는 정치적 전통을
상징하기도 한다. 또한 볼로냐와 옆 도시인 모데나에서 생산하는
슈퍼카 페라리, 람보르기니, 마세라티는 볼로냐의 붉은 DNA가
얼마나 강력하고 현대적일 수 있는지를 보여준다.

볼로냐의 붉은색은 선홍색 핏빛이기도 하고, 친근한
벽돌색이기도 하고, 싱그러운 와인색이기도 하다. 볼로냐의 붉은색은
M(붉은색을 뜻하는 '마젠타'의 약자) 100이 아니라 청과 황 그리고 흑이
골고루 섞여 있는 것이다.

겉도 속도 붉은 볼로냐

볼로냐에 대한 나의 첫인상은 회색빛이었다. 볼로냐에 처음
도착했던 때가 11월 겨울이었고, 비 내리는 볼로냐는 온통
잿빛이었다. 산맥 건너편에 있는 피렌체가 우아한 흰색의 도시였던
것과 정반대였다. 하지만 그 다음날 바로 볼로냐는 나에게 전혀 다른
모습을 보여주었다. 11월이지만 3월 하늘처럼 파란 하늘 아래 등장한
볼로냐 건물은 하나같이 붉은빛이었다.

볼로냐의 붉은색을 눈으로 바로 확인할 수 있는 곳은 크게 세
곳이 있다. 하나는 볼로냐 중심가를 둘러싸고 일부 남아 있는 육각형
형태의 성벽이다. 두 번째는 다른 도시들처럼 대리석을 쌓아 만든 게
아니라 벽돌로 쌓아 마감한 볼로냐의 성당들이다. 마지막으로
시내에서 유독 붉은색 벽돌집과 회랑이 많은 볼로냐 대학가이다.
붉은색의 강도는 성벽이 가장 약하고, 다음이 성당이며 볼로냐
대학가가 가장 진하다.

볼로냐 구도심을 둘러싼 성벽은 서울의 성곽처럼 거의 남아
있지 않고, 9개의 성문만이 보존되어 있다. 볼로냐 역에 내려서

횡단보도를 건너 볼로냐 버스터미널을 향해 10미터 정도 가다 보면
볼 수 있는 포르타 갈리에레Porta Galliera가 대표적인 성문이다.
포르타는 이탈리아어로 '문'이라는 뜻이다. 원래 성의 일부였지만
성의 대부분이 없어지고 현재는 성문만 남아 있다. 이 성문 앞에는
넓은 광장이 있는데 여기서 다양한 행사가 열린다. 공원을 끼고
있어서 한번쯤 돌아볼 만하다.

　　볼로냐에 남아 있는 성문 가운데 가장 웅장한 성문은 우리의
남대문처럼 도심의 남쪽에 있는 포르타 산토 스테파노Porta Santo
Stefano다. 하지만 이 성문 역시 숱한 전쟁으로 부서졌고, 지금의
성문은 19세기에 복원된 것이다. 이 성문은 볼로냐에서 토스카나로
가는 길이 시작되는 기점이었다. 볼로냐는 중세 때부터 역사적
배성이나 성지적 성향이 비슷한 토스카나와 끈끈한 유대 관계를
맺어왔다. 토스카나와 볼로냐 두 지역은 모두 상업과 금융을
우선시하면서, 전제 군주나 교황의 지배에서 벗어나려고 노력했다.
두 지역은 고대 국가 가운데에서도 독특한 문화를 향유했던 것으로
유명한 에트루리아인의 후손이기도 하다.

　　볼로냐는 역사적으로 주변에 친구보다 적이 많았다. 밀라노를
중심으로 하는 롬바르디아나 로마냐가 대표적이다. 롬바르디아는
신성 로마 제국과 스페인의 끊임없는 침략을 받았다. 이곳은
알프스와 이어진 평야 지대로 농업용수가 풍부해 곡식 농사를
짓기에 최적의 장소였다. 여름철 비가 내리지 않는 기후임에도 관개
시설이 발달해 몬순 기후에서 자라는 벼를 재배할 수 있을 정도였다.

　　로마냐는 중세부터 이탈리아 통일 전까지 교황청의 지배를
받던 대표적인 교황령이었다. 로마냐는 남부 풀리아와 함께
동유럽에서 기독교 성지인 로마로 오는 중요한 길목에 있었기
때문에 교황청 입장에서는 매우 중요한 곳이었다. 로마냐는

227

오랫동안 혁신과는 거리가 먼 교황청의 지배를 받았기에 이탈리아에서 가장 빈곤한 지역 중의 하나였으며, 지금도 여전히 가난하다(남부 음식을 연상케 하는 로마냐의 음식은 매우 독특한데, 오히려 최근에는 건강식으로 각광받고 있다).*

476년 서로마 제국이 멸망한 뒤부터 볼로냐는 계속되는 외세의 침략에 인고의 시간을 견뎌내야 했다. 게르만족이 세운 랑고바르드 왕국은 8세기에 볼로냐를 병합하고, 이탈리아 중북부를 지배했다. 하지만 랑고바르드 왕국이 프랑크 왕국에 망하고 베네치아가 선거로 집정관을 뽑는 공화국이 되면서, 이탈리아는 도시 국가 체제로 들어갔고 이는 19세기까지 이어졌다. 볼로냐도 도시 국가로서 선거로 대표자를 선출하는 공화정을 수립하고, 자유 도시를 꿈꾸었다. 11세기에는 롬바르디아의 도시와 동맹을 맺고 힘을 합쳐 신성 로마 제국과의 전쟁에서 승리하기도 했다. 그렇지만 자유 도시들의 승리는 오래가지 않았다. 신성 로마 제국이 다시 롬바르디아 지역을 정복했고, 볼로냐의 이웃 도시인 모데나와 페라라에 공국을 만들었다. 이후로도 볼로냐는 신성 로마 제국의 후예인 스페인과 오스트리아와 계속 전쟁을 해야 했다.

그래서 볼로냐의 역사는 고달플 수밖에 없었다. 중세 초기에는 유럽에서 가장 강력한 힘을 가진 교황의 눈치를 봐야했고, 중세에서 근대까지는 유럽의 일인자를 꿈꾸던 스페인과 프랑스, 오스트리아로부터 지배와 수탈의 역사가 반복되었다. 볼로냐는

---

* 로마냐의 대표적인 음식 피아다Piada는 밀가루 반죽을 발효 없이 오븐에 구워 여러 재료를 싸서 먹는다. 모양이나 만드는 방식이 멕시코의 토르티야와 비슷하다. 로마냐의 가난한 삶을 보여주는 음식으로 여겨져 왔지만 빵처럼 미리 발효해놓지 않고도 바로 만들어 먹을 수 있는 이점도 있다. 볼로냐 시내에서 피아다를 전문으로 파는 가게를 쉽게 찾을 수 있다. 담백하고 칼로리가 낮아 볼로냐의 젊은 여성들이 간편식으로 즐긴다.

거대한 체스판의 한가운데에 서 있었다.

황성 옛터를 떠올리게 하는 볼로냐의 빛바랜 성문과 무너진 성들은 이런 역사의 굴레를 보여준다. 볼로냐 구도심은 그렇게 크지 않아서 돌아다니다 보면 하루에도 몇 번씩 이 성문들을 지나치게 된다. 볼로냐의 이 성문들은 밀라노의 포르타 가리발디^{Porta Garibaldi} 혹은 나폴리의 포르타 카푸아나^{Porta Capuana}보다 작고 앙증맞다. 멀리 시칠리아 팔레르모에 있는 여러 성문보다도 작다. 심지어는 무너져가는 것을 방치해놓은 것처럼 보이는 성문도 제법 있다. 우리나라에서 무너진 절터를 바라보며 느끼던 아련함이 이곳에서도 느껴졌다.

볼로냐의 성당은 붉고 밝다

볼로냐의 성당은 거의 대부분 벽돌로 쌓아서 이웃 도시의 미끈한 대리석 성당과 비교해 색다른 느낌을 준다. 내가 요리를 공부했던 ICIF는 토리노 인근의 '아스티'라는 작은 도시에 위치해 있었는데, 그때 다녔던 동네의 작은 성당도 회벽을 노랗게 칠해 멋진 분위기를 연출했던 것에 비해 볼로냐의 성당은 지나치게 검소했다.

특히 볼로냐 두오모^{Duomo}(주교가 미사를 집전하는 지역 교구의 핵심 성당을 말한다)는 인근의 큰 도시인 밀라노, 피렌체의 두오모와는 참 다르다. 밀라노 두오모는 엄청난 규모를 자랑한다. 스타워즈 속 제국군의 거대한 우주선이 땅 위에 박혀 있는 것 같은 압도적인 대리석 건물은 아름답기보다는 '이렇게 클 필요가 있었을까'라는 의문이 들 정도였다. 크기만 한 미국의 픽업트럭을 보는 느낌이었다. 볼로냐와 달리 중세 밀라노는 시민이 아니라 영주가 다스리는 도시였다. 밀라노는 한때 랑고바르드 왕국의 수도였던 파비아보다

229

더 크고 멋진 도시를 만들기 위해 도시에 인공 운하를 놓았다(이 유하의 일부는 레오나르도 다빈치가 설계한 것이다). 그리고 그 운하로 석재를 날라 이 두오모를 지었다. 즉 두오모를 비롯한 성당은 종교적인 측면뿐 아니라 밀라노 군주의 영도력을 과시하고자 하는 의도가 담겨 있었다(이 운하는 지금도 시내 중심가에 군데군데 남아 있어 밀라노 시민의 휴식처가 되고 있다).

물론 내가 밀라노 두오모를 보러 가려고 탔던 지하철에서 소매치기 패거리에게 지갑을 털렸기 때문에 다소 삐딱하게 이 성당을 기억하는지도 모른다. ICIF 한국인 동기 세 명과 함께 밀라노 여행을 떠났는데, 이탈리아에 도착한 지 2주 만이라 이탈리아 물정을 전혀 모르던 때였다. 지금은 나아졌다고는 하지만 이탈리아에서는 늘 치안을 조심해야 한다(이탈리아를 찾은 많은 한국인이 소매치기나 강도를 당했다. 특히 관광객이 많은 로마, 나폴리, 밀라노 등에서는 각별히 조심해야 한다. 하지만 그렇게 탈탈 털리고도 다시 이탈리아를 다시 찾는 건 미스터리다).

피렌체 두오모는 워낙 유명해 내가 설명하지 않아도 될 듯하다. 피렌체로 들어가는 관문인 기차역에서부터 보이는 거대한 돔 형태의 피렌체 두오모 역시 새하얀 대리석으로 지어졌다. 두오모를 비롯한 피렌체 대부분의 성당은 대리석으로 지어졌다. 피렌체 역 앞에 있는 산타 마리아 노벨라 성당Basilica di Santa Maria Novella이나 미켈란젤로의 무덤이 있는 산타 크로체 성당Basilica di Santa Croce 역시 우유빛 대리석 성당이었다. 산타 마리아 노벨라 성당은 보카치오의 《데카메론》에서 주인공들이 길고 긴 이야기를 처음 시작하는 유서 깊은 곳이다. 볼로냐의 바로 옆 도시이자 오랜 경쟁 관계였던 모데나의 두오모 역시 새하얀 대리석으로 되어 있다.

볼로냐 두오모는 이들 성당과 정반대의 모습이다. 볼로냐 두오모인 산 피에트로 메트로폴리타나 성당Cattedrale Metropolitana di San Pietro은 벽돌로 지어졌다. 심지어 이 두오모는 눈에 잘 띄지도 않게 건물과 건물 사이에 위치해 있다. 큰길에서 들어가는 성당 문도 다른 두오모와 달리 폼 나는 거대한 나무문이 아니라 유리문이었다(볼로냐는 정말 지나치게 실용적이다). 볼로냐에 있을 때, 이 두오모를 참 열심히 다녔는데 그때는 그저 볼로냐의 여러 성당 중 하나라고 생각했다. 이 성당이 볼로냐를 실질적으로 대표하는 '두오모'라는 것도 한국에 와서야 알았다.

내가 볼로냐 두오모를 유독 좋아했던 이유는 성당 안에서 들려주는 파이프 오르간 연주 때문이었다. 자원봉사자들 같았는데 남녀가 번갈아 매 시간 정각마다 각각 20분씩 파이프 오르간을 넌수했다. 나는 시간이 있을 때마다 성당에 와서 이 연주를 들었다. 연주를 듣고 있으면 마음이 차분해졌다. 어떤 날은 연주를 듣다가 졸기도 했는데, 자다가 깨어나면 지친 몸과 마음이 상쾌해지는 것을 느낄 수 있었다. 성당 곳곳에 연주를 들으며 기도하는 사람, 책을 읽는 사람이 있었다.

11세기 지어진 볼로냐 두오모보다 더 유명한 성당은 볼로냐의 중심인 마조레 광장에 있는 산 페트로니오 성당Basilica di San Petronio이다. 이 성당이 유명한 것은 엄청난 규모 때문이다. 길이 132미터, 폭 66미터로 세계에서 10번째로 큰 대형 성당이다. 이 성당 역시 벽돌로 지어졌는데, 벽돌로 지은 성당으로는 세계 최대 규모다. 1388년부터 공사가 진행된 이 성당은 원래 로마 바티칸의 성 베드로 대성당Basilica di San Pietro보다 크게 지으려고 했지만 교황청의 반대로 1659년 공사가 중단되었다. 그래서 이 성당은 지금도 미완성 상태다. 산 페트로니오 성당은 마조레 광장 중앙에 위치한데다 큰 규모 때문에 찾아오는 관광객이 매우 많다. 테러를 방지하기 위해 무장한 군인이 지키고

231

볼로냐 두오모, 산 피에트로 메트로폴리타나 성당.

있고, 입장할 때는 소지품 검사도 한다. 하지만 성당이 너무 크고 관광객이 많아서 고즈넉한 맛은 없었다.

1116년 이탈리아뿐 아니라 중세 유럽에서 최초로 자치 도시를 건설했던 볼로냐는 1506년 교황령이 된 후로 1760년 나폴레옹에 의해 점령(혹은 해방)되기 전까지 교황령 아래에서 지내야 했다. 교황청이 이 자유 도시를 교황령으로 복속시킨 데에는 여러 가지 이유가 있겠지만, 주요한 목적 중 하나는 기독교의 우월성을 보여주는 거점으로 볼로냐를 활용하기 위해서였다. 1517년 북유럽에서 시작한 종교 개혁의 움직임이 걷잡을 수 없이 커지자 교황청은 로마법과 교회법의 본산인 볼로냐에 방파제의 역할을 기대했다.

볼로냐 성낭의 또 한 가지 좋은 점은 다른 지역 성당처럼 비싼 입장료가 없다는 것이다. 내부에 금을 발라놓은 시칠리아의 팔레르모에 있는 노르만궁의 팔라티나 성당Cappella Palatina은 입장료가 무려 20유로다(물론 금박 예수 모자이크 등 볼 만한 것은 많지만 감흥은 크지 않았다). 심지어 피렌체의 두오모는 돈을 주고도 들어가기가 어렵다. 전 세계에서 많은 관광객이 몰려 끝도 없이 줄을 서야 하기 때문이다. 휴가철인 7~8월에 피렌체에 가면 한국인 관광객 팀을 하루에도 10여 팀은 만날 수 있다. 한국에서만도 이렇게 많이 가는데 세계 각국에서 얼마나 많은 사람이 피렌체를 찾아올까? "여름에 피렌체에 가는 건 바보짓." 이탈리아 친구들이 농담처럼 하는 말이다. 또 볼로냐의 성당은 수시로 미사를 해서 항상 많은 사람이 성당 안에서 기도를 하고 있다. 가톨릭 신자인 나도 볼로냐 두오모를 자주 찾아 기도를 했다. 미사를 드리고 싶었지만 이탈리아 친구와 갈 때 빼고는 용기가 나지 않아서, 집전되는 미사를 지켜보기만 했다.

볼로냐 두오모만큼 내가 좋아했던 성당이 이탈리아에 한 곳 더

있다. 시칠리아 팔레르모의 예수 성당^{Chiesa di Gesu}이다. 예수 성당은
팔레르모 대성당에 비하면 아주 작은 동네 성당이다. 이 성당은
평범한 외관과 달리 들어서면 모든 벽과 기둥에 대리석 부조로 아기
천사와 꽃 등이 예술적으로 조각되어 있어 눈이 휘둥그레졌다.
지역에 사는 사람들만 아는 로컬 성당이지만, 팔레르모 젊은이들
사이에서 가장 결혼식을 하고 싶은 성당으로 꼽힐 정도로 아름답다.

볼로냐의 벽돌 사랑은 DNA 탓

볼로냐에 유독 벽돌 건물이 많은 이유는 어쩌면 고대 로마 제국이
세워지기 이전의 시대에서 찾아야 할지도 모르겠다. 고대 로마의
건축을 한마디로 요약하면 '그리스의 우람한 기둥에 넓은 공간을
지을 수 있는 아치를 얹어놓은 것'이다. 고대 그리스 건축은 돌을
이용해 기둥을 높이 쌓고, 그 기둥 위에 비례에 맞는 지붕을 올려
외적인 엄정함을 추구했다. 파르테논 신전^{Parthenon}이 가장 대표적인
건축물이다.

로마 제국은 이런 그리스의 형식미에 아치를 이용해 공간을
원하는 만큼 확장하는 실용성을 더했다. 고대 로마의 건축 기술은
의외로 간단했다. 기둥을 세우고 그 기둥을 아치로 연결하고 이
아치의 하중을 콘크리트(시멘트+자갈+모래+화산재)를 채운 벽돌
벽으로 분산시키는 것이다. 그리고 다시 그 위에 아치를 계속 쌓아서
층고를 높였다. 로마는 이 기술을 이용해 그리스 건축 양식을 갖춘
장엄한 건물을 입이 딱 벌어질 만큼 거대하게 지을 수 있었다.

대표적인 것이 로마를 상징하는 건축물인 콜로세움이다.
콜로세움은 기둥과 아치 그리고 콘크리트로 타설한 내력벽을 이용해
지은 건물이다. 이 거대한 건물은 작은 아치들이 벌집처럼 촘촘히

연결된 구조를 이루고 있다. 높이가 52미터이고, 면적은 24,000제곱미터에 이른다. 이 높이는 오늘날 아파트 18층에 준하는 높이다.

고대 로마 시대에 건축은 군사력과 함께 제국의 위대함을 로마인에게 선전하는 최고의 방편이었다. 시인 마르티알리스^{Marcus Valerius Martialis, 40?~102?}는 이 거대한 콜로세움을 찬미하며 이렇게 말하기도 했다. "이집트인들아, 피라미드를 자랑하지 마라."

그런데 고대 로마인에게 기초적인 건축 개념을 전해준 건축학 스승이 둘 있었다. 하나는 당연히 그리스인이었다. 로마 건축의 뼈대인 기둥을 이용한 건축 기술은 그리스에서 온 것이었다. 로마는 그 외의 방면에서도 그리스인을 스승으로 우대하였다. 그리스인들은 로마에 징복된 후에도 로마의 귀족 집안에서 공부와 요리를 도맡았다. 로마 제국에서 공식적으로 통용되는 외국어는 그리스어가 유일했는데, 초기 성경이 로마어가 아니라 그리스어로 쓰인 것도 이런 이유에서였다.

또 다른 스승은 내국인인 에트루리아인이었다. 에트루리아인은 토스카나와 에밀리아로마냐, 라치오 등 이탈리아 반도 서쪽에 거주하던 민족이었다. 고대 그리스의 식민 지배를 받던 이탈리아 남부 지역과 다르게 서쪽에서도 주로 이탈리아 중부에 살던 그들은 그리스인들과 많은 교역을 했고, 경쟁 관계였다. 아쉽게도 그리스인과 에트루리아인이 무엇을 놓고 어떻게 경쟁했는지 기록은 거의 전해지지 않는다.

에트루리아인은 소아시아의 아나톨리아 반도 서부에 있던 리디아인의 후손으로 알려져 있다. 리디아인은 기원전 7세기에 이미 세계 최초로 금화를 만들어 사용했을 정도로 셈에 밝았다고 한다. 리디아는 기원전 6세기 페르시아에 정복되었는데, 그때 많은 에트루리아인이 이탈리아 서쪽으로 건너왔다고 추측한다. 그리스 역사가 헤로도토스^{Herodotos, BC484?~BC425?}는 "최초의 에트루리아인은 기근을 피해 서쪽으로 배를 타고 온 소아시아의 리디아인이있다"고 적었다.

금화를 만들 정도로 상업에 열심이었던 리디아인의 후손답게 에트루리아인은 지중해 무역을 통해 부를 쌓았다. 그들은 그리스, 카르타고 등과의 무역을 통해 수입한 물건을 이탈리아 전역에 팔았다. 덕분에 그들은 전성기 때의 영토가 아펜니노산맥 북쪽의 포강 유역에서부터 남쪽의 나폴리 지역에까지 이르렀다. 로마 역시 한때 에트루리아의 영토에 편입되었을 정도였다.

에트루리아는 고대 그리스와 경쟁하며 동양의 문명을 빠르게 수용했던 고대 국가였다. 아치와 벽돌은 중동의 수메르인과 이집트인의 발명품이었는데, 에트루리아인은 이를 배워 벽돌로 집을 짓고 아치를 이용해 다리와 수로를 만들었다. 기원전 3세기 에트루리아를 점령한 로마는 이들의 기술을 자기 것으로 수용해 제국의 통치에 활용했다.

그리스인은 에트루리아인을 '티오스코이^{Tyoscoi}'라고 불렀다. 티오스코이는 '탑에 사는 사람'이란 뜻이다. 아마 당시 에트루리아인의 집이 그리스인의 집보다 높이가 높았던 듯하다. 이외에도 라틴어 문헌에서는 에트루리아인을 티레니아^{Tyrrvenia}라고 부르는데, 이들이 활약하던 이탈리아 반도의 서쪽 바다가 티레니아해^{Tyrrhenia Sea}라고 불리는 이유다. 로마인은 그들을 '투스키^{Tusci}'라 불렀고, 또한 그들이 거주한 지방을 '투스키아^{Tuscia}'라고 부른 것에서 그 지역의 명칭인 토스카나가 파생되었다.

이렇게 발달된 문명을 가졌음에도 불구하고 에트루리아는

부족 국가 형태를 유지하고 있어 먼저 통일된 고대 국가를 이루었던 로마에 합병되었다. 마치 고대 국가였던 부여나 가야가 더 먼저 국가의 기틀을 이루었음에도 불구하고 여러 세력으로 쪼개져 있다가 각각 고구려와 신라에 흡수된 것과 비슷한 경우였다. 볼로냐는 이런 에트루리아인이 정착해 만든 도시의 하나였다. 볼로냐가 유난히 벽돌을 사랑하는 것도 에트루리아인의 유전자가 이어진 것이 아닐까?

붉은 볼로냐를 하늘에서 보는 두 가지 방법

볼로냐의 유서 깊은 벽돌 건축을 하늘에서 감상할 수 있는 방법이 있다. 수신 볼로냐의 자존심으로 시내 한복판에 자리하고 있는 두 개의 탑에 오르는 거다. 이 탑은 중세 귀족 가문들이 방어용 진지로 사용하면서, 자기 가문의 위상을 과시하기 위해 세웠다. 볼로냐 탑은 종교적인 의미에서 만든 우리나라나 중국의 탑과는 사뭇 다르다. 볼로냐는 지금도 탑들이 잘 보전되어 있다. 그래서 볼로냐는 '탑의 도시la citta delle torri'로 불리기도 한다.

239

이탈리아 남부에도 북부처럼 탑이 있다. 그러나 북부의 탑과 남부의 탑은 그 유래도, 쓰임도 참 다르다. 남부의 탑은 해안 수비를 위한 망루의 역할을 해서 대부분 해안가에 있다. 이탈리아 남부는 해적들의 숱한 침입을 받았는데, 해적들은 재물만 약탈한 것이 아니라 사람들을 잡아 중동이나 동유럽에 노예로 팔았다. 이런 노략질이 19세기까지 이어졌다.

유럽의 근대화가 시작되면서 해적은 사라졌고, 방치된 성벽들은 돌보지 않아 무너졌다. 하지만 해적의 접근을 감시하는 망루 역할을 하던 탑들은 지금도 해안가 곳곳에 남아 있다.

지구온난화 탓인지 이 탑들은 지금은 바닷물에 잠겨 대부분 섬의 등대처럼 홀로 서 있다. 짙푸른 지중해와 무너져갈 듯 낡은 성곽은 한 폭의 낭만주의 그림처럼 인상적이다. 그래서 시칠리아, 갈라브리아, 풀리아의 바닷가 탑들은 유명한 관광지가 되었다.

남부 해안가의 쓸쓸한 탑만 봤던 나에게 볼로냐의 탑은 당당함 그 자체였다. 두 개의 탑은 볼로냐의 얼굴 역할을 한다. 볼로냐에는 많은 옛 건물이 있지만 우뚝 솟은 이 두 개의 탑처럼 볼로냐의 특징을 설명해주는 건물은 없다.

두 개의 탑 가운데 키가 큰 탑인 아시넬리 탑은 내부가 일반인에게 공개된다. 아시넬리 탑은 1109년부터 짓기 시작해 1119년에 완공되었다. 좁은 통로를 따라 498개의 내부 계단을 올라가면 볼로냐의 붉은 지붕과 집들을 파노라마로 볼 수 있다.

'볼로냐의 사탑'으로 불리는 가리젠다 탑Torre Garisenda은 47미터로 아시넬리에 견줘 높이가 절반 수준이다. 특히 이 탑은 대지의 침하로 인해 뒤로 비스듬히 기울어져 있다. 14세기에 지진으로 탑이 기울어져 안전 때문에 절반 이상을 철거했다고 한다. 왜 볼로냐에 100개가 넘게 있던 탑이 다 사라지고 10여 개만 간신히 남아 있는지 짐작하게 해준다. 그리고 가리젠다 탑은 아시넬리 탑보다 훨씬 기단이 두툼하다. 지금처럼 쓰러지기 전에는 가리젠다 탑이 좀 더 늠름했던 모양이다. 단테는《신곡》에서 가리젠다 탑을 로마 신화에 등장하는 신들의 아들인 거인에 비유하기도 했다.

두 개의 탑은 바로 옆에 붙어 있는데 안전 때문에 현재 가리젠다 탑에는 아예 올라갈 수가 없다. 아시넬리 탑을 오르는 입장료는 5유로다. 인터넷 예약이 가능하고 방문 시간도 지정할 수 있다. 휴일에는 오래 기다려야 하지만 평일이면 거의 기다리지 않고도 오를 수 있다.

그러나 나는 이 탑에 오르지 않았다. 나는 약간의 고소
공포증이 있는데, "탑의 계단이 옛날식 나무 계단이어서 올라가는 게
무서울 수도 있다"라는 말을 볼로냐에서 만난 외국인들에게 들었기
때문이었다. 대신 이 두 개의 탑 바로 앞에 있는, 젊은이들이 많이
가는 생면 파스타 레스토랑에 자주 갔다. 이 레스토랑은 인테리어가
패스트푸드점과 비슷했다. 무인 주문이 가능했고, 가격도 10유로
아래로 저렴했다. 다만 음식이 종이 접시에 담겨져 나온다.
평양냉면이나 손칼국수를 종이 그릇에 준다고 생각하면 될 듯하다.
그에 반해 모든 파스타와 라비올리를 다 손으로 만들어서 맛은
클래식했다. 야외 테이블에 앉아 탑을 바라보며 생면 파스타를 먹는
건 꽤 괜찮은 경험이었다.

붉은 볼로냐의 경치를 굽어볼 수 있는 또 하나의 방법은

아시넬리 탑에 오르면 볼로냐 시내가 훤히 내려다보인다.

볼로냐의 남쪽에 있는 가르디아^{Gardia} 언덕에 오르는 거다. 이 언덕의 꼭대기에는 붉은 벽돌로 지은 산 루카 성모마리아 대성당^{Santuario della Madonna di San Luca}이 있다. 이곳에서 볼로냐를 내려다보면 피렌체의 미켈란젤로 언덕에서 아르노강을 보는 것만큼이나 멋졌다. 미켈란젤로 언덕은 피렌체 시내에서 20분만 걸으면 오를 수 있지만, 가르디아 언덕은 시내와 4킬로미터 남짓 떨어져 있어서 걸어가면 50분가량 걸린다. 이 언덕에서는 두오모 같은 시내 건물이 손에 잡힐 듯 가깝게 보이지는 않는다. 대신 멀리 볼로냐의 붉은 기와와 벽돌 건물 그리고 볼로냐를 둘러싸고 있는 산줄기가 또렷하게 보인다. 두오모의 돔과 우피치 미술관이 내려다보이는 미켈란젤로 언덕의 전망이 다분히 도시적이고 감성적이라면, 가르디아 언덕의 전망은 좀 더 목가적이고 남성적이다.

　　가르디아 언덕은 언덕^{colli}이라고 불리지만 그 높이는 웬만한 산의 높이다. 산 루카 성모마리아 대성당의 고도는 280미터로 서울의 남산타워(262미터)와 비슷하다. 거리와 높이가 있다 보니 시내 중심에서 이 성당까지 다니는 교통편이 있다. 마조레 광장에서 매 시간마다 출발하는 시티투어 버스와 꼬마 기차다. 꼬마 기차의 이름은 산 루카 익스프레스인데 놀이동산의 셔틀 열차 같이 앙증맞다. 물론 시간이 있다면 걸어서 올 것을 추천한다. "네 말이 맞으면 내가 산 루카 성모마리아 대성당까지 걸어갔다 온다." 볼로냐에는 이런 우스갯소리가 있을 정도지만 사실 그렇게 멀지는 않다.

　　이 성당은 11세기 동로마 제국에서 성모마리아와 아기 예수를 그린 아이콘을 가져온 순례자가 세웠다고 한다. 맨 처음에는 이 성화를 모시는 작은 교회와 수녀원이 함께 있었는데, 15세기부터 지금의 교회를 짓기 시작해 19세기에 완성했다. 이 성당은 주변을

360도 막힘없이 바라볼 수 있는 풍광도 좋지만 산 위에 지어진 건물
자체가 유네스코 세계문화유산으로 등재되었을 정도로 빼어나다.
붉은 벽돌로 쌓은 높이 43미터의 거대한 원통 모양의 돔 건물은
바로크 스타일로 매우 세련되어 보인다. 또 건물 벽면에는 다양한
크기와 형태의 아치형 창문과 기둥을 번갈아 세워놓아 숭고함과
당당함을 느낄 수 있었다.

성당보다 더 멋진 건 이 성당을 오르는 길이다. 이 성당은 길이
3.7킬로미터의 회랑(이탈리아어로는 'Portico')으로 볼로냐
시내에서부터 성당 입구까지 연결되어 있다. 회랑이란 '기둥과 기둥
사이로 지붕을 올린 인도나 복도'를 말한다. 이 회랑은 세계에서 가장
긴 회랑으로 기네스북에도 올라 있다.

몰로냐인들이 이 긴 회랑을 만든 것은 이 성당의 성화를
보러오는 순례자들을 위해서였다. 순례자들이 햇빛을 피하거나 비에
젖지 않고 성당에 오를 수 있도록 배려한 것이다. 이 회랑은 볼로냐
시민들이 돌과 나무 등 건축 자재를 날라 무려 120년 동안 지었다고
한다. 부족한 예산은 부자의 기부를 받았다.

이 회랑에 갔을 때 홍콩 남부의 미드레벨 에스컬레이터가
생각났다. 이 에스컬레이터는 왕가위 감독이 찍은 영화 〈중경삼림〉의
소재가 되기도 했던 홍콩의 명물이다. 홍콩의 인구는 해마다
늘어나는데 높은 산이 많아 도로를 내기가 어려웠다고 한다.
주민들이 불편을 호소하자 홍콩 정부는 이를 해소하기 위해 옥외
에스컬레이터를 놓았다. 1993년 완공된, 길이 880미터의
에스컬레이터는 세계 최대의 옥외 에스컬레이터다. 지금은 홍콩의
명물이 된 이 에스컬레이터 주변에는 많은 맛집과 이국적인 정취를
느낄 수 있는 상점들이 즐비하다.

이처럼 정부가 시민들의 교통 편의를 위해 에스컬레이터를

243

하늘에서 내려다본 산 루카 성모마리아 대성당.
사진 위쪽으로 시내에서 이어지는 긴 회랑이 보인다.

만든 것은 20세기의 일이었다. 하지만 볼로냐에서는 이런 일을 17세기부터 시작했다. 그것도 자신들을 위한 것이 아니라 도시를 방문하는 순례자들을 위한 것이었으니 그 아름다운 이타심이 놀랍다. 왜 이탈리아인들이 볼로네제(볼로냐 사람)가 다른 지역 사람보다 훨씬 더 개방적이고 친절하다고 말했는지 짐작할 수 있는 부분이다.

기네스북에 오른 길고 긴 볼로냐의 회랑

볼로냐는 '회랑의 도시'로 불릴 만큼 회랑이 많다. 볼로냐 외에도 토리노와 밀라노 등 이탈리아 도시 가운데 회랑이 발달한 곳은 많지만 볼로냐의 회랑이 으뜸이다. 볼로냐 시내 중심에 있는 회랑은 길이가 무려 38킬로미터에 이른다. "볼로냐 도심에서는 비를 맞을 일이 없다"라는 말이 나올 법하다. 이렇게 긴 회랑은 어떻게 생긴 것일까?

1088년 유럽 최초로 볼로냐에 대학이 생기자 유럽 각국에서 볼로냐로 유학을 오는 젊은이가 많았다. 12세기에 이미 볼로냐 대학을 다니는 학생이 2,000명이 넘었다는 기록이 있다. 이들 유학생은 유럽 각국에서 온 명문가의 자녀였기에 여러 명의 시종을 데려왔다. 그러니 얼마나 많은 외국인이 볼로냐를 찾았겠는가. 지금도 볼로냐 대학은 재학 중인 학생만 10만 명이고, 그 가운데 1만 명쯤이 외국인 학생이라고 한다. 현재 볼로냐의 인구가 30만 명 정도이니 시민의 3분의 1이 학생인 셈이다.

지금은 성 밖으로 볼로냐의 도심이 확장되었지만 중세의 성 밖이란 야만과 폭력을 의미했다. 성 밖으로 나가는 것은 곧 누군가의 폭력에 의해 죽을 수도 있다는 뜻이었다. 중세 초기에 만들어진 고딕

양식의 건물이 작은 창과 높은 탑으로 지어진 것도 외부의 잦은
공격을 방어하기 위한 것이었다.

서로마 제국이 멸망하고 게르만족이 온 유럽을 넘어 아프리카
북부까지 휩쓸던 시절, 유럽의 역사는 학살로 점철되었다. 3세기에
2,470만 명이던 서유럽의 인구는 7세기에는 1,400만 명으로
절반가량이 줄어들었다는 연구 결과도 있다. 심지어 그들은 같은
게르만족까지 죽였다.

게르만족 중 하나인 랑고바르드족 족장 알보인Alboin, 530?~572의
일화가 유명하다. 6세기에 족장 알보인은 이탈리아에 쳐들어가면서
저항하던 이웃 부족인 게피드Gepid족을 공격했다. 전쟁 끝에 알보인은
게피드족 왕인 쿠니문트를 죽이고 그의 딸인 로자문트Rosamund를
자신의 왕비로 삼았다. 그런데 알보인은 자신이 죽였지만
장인이라고 할 수 있는 쿠니문트의 두개골에 술을 따라 마셨다. 한술
더 떠 그 해골에 담긴 술을 왕비에게 마실 것을 강요했다. 이런
처우에 참다못한 왕비는 알보인의 의형제이자 귀족인
헬미씨스Helmichis를 부추겨 함께 알보인을 살해했다.

8세기 샤를마뉴 대제Charlemagne, 742?~814가 다스리는 프랑크
왕국이 등장하기 전까지 게르만족이 주도했던 유럽의 야만은
계속되었다. 우리가 알고 있는 중세의 목가적이고 낭만적인
이미지는 근대 이후 역사학자와 작가들이 미화해놓은 것이다.

볼로냐 역시 성으로 둘러싸인 도시였다. 볼로냐가 당시 아무리
이탈리아에서 가장 부유한 도시에 속한다지만 수천 명의 유학생이
갑자기 몰리자 결국 심각한 주택난이 발생했다. 하지만
볼로냐인들은 이방인을 죽음과 폭력이 난무하는 성 밖으로 내쫓지
않았다. 오히려 이들을 받아들일 새로운 아이디어를 생각해냈다.
성을 넓히고 집을 새로 짓는 것이 아니라 인도 쪽으로 기둥을 세우고

그 위로 새로운 건물을 올렸다. 그렇게 하면 집도 넓힐 수 있고, 길을 좁히지 않아도 되었다(이런 아이디어는 볼로냐 시민들이 아니라 외국에서 온 학생들이 내놓았다는 학설도 있다).

인도 위로 기둥을 세워 새로운 공간이 지어지면서 볼로냐 도심에는 아주 긴 회랑이 생겨나기 시작했다. 볼로냐 구도심에서 회랑이 없는 건물은 볼로냐 역 앞과 마조레 광장 북쪽에 있는 쇼핑가 정도밖에 없다. 아주 짧은 구간을 제외한다면 볼로냐의 구도심에 차도를 낀 도로는 거의 대부분 끝없는 회랑으로 이어져 있다.

볼로냐의 회랑은 벽돌 건물을 더욱 더 고풍스럽게 보이게 한다. 회랑이 인도 안쪽에 있는 건물로 쏟아지는 빛을 적당히 가려줘 건물을 더 돋보이게 해주기 때문이다. 또 회랑 안쪽에 있는 야외 테이블은 볼로냐 거리를 정감 있게 만들어준다. 이런 장점 때문에 당시 상인들이 시에 적극 협조해서 자발적으로 회랑을 만들었다는 이야기도 있다. 볼로냐 말고도 토리노나 밀라노의 거대한 회랑이 대부분 시내 중심의 쇼핑가에 있는 것을 보면 이런 이야기도 설득력이 있다.

또 볼로냐의 회랑은 볼로냐를 풍성하게 만들었다. 볼로냐 대학이 시의 승인을 얻고 강의실과 교수에게 급여를 제공받기 시작한 것은 13세기 이후의 일이었다. 그전까지 볼로냐 대학은 별도의 건물이 없었기 때문에 회랑이 강의실 역할을 했다. 이외에도 회랑에는 카페와 음식점의 야외 테이블이 놓여서, 사람들이 모여앉아 볼로냐의 맛있는 음식과 자유로운 공기를 즐겼을 것이다. 아이들도 이 회랑에서 뛰어놀았다. "볼로냐에서는 아이를 잃어버리지 않는다"라는 속담이 있는 까닭이다. 볼로냐의 회랑은 최고 학부의 강의실이었으며, 볼로냐 아이들의 놀이터이자 상인들의 터전이었다.

회랑 가운데 가장 예쁜 산토 스테파노 성당 회랑

물론 언덕 위의 성당으로 가는 산중 회랑만 아름다운 것은 아니다. 볼로냐 도심에는 가지각색의 회랑이 있다. 여러 사람이 지나갈 만큼 넓은 회랑도 있지만, 중심가에서 벗어나면 사람이 어깨를 마주치며 지나갈 만큼 좁은 회랑도 있다. 볼로냐 중심가를 남북으로 가르는 인디펜덴자 거리와 동서로 가르는 리촐리 거리의 회랑이 가장 넓다. 반대로 동쪽과 남쪽의 볼로냐 대학으로 가는 길의 회랑은 폭이 가장 좁다.

나는 볼로냐 도심에서 두 곳의 회랑을 가장 좋아한다. 한 곳은 아름답고, 다른 한 곳은 매우 붉다(산 루카 성모마리아 대성당이 회랑은 도심 밖이 회랑이다. 세 곳 모두 볼로냐에 가면 꼭 가봐야 한다).

볼로냐에서 가장 아름다운 회랑은 마조레 광장에 있는 두 개의 탑에서 산토 스테파노 성당^{Chiesa di Santo Stefano}까지 동남쪽으로 이어지는 회랑이다. 일단 이곳의 회랑은 다른 회랑에 견줘 두 배 가량 높고 넓다. 그리고 회랑의 기둥이 아주 정교한 코린트식으로 되어 있다. 길을 따라 이어진 회랑이 양쪽으로 벌어지면서 삼각형 모양의 잔디 광장이 나오고, 그 광장 끝에 붉은 벽돌로 쌓은 산토 스테파노 성당이 있다.

산토 스테파노 성당은 볼로냐에서 가장 오래된 성당으로, 나에게는 가장 인상적이었던 성당으로 남아 있다. 이 성당은 5세기에 볼로냐의 수호성인인 성 페트로니우스가 예루살렘의 예수 묘지를 방문하고 받은 영감을 토대로 건설했다. 이 성당은 몇 개의 교회와 종교 시설 등을 포함해, 중정을 매개로 연결된 7개의 건물로 이루어져 있다. 모두 붉은 벽돌로 지어졌는데 몇몇 건물은 지어진 지 1,000년 이상이 지나 벽 색이 짙은 갈색으로 바랬다. 이런 색감조차

249

산토 스테파노 성당으로 가는 회랑(윗사진)과 성당 앞 광장(아래 사진).
볼로냐에서 가장 아름다운 회랑이 있는 곳 가운데 하나였다.

묘한 신비감을 자아냈다.

산토 스테파노 성당의 예배당 중 하나인 성모 교회는 우리나라의 1,000년 고찰인 부석사나 봉정사의 대웅전처럼 작고 고졸해 보였다. 와락 안으면 안을 수 있을 것처럼 작다. 건물의 하단은 8각형이지만 그 위에 올려진 돔은 12각형으로 되어 있다. 쪽문처럼 보이는 작은 정문으로 들어가니 남다른 성당 내부가 나타났다. 온갖 성화와 성물 그리고 대리석 부조로 가득한 이탈리아의 일반적인 성당과는 다르게 아무런 장식물 없이 벽돌로 쌓은 벽에 십자가와 제대만 덩그러니 놓여 있었다. 대신 아치형 창문으로 쏟아져 들어오는 햇빛이 빛바랜 벽돌로 쌓은 벽을 환하게 밝혔다. 벽돌과 햇빛으로 직조된 경건함이 가난한 목수의 아들이었던 예수의 삶을 떠올리게 했다.

산토 스테파노 성당을 마주보고 있는 두 개의 회랑에는 카페와 공방, 갤러리 등이 빼곡히 들어서 있다. 아름다운 성당과 광장을 바라보면서 볼로냐의 공기를 느낄 수 있는 이 카페들이 참 마음에 들었다. 햇빛 좋은 날, 이 성당을 마주하고 앉아 커피를 마시는 시간은 볼로냐에서 가장 행복했던 순간 중 하나였다.

251

유독 진홍빛인 볼로냐 대학의 회랑

두 번째로 볼 만한 볼로냐 회랑은 두 개의 탑에서 동북쪽으로 가는 길에 있는 회랑이다. 산토 스테파노 성당과도 가까운 길이다. 이 길은 지금도 많은 학생의 통학로로 이용된다. 우리나라로 치면 분식집과 치킨집이 많은 고려대나 서강대의 이면도로 같은 분위기다. 실제 이 길은 볼로냐 인문대, 법대, 이과대 등으로 이어진다.

이 길의 회랑과 건물은 유난히 붉다. 두 개의 탑에서 볼로냐 대학의 메인 광장인 주세페 베르디 광장으로 이어지는 잠보니로의 회랑은 붉은 정도가 핏빛에 가까운 선홍색이다. 이 길은 18세기에 이탈리아의 통일을 주장하다가 사망한 루이지 잠보니Luigi Zamboni, 1772~1795에게 헌정된 길이다. 당시 볼로냐 법대생이었던 잠보니는 1789년 프랑스 혁명에 영감을 받아 이탈리아에도 자유, 평등, 정의를 이념으로 한 통일 국가가 설립되어야 한다고 주장하다가, 볼로냐 교구에 체포되어 옥사했다. 현재 이탈리아 국기로 쓰는 적색, 흰색, 녹색의 삼색기도 프랑스 혁명에 감화되었던 그가 프랑스 혁명군의 깃발을 따라 처음으로 사용하길 주장한 것이다.

내가 볼로냐 대학가에 많이 간 이유는 인문대와 도서관이 있어서 젊은 학생을 많이 볼 수 있다는 이유뿐만이 아니었다. 이 지역에는 김밥, 딤섬, 카레 같은 저렴하고도 맛있는 아시안 푸드를 파는 레스토랑이 많았다. 또 이곳에는 한국 라면과 김 등을 살 수 있는 중국 마트가 있었다. 토리노나 밀라노에 견주면 작은 규모이기는 했지만 그럭저럭 구색을 갖추고 있었다. 이 마트를 가는 길에 있는 볼로냐 식물원은 아기자기해서 산책하기가 좋았다.

잠보니 거리는 금요일 저녁에는 다소 과장하자면 이태원이나 홍대의 클럽 데이만큼 젊은 사람들로 가득 찬다. 학생들이 주중에 공부하느라 받은 스트레스를 이 골목의 바나 식당에서 푸는 것 같았다. 학생들이 마음껏 금요일 밤을 즐기는 모습을 보면 '아, 나도 저기에 합류하고 싶다'라는 생각이 절로 들었다. 수많은 젊은이가 고색창연한 벽돌 골목 사이에서 뭔가를 논하며 맥주를 마시는 모습이 참 근사했다. "젊음은 젊은이에게 아깝다"라는 영국의 어느 염세주의 철학자의 말은 볼로냐의 골목에서는 힘을 쓰지 못했다.

볼로냐의 젊고 발랄한 기운은 자신들에게 배움을 청하는 외국인과 볼로냐 성당을 보러오는 외부 순례자에 대한 관대함에서 시작된 것은 아닐까? 그들의 관대함은 이방인을 미워하고 격리시켰던 그 당시 대부분의 도시와 교회와는 많이 달랐다. 16세기에 로마 교황청은 로마로 들어오는 유대인을 모아 게토에 격리하고 야간 통행을 금지했다. 이런 조치가 금세 사라지기는 했지만 교회의 이런 전례는 유럽의 많은 나라에 나쁜 영향을 미쳤다.

"성을 쌓는 자는 망하고 길을 내는 자는 흥한다"라는 말이 있다. 역사나 신화에서 이기심으로 인해 스스로 문을 걸어 잠근 성 이야기는 참 많다. 그러나 결국 그런 성은 신의 노여움을 사거나 자신보다 탐욕스러운 이웃에 의해 처참하게 무너졌다. 볼로냐는 이방인을 위해 성문을 열고 길과 회랑을 만들어 도시를 연결하고, 그 회랑을 높은 산으로 이어갔다. 그리고 그 길의 끝에 빛의 교회를 세웠다.

볼로냐 대학의 중심인 주세페 베르디 광장.

현자의 도시

우리는 모두
볼로냐 대학에서 튀어나왔다

"모든 대학의 모교Alma Mater Studiorum."

볼로냐 대학교의 교호

볼로냐 도심에서는 어디를 가든 볼로냐 대학을 쉽게 만날 수 있다.
볼로냐 대학을 상징하는 주세페 베르디 광장은 도심의 동북쪽
(서울에 비교한다면 성북구 고려대 위치쯤이다)에 있지만 남쪽과
서남쪽에도 공대와 예술대 등이 흩어져 있다. 볼로냐 역과
국제공항이 있는 북쪽과 서북쪽에도 테라치니 캠퍼스 등이 따로
있다. 볼로냐 도심 곳곳에 이 대학의 건물이 있는 것이다. 이 때문에
볼로냐 대학생들도 다른 과의 건물이 어디에 있는지 알지 못한다.

　　금요일 저녁, 시내 어디를 가든 젊은 사람으로 골목이
끊어넘치는 것은 이렇게 도시 곳곳에 흩어져 있는 볼로냐 대학
때문이다. 볼로냐에 있을 때 내 숙소는 시내 중심의 서쪽인 펠리체
거리에 있었는데, 이 길은 볼로냐 공대와 예술대에 가까웠다. 금요일
오후만 되면 이 골목으로 걷기 힘들 만큼 많은 젊은 사람이
몰려나왔다. 이 골목에는 온갖 바와 피자집 그리고 인도, 중국, 이란,
태국 등 전 세계 음식을 파는 온갖 레스토랑이 있었고, 학생들은 늦은
밤까지 이곳저곳을 무리지어 다녔다. 나는 그들을 보는 게 좋았다.

　　구도시만 한정해 본다면 볼로냐는 영국의 옥스포드나

257

볼로냐 대학 졸업식의 모습.
수석졸업한 학생만이 월계관을 쓸 수 있다고 한다.

캠브리지처럼 대학 도시라고도 할 수 있다.* 볼로냐가 청년 실업과
고령화 문제로 고민하고 있는 이탈리아에서 보기 드물게 활력이
넘치는 것도 이런 이유에서다(이탈리아 소도시에서는 버스를 타면 승객
대부분이 노인이다). 이들은 대부분 볼로냐의 옛 성을 중심으로 곳곳에
흩어져 있는 캠퍼스에서 학교를 다닌다. 반면 현지 기업이나
주민들의 주거지는 주로 볼로냐 구도심 밖, 즉 성 밖에 있다(서울도
사대문 안보다 사대문 밖에 거주하는 사람이 많은 것과 같은 이치다).
그러니 마조레 광장을 중심으로 하는 볼로냐 구도심에 가면
젊은이들이 많은 것처럼 느껴질 수밖에 없다. 볼로냐를 볼로냐답게
하는 원동력의 하나가 볼로냐 대학인 것이다(나머지 하나는
협동조합이다).**

　　앞에서도 이야기했듯이 볼로냐에는 이탈리아의 다른 도시뿐
아니라 세계 어느 도시와도 다른 특유의 분위기가 있다. 이 도시가
지닌 특유의 활력을 한마디로 설명하기는 어렵다. 동네마다 온갖
종류의 협동조합(슈퍼마켓, 와인, 농산물, 서점, 안경, 가죽 등의
협동조합이 있다) 매장이 들어서 있고, 대학생이 골목마다 넘치고,
한국 도심에서 이제는 귀해진 서점이 빵집만큼 시내 곳곳에
자리하고 있다. 오죽하면 내 이탈리아 친구들이 "볼로냐는 꼭 직접
가서 그 분위기를 느껴봐야 한다"고 말했을까?

259

* 볼로냐는 현의 이름이자 시의 이름이다. 볼로냐현(광역시)은 볼로냐시를 비롯해
3,700제곱킬로미터의 넓은 면적에 55개의 코무네(우리로 치면 '시')가 있고,
볼로냐현 전체의 인구는 100만 명이 넘는다. 볼로냐시는 볼로냐현에 속한 한
코무네로 인구 30만 명이 산다.
** 볼로냐의 협동조합은 시민 네트워크를 활성화해 볼로냐의 사회적 자본을 늘리는
역할을 해왔다. 볼로냐의 전통적인 사회적 자본은 볼로냐의 교육 문화와 생활
만족도를 높이는 독특한 선순환 구조를 만들었다. 이 덕분에 각종 조사에서
볼로냐는 살기 좋은 도시 상위(전체에서 13위, 5개 대도시 가운데는 1위, 2019년
기준)에 꼽힐 뿐 아니라 교육 환경도 107개 현 가운데 언제나 최고 수준이다.

볼로냐가 내뿜는 활력의 중심은 의심할 여지없이 볼로냐 대학이다. 볼로냐 대학은 하버드나 옥스퍼드처럼 넓은 캠퍼스도 없고, 기념비적인 건물도 없다. 볼로냐 대학은 왕이나 주교, 혹은 선지적 교육자 어느 한 사람의 명으로 세워진 게 아니라, 학생들이 모여서 만든 학생조합을 모태로 만들어졌다. 아래에서부터 올라온 대중의 열망이 세운 학교였다. 그래서 볼로냐 대학은 고대 그리스와 고대 중국의 많은 고등교육기관을 뒤로 하고 '모든 대학의 모교'라는 영광스러운 호칭을 얻을 수 있었다.

볼로냐 대학은 그 열망대로 중세의 어둠을 환하게 밝혔다. 볼로냐 대학이 밝힌 빛 에너지는 법학과 의학에서 비롯되었다.* 이 빛은 서양인에게 중세의 어둠 속에서 산업혁명과 근대 문명을 일굴 수 있는 길을 찾게 해주었다.

나는 왜 볼로냐에 갔나

볼로냐 대학 이야기를 하려면 내가 요리를 배우기 시작했던 2006년부터 이야기해야 할 것 같다. 그래야 내가 기자를 그만두고 이탈리아에 요리를 배우러 가서, 많고 많은 이탈리아의 도시 가운데 왜 볼로냐부터 찾았는지를 설명할 수 있다.

당시 나는 격무에 지친 내 몸과 마음을 되살리는 치유 활동으로 요리를 선택했던 것 같다. 지금은 주당 근무 시간이 52시간이 되었지만, 내가 이삼십 대의 나이로 한창 일하던 때에는 토요일도 쉬는 날이 아니어서 토요일에도 주중처럼 새벽같이

---

* 천문학도 있지만 생략한다. 지금 생각해보면 비합리적인 이론인 천동설(지구를 중심으로 태양 등 우주가 돈다는 학설)을 종식시킨 폴란드의 천문학자 니콜라우스 코페르니쿠스Nicolaus Copernicus, 1473~1543가 볼로냐 대학 출신이다.

출근해야 했다(기자들의 일상은 보고 때문에 매우 일찍부터 시작된다. 토요일이 휴일이 된 건 2004년 참여정부 때였다). 기자를 하면서부터는 설날과 추석 당일 하루만 쉬고 공휴일에도 거의 쉬지 않고 일했다. 심지어 명절 당일에 불려나간 적도 많았다. 크리스마스나 어린이날도 예외는 아니어서, 그날조차 나와 가족을 위한 날이 아니라 남을 위한 날이었다. 기자는 업무 성격상 야근이 잦았고 술자리도 많았다. 술을 마시면 다음날 출근에 늦을까봐 새벽 1~2시에 회사나 기자실에 가 의자에 앉아서 잤다. 나만 그런 게 아니라 다른 사람도 마찬가지였다. 다들 그렇게 사니 불평할 생각도 하지 못했다.

그러나 마흔이 가까워질수록 몸도 마음도 지치는 건 어쩔 수가 없었다. 어쩌다 쉬는 날 끼니를 때울 생각으로 이런저런 음식을 만들게 되었는데 의외로 요리가 적성에 맞았다. 조물조물 손으로 생면이나 만두를 만들어내는 일이 전혀 수고스럽게 느껴지지 않았고, 오히려 머리가 비워지면서 마음이 가벼워졌다. 마치 바닷가나 숲길을 걷는 것처럼 신기하게 마음이 평화로워졌다. 이미 맛은 중요한 요소가 아니었다. 요리는 내면을 치유하는 과정이 되었고, 나는 요리에 빠져들었다.

하지만 직업이 직업이다 보니 '왜'라는 질문이 꼬리를 물었다. 내가 가장 좋아하는 게 국수여서, 나는 밀가루 요리를 많이 만들었다. 손이 많이 가는 만두와 생면을 만든 것도 그런 이유에서였다. 어느 날 밀가루를 만지다가 엉뚱한 의문을 떠올리게 되었다. '왜 쌀을 먹었던 중국과 인도는, 밀을 먹었던 영국과 미국에 뒤처지게 되었을까?' 몇 년 동안 요리를 하다가 갑자기 내 뇌리에 자리 잡은 화두였다. 그래서 그때부터 도서관을 다니며 책을 뒤지게 되었다.

찾아보니 서양의 지배와 부흥에 대한 책이나 다큐멘터리는 참 많았다. 중국의 국영방송인 CCTV에서 제작한 〈대국굴기大国崛起〉라는

263

다큐멘터리는 스페인, 네덜란드, 영국, 미국 등 근대 이후 서양의 역사를 주름잡았던 나라의 비결을 설명했다. 그런데 대부분의 저작물에서는 서양의 정치, 경제, 사회 개혁을 서양 발전의 주요한 원인으로 이야기했다. 소유권과 과학 기술, 무역, 금융 같은 무형의 시스템은 물론이고, 화약과 에너지, 풍차 같은 유형의 물질문명을 서양 발전의 원동력으로 꼽는 학자들도 있었다.

그 가운데 영국 출신의 하버드대 교수 니얼 퍼거슨^{Niall Ferguson}이 쓴 《시빌라이제이션》이 가장 독특했다. 그는 사학과 교수가 아니라 경영대학원^{MBA} 교수로서 금융사에 조예가 깊다. 이 책에서 그는 서양의 발전을 경쟁, 의복, 과학, 소비, 직업 등의 독특한 관점으로 설명했다. 그런데 그는 이 네 가지에 서양이 경쟁력을 갖추게 된 원천으로 재산권과 의학, 두 가지를 추가했다. 그는 미국의 역사를 예로 들어 재산권에 대해 설명하면서, 매우 흥미로운 질문을 여러 가지 던졌다. "영국의 이민자들이 남미로 가고, 스페인의 군대가 북미로 갔다면 세계 역사는 어떻게 바뀌었을까?" 기억에 남는 그의 질문이다.

미국으로 건너간 이민자들이 가장 원했던 것은 참정권과 사유재산권이었다. 지금 같으면 너무나 당연한 일이지만 당시 지배자의 관점에서 보면 이러한 요구는 반역이나 마찬가지였다. 미국 이민자들은 영국의 신민이 아니라 시민이 되고 싶었다. 이민자들은 주민자치회를 만들어 투표권과 사유재산권을 지켜냈다. 그리고 자신들을 억압하는 본국인 영국과의 독립 전쟁에서 승리한 뒤 꿈을 현실로 만들었다. 미국은 서구 제국주의 식민지 가운데 처음으로 독립 전쟁에서 승리한 나라다. 그들은 성문 헌법을 만든 최초의 국가이기도 했다. 헌법에서 그들은 왕과 귀족의 통치를 받아들이지 않는다고 못 박았다. 흑인과 여성에게 투표권을 주지 않은 한계가 있었지만 이민자들의 꿈은 이루어졌다.

반면 스페인 군대는 오로지 황제에 바칠 금을 약탈하고, 이교도를 개종하는 것이 목표였다. 그들은 예루살렘을 되찾겠다며 이슬람 국가로 밀려가 끔찍한 학살과 약탈을 일삼던 11세기의 십자군과 아주 흡사했다. 그들이 원하는 것은 대의민주주의와 헌법을 만들 수 있는 민주주의 시스템이 아니라 일확천금이었다.

따라서 청교도들이 남미로 갔다면 남미에는 지금의 미국과 같은 국가가 생겼을 것이고, 스페인 군대가 북미로 갔다면 미국 대신 남미와 같은 정치적 혼돈이 반복되는 나라가 생겼을 것이다. 명쾌하면서도 멋진 결론이었다.

"영국령 아메리카와 이베리아족 아메리카의 차이를 결정시은 것은 스스로 통치하는 방법론에 관한 그들의 생각이었다. 몇몇 사람들은 그 방법론을 민주주의라 하며 선거만 치르면 민주주의를 채택한 것이라고 가정하는 오류를 범한다. 사실 민주주의는 인간의 신성한 권리인 개인의 자유와 사유재산권 보호가 대의제와 입헌 정치로 보장되는 법치주의 토대 위에 우뚝 선 체계다."

현재 스페인이 세운 많은 중남미 국가와 제3세계 국가가 거의 매년 선거를 하면서도 진정한 민주주의 국가라고 말하기 어려운 까닭이 여기에 담겨져 있다.

또 퍼거슨 교수는 의학을 주목했다. 그는 서양 의학이 추악한 제국주의의 얼마 안 되는 긍정적인 면이라고 말했다. 제국주의를 타고 번진 서양 의학 덕분에 전 세계 사람들의 기대 수명이 두 배로 늘어났기 때문이다. 실제 서양 의학이 전파된 뒤, 대부분 국가의 전통 의학은 대체 의학으로 편입되어 명맥을 유지하고 있다.

당연히 퍼거슨 교수의 말에 찬성하지 않는 사람도 있을 것이다. 복잡다단한 근대 문명의 발생 과정을 재산권과 의학 등으로만 설명하는 것은 분명 한계가 있다. 서구 우월주의의 세련된 반복이라고 비판할 수도 있다. 그러나 재산권과 의학은 서양 문명의 우월성을 보여주는 것이 아니라 지금의 인간이 현재적 삶을 유지할 수 있게 만드는 최소한의 장치다. 크리스토퍼 놀란 감독의 영화 〈인터스텔라〉의 설정처럼 인간이 새로운 별로 이주한다고 해도 미국과 같은 나라를 만들지, 혁명 전 프랑스나 봉건제 중국 같은 계급 사회를 만들지는 않을 것이다. 또한 우리는 누구나 서양 의학의 해부학적 원칙에 따라 병을 진단받고 치료한다. 코로나19가 창궐한 지금도 세계인은 서양 의학에 의해 만들어진 백신을 기대하고 있다.

그렇다면 사유재산과 공화정이라는 틀은 어디서 왔을까? 또 서양인의 근대 의학 지식은 어디에서부터 시작되었을까? 그 발원지를 따라가면 공교롭게 한 도시가 나온다. 그건 파리도, 런던도, 로마도 아닌 볼로냐였다. 아니 좀 더 구체적으로 콕 짚으면 볼로냐 대학이었다.

모든 법은 볼로냐로 통한다

로마인들은 그리스인들처럼 사변적이지 않았다. 로마는 법학을 이루는 대부분의 철학적 배경을 그리스에서 가져왔다. 마치 로마 신화에 등장하는 신을 그리스 신화에서 대부분 모셔왔듯이 말이다.

하지만 로마는 그리스와 다르게 방대한 규모의 법률과 법령을 만들었다. 그리스인은 철학에는 능했지만 법에는 그렇지 않았다. 로마인은 하나의 부족에서 지중해 주변의 광대한 영토를 다스리는 제국으로 성장했기 때문에 통치를 위해 많은 법령이 필요했다. 게다가 로마 시민이 늘면서 개인 간의 분쟁을 해결할 민법도 필요했다. 로마인의 관심은 그리스인이 추구한 보편타당한 진실과

3장 빛깔 현재의 도시

거기에 이르는 방법이 아니라 개인의 재산권에 있었다. 그래서 로마의 법은 군더더기가 없고 실질적이었다. 많은 로마 시민이 법을 따르려면 무엇보다 명쾌해야 했기 때문이다.

로마법은 여러 분야가 있는데 유럽에 가장 영향을 준 것은 로마의 시민법(민법)과 집정관(혹은 황제) 칙령이었다. 로마에는 12표법으로 알려진 오래된 관습법이 있었는데, 이 법이 로마 시민법의 시작이었다. 로마 집정관의 가장 큰 임무가 이 법을 잘 해석해 적용하는 것이었다. 로마의 관습법은 로마가 영토를 넓히면서 다른 지역의 관습법을 통합하면서 로마 제국의 시민법으로 발전했다. 또 집정관 칙법에는 로마의 통치 원칙과 법철학이 녹아 있었다. 두 가지 분야는 현재까지 전해져오는 로마법에서 가장 많은 내용을 차지하고 있다.

그러나 이 방대했던 로마법은 서로마 제국이 멸망하면서 서유럽에서 홀연히 사라졌다. 로마 제국의 영토를 게르만족이 번갈아가면서 점령해 자신의 법으로 통치했기 때문이었다. 서로마 제국이 사라진 뒤 동로마 제국(비잔틴 제국)은 게르만족이 무너뜨린 고대 로마의 영광을 되살리려고 했다. 유스티니아누스 1세^{Justinianus,} $^{482~565}$가 대표적이었다. 그가 중점적으로 내세운 것은 '군대'와 '법'이었다. 이는 고대 로마 통치술의 핵심 키워드였다.*

동로마 제국은 이탈리아를 비롯한 남유럽과 아프리카에서 이슬람과 게르만족을 쫓아내고 지중해를 거의 회복했다. 그 후 그들은 고대 로마의 법을 집대성해 라틴어로 된 《로마법대전》을

---

* 유스티니아누스는 동로마 제국의 황제 가운데 라틴어를 모국어로 사용한 마지막 황제였다. 당시 동로마 제국의 공용어는 그리스어였다. 만약 유스티니아누스가 그리스어로 《로마법대전》을 만들었다면 인류의 문명사는 이탈리아가 아니라 그리스와 소아시아를 중심으로 지금과 전혀 다르게 흘러갔을 수도 있다.

만들었다. 하지만 게르만족이 이탈리아 반도에서 다시 동로마 제국을 몰아내고 이탈리아 반도의 대부분을 차지하면서 이 법전은 이탈리아에 제대로 전달되지 못했다.

고대 로마어인 라틴어로 된 로마법이 이탈리아에 전해진 것은 11세기가 되어서였다. 이 시기는 유럽 역사에서 중요한 시기였다. 경제적으로 농업혁명이 일어나 로마 제국 붕괴 후 처음으로 끼니를 걱정하지 않는 시절이 되었다. 수사들의 노력으로 쟁기가 만들어지고, 물레방아가 다시 돌기 시작했다. 그리고 정치적으로는 유럽의 두 절대 권력인 교황과 왕이 본격적으로 충돌하기 시작했다.

권력 다툼에 있어서 처음에는 교황이 우세해 보였다. 교황은 자신들을 괴롭히는 게르만족을 견제하기 위해 프랑크 왕국의 샤를마뉴 대제에게 신성 로마 제국의 황제라는 권위를 부여했다. 그 후에 프랑크 왕국은 이탈리아를 차지했던 랑고바르드 왕국을 정복했다. 문제는 여기서부터 시작되었다. 이전까지 중세 시대에 고대 로마의 합법적 적자嫡子는 교황이었다. 교회는 서유럽에서 유일하게 로마법으로 통치하는, 로마법의 계승자였다. 교회는 고대 로마의 황제처럼 전 교구와 교인에게 효력을 갖는 교황령을 내리고 있었다. 그런데 샤를마뉴 대제 이후 황제들은 자신들도 교황처럼 신성 로마 제국 전체에 효력을 갖는 칙령capitularies을 내리고 싶어 했다.

두 권력이 힘겨루기를 하는 사이, 시민계급은 양쪽의 눈을 피해 성장할 기회를 얻을 수 있었다. 게다가 이탈리아 도시들은 십자군 전쟁을 계기로 이슬람 세계와의 교역을 독점해 엄청난 부를 쌓았다. 그들의 힘이 얼마나 막강했는지는 베네치아가 1204년 제4차 십자군 전쟁 중에 동로마 제국의 수도인 콘스탄티노플을 점령하고 위성 국가인 라틴 제국을 만들었던 것만 봐도 알 수 있다. 도시 국가 베네치아가 거대 제국만큼이나 힘이 셌던 것이다. 베네치아는

18세기에 나폴레옹에게 점령당하기 전까지 독립된 도시 국가를 이루었다.

이 시대 이탈리아에는 베네치아뿐 아니라 제노바, 피사, 피렌체, 밀라노와 같은 도시 국가가 생겨났다. 볼로냐도 그런 도시 국가 중 하나였다. 이들은 서로 경쟁하거나 협력하면서 상업과 무역 활동으로 자본을 축적하기 시작했다. 특히 볼로냐, 피렌체, 제노바 등에서 베네치아처럼 시민들이 참여하는 위원회를 만드는 공화정을 운영했다는 점은 주목할 만하다.* 이탈리아의 도시 국가는 자신의 자치를 지키고 황제와 교황의 권력을 견제하기 위해 여러 가지 장치를 검토하였고, 그중 하나가 법이었다. 로마법은 이미 고대 로마 시대에 "황제의 권위는 법에 의해 부여 받는다"고 규정했기 때문이있다.

법에 목마른 학생들이 모여 대학을 세우다

모두가 법의 필요성을 느끼고 있을 때 볼로냐가 혜성 같이 등장했다. 볼로냐에는 항구 도시 피사에서 발견된 《로마법대전》을 풀이하는 주석가들이 있었는데, 그 가운데 이르네리우스Irnerius, 1055?~1140?가 유명했다. 법원 직원이자 학자였던 이르네리우스는 라틴어에

---

* 동고트와 롬바르디아의 지배를 받았던 밀라노는 공화정 대신 군주제를 선택했지만 게르만족의 수도였던 파비아와 함께 베네치아에서 수입한 동방의 물산을 유럽 국가로 판매하는 국제 무역으로 부를 일구었다. 롬바르디아 상인들은 유럽 왕실에 자금을 빌려주고, 그 대가로 해당 국가에 관세 유예 등의 혜택을 누리는 상술을 발휘했다. 하지만 그들의 주요 고객이었던 영국 왕실은 프랑스와의 100년 전쟁에 따른 재정 압박으로 모라토리움(지불 유예)을 선언해 롬바르디아 상인에게 거액의 손실을 안기기도 했다. 이는 유럽 최초의 금융 위기로 기록되었다.

정통했다. 당시 이탈리아에 전달된
《로마법대전》가운데 가장 많이 주석이
달린 책은 《학설휘찬》(라틴어로 'Pandects',
영어로 'Digest')이었다. 5,000권에 이르는
방대한 《로마법대전》가운데 아주 일부를
추려놓은 이 책은 로마법에 대한 고대
로마 법학자의 주장과 그에 대한 주해와
반론을 함께 적어놓았다.

　　재미있는 점은 50권 가운데
80퍼센트에 가까운 39권이 민법에 관한
것이라는 점이었다. 이르네리우스는
라틴어와 법에 정통해 이 《학설휘찬》을
이탈리아어로 풀이했다. 단순한 번역에

이르네리우스.
작가: 루이지 세르라(1886).
(출처: 위키피디아)

불과했지만 게르만족의 관습적 법령만
남아 있던 서유럽에서 《학설휘찬》의 재발견은 성경 없이 미사를
보던 교회에 글로 된 성경책이 나타난 것에 비유할 수 있었다.

　　이르네리우스가 주석을 단 로마법의 등장에 유럽은 열광했다.
법전이 없던 세상에 모든 사람이 따를 만한 바이블이 비로소
나타났기 때문이었다.* 많은 유럽 국가의 젊은이가 그에게 법학을
배우기 위해 볼로냐로 몰려들었다. 1088년 볼로냐에 대학이 생긴
계기는 이르네리우스에게 있었고, 그의 뒤에 로마법이 있었다.

　　젊은이들이 몰리면서 볼로냐에는 대학촌이 형성되었는데,
교수와 학생이 숙식을 같이하며 고시 공부를 하는 기숙 학원과 같은
모습이었다. 이곳이 대학으로 정식 인가가 난 것은 한참 뒤의

270

＊　이탈리아 중부의 독립공화국인 산마리노에서는 예전 로마법을 지금까지 그대로
　　쓰고 있다.

일이었다. 그리고 지금과 같은 대학 건물이 들어서고 대학가의
모습을 갖춘 것은 그 뒤로부터 무려 300년이 지난 14세기쯤으로
추정하고 있다.

볼로냐 대학이 '모든 대학의 모교'라고 불리는 까닭은 학생과
교수의 자발적인 공동체였다는 독특함 덕분이기도 하다. 공동체의
운영 방식은 지금의 관점으로 봐도 흥미롭다. 일단 학생이 방을
구하고 돈을 각출해 명망 있는 학자를 불러와서, 수업료를 지불하며
강의를 듣는 방식이었다. 이들은 매일 새벽같이 수업을 시작해 함께
밥을 먹고 토론하다 잠자는 동고동락 생활을 했다고 한다. 덕분에
볼로냐는 도시 기능이 마비될 정도로 외국인이나 외지인이 몰렸다.
1260년대 기준으로 볼로냐 법학부에 등록한 학생들을 보면 로마,
토스카나, 롬바르디아 등의 알프스 안쪽 지역과 갈리아, 부르고뉴,
프로방스, 노르망디, 카탈루냐, 헝가리, 폴란드, 독일, 스페인,
잉글랜드 등 알프스 바깥쪽 지역의 학생들로 구성되어 있었다.

중세의 경제 상황을 감안할 때 외국에 유학을 오고 교수
급여를 댈 정도였으니 학생들은 각국의 유력한 가문의 자제이거나
종교인이었다. 이들은 학생이라기에는 나이가 많았고, 교수와 나이
차이가 나지 않는 경우도 있었다. 따라서 볼로냐 대학은 자치가 강한
특이한 대학 문화를 갖게 되었다.* 학생들은 자신의 모임을
'유니베르시타스Universitas'(공동체)라고 불렀고, 이 단어에서 지금의
대학이라는 뜻의 유니버시티university가 유래되었다.

그렇지만 교수의 집에 모여 기숙하며 로마법을 연구한다는
것은 중세의 통치자들의 입장에서 보면 불온하기 짝이 없는
생각이었다. 사실상 사유재산을 무제한으로 보장하고, 신의 섭리보다

271

---

* 〈12세기부터 20세기까지 볼로냐 대학의 역사〉, 볼로냐 대학교 홈페이지

개인의 권한을 이성으로 설명하려는 로마법은 교회와 황제 모두를 부정하는 논리를 제공할 수 있었다. 통치자에게 로마법은 근대에 등장한, 자본의 지배를 부정하는 사회주의만큼이나 위험했다.

'중세의 모스크바'는 어떻게 탄압을 피했나?

그렇다면 '중세의 모스크바'인 볼로냐를 권력자들은 어떻게 생각했을까? 동양이나 중동의 절대 권력자들 같았으면 아마 이들을 당장 잡아다가 분서갱유 했겠지만, 유럽의 권력은 이 해방구를 용인했다. 아니 용인할 수밖에 없었다. 당시 유럽 권력의 정점은 왕과 교황이었다. 하지만 이들은 중국의 황제나 중동의 술탄처럼 권력을 완전히 장악하지 못했다. 그들은 서로서로 눈치를 봐야하는 신세였다. 신성 로마 제국 황제를 비롯해 유럽 왕들은 교황권을 막으면서도 자신의 권력을 강화하기 위해 법률을 정비할 필요가 있었고, 교황 역시 교회법을 강화해 커져가는 왕들의 힘을 막고 싶어 했다.

11세기에 들어서자 왕과 교회는 사제의 임명권이나 교회의 세금 부과를 놓고 사사건건 충돌하기 시작했다. 교황은 왕을 파문했고, 왕은 교황에게 무력시위를 했다. 이들에게는 충돌을 피해갈 안전장치가 필요했고, 그게 법이었다. 특히 교회는 로마 시대에 만들어진 교회법의 정비가 절실했다. 교회에는 늦게나마 법전이 나타난 로마법과 달리 마땅한 법전이 없었다. 종교법의 집대성이 필요한 시점에 이런 어려움을 해결해준 곳은 역시 볼로냐였다.

볼로냐에서는 13세기에 볼로냐 대학 법학자인 그라티아누스Franciscus Gratianus, ?~1158가 쓴 《법령집》이 등장했다. 이르네리우스가 기존에 있던 《로마법대전》에 주석을 다는 데 머물렀다면, 이 책은 흩어진 교회법을 모아 새로운 법전을 만든 것이었다. 좀 더 고난도의 작업이었다. 이르네리우스의 로마법 주석에 대해서는 중세가 끝나기 전에 이미 다른 법학자들에 의해 많은 반론이 나왔지만, 그라티아누스의 책은 20세기까지도 교회에서 그 권위를 온전히 인정받았다. 볼로냐 대학의 법 전공자 출신을 비롯해 법학 전공의 성직자들이 각 교구의 주교는 물론 교황에 오를 수 있었던 이유였다. 로마법은 당시 황제나 교회 모두에게 절대적으로 필요한 '복음'이었던 셈이었다.

왕들이 교회보다 좀 더 일찍 볼로냐 대학에 손을 내밀었다. 1158년 이르네리우스의 후학인 네 명의 박사가 프리드리히 1세Friedrich I, 1122~1190를 알현했다.* 그들은 황제를 만나 자리에서 제국이 갖춰야 하는 법률에 대해 설명했고, 제국의 법이 로마법에 기초해야 하는 이유도 논리적으로 설명했다. 그리고 황제는 그 대가로 칙령Authentica Habita을 반포해, 이들이 급여를 받고 이동과 체재 시에 신변을 보장받을 수 있게 조치해주었다. 또 황제는 칙령을 통해 "연구자와 학생들에게 연대 채무 변제나 신체 위해 등의 불법 행위를 저지를 수 없다"며 "이를 어길 시 엄벌에 처한다"고 경고했다.

이 칙령은 정부가 연구자의 연구를 위해 급여와 신변 안전을 보장해주는 유럽 지성사의 상징적인 사건이었다. 비록 프리드리히 1세는 제3차 십자군 전쟁에서 전사했지만 볼로냐 대학에 취해진 이런 조치는 지속적으로 유지되었다. 덕분에 많은 외국 청년이

273

---

* 4박사라고도 부르는데 이들은 로마법 《학설휘찬》에 나오는 황제권의 신성함에 대해 각자 전혀 다른 의견을 가지고 있었다. 황제는 당연히 왕권이 신성한 것이며 하늘에서 부여받았다는 말을 한 학자에게만 말을 하사했고, 고대 로마의 키케로처럼 왕권도 법에 의해 제한될 수 있다고 말한 학자에게는 아무것도 주지 않았다.

안심하고 학문을 배우러 볼로냐에 올 수 있었다.

당연히 교황도 손을 놓고 있지 않았다. 교황 호노리오 3세Honorius III, ?~1227는 1219년 볼로냐 대학 졸업생이 어디서든 강의를 할 수 있도록 허락하는 권한을 볼로냐 교회에 내렸다. 지금으로 말하면 교원 임용의 권한을 교회에 일임한 것이다. 이는 학생들이 어떻게든 교회를 따르게 하려는 의도였다. 1229년에는 볼로냐 의대에도 똑같은 권한이 생겼다. 황제와 교회가 앞 다투어 인준한 볼로냐 대학에 인재가 몰릴 수밖에 없었다.

볼로냐 대학은 다른 대학의 설립을 촉진시켰다. 1150년 파리 대학이 대표적이었다. 파리 대학은 교회가 신학 연구를 위해 설립한 학교로 볼로냐 대학과는 차이가 있었다. 또 파도바, 파비아, 모데나 등에도 잇따라 대학이 생겼다. 그런데 볼로냐 대학을 열광적으로 지지하는 것 같았던 신성로마제국의 프리드리히 2세Friedrich II, 1712~1786는 1224년 볼로냐 대학을 견제하기 위해 나폴리 대학을 세우는 코미디 같은 일을 벌였다. 볼로냐와 밀라노 등의 도시가 이른바 롬바르디아 동맹을 맺어 자신의 왕국과 전쟁을 벌여 승리했기 때문이었다.

물론 도시 연합의 승리의 뒤에는 당시 교황이었던 알렉산데르 3세Alessandro III, 1105~1181의 지원이 있었다. 롬바르디아 동맹은 교황을 기리기 위해 그들이 황제군을 물리친 지역에 알레산드리아Alessandria 라는 이름을 붙였다. 알레산드리아는 중세의 가치를 재조명했던 움베르토 에코Umberto Eco, 1932~2016 볼로냐 대학 교수의 고향이기도 하다. 에코는 '중세=암흑'이라는 기존의 주장에 반대했던 대표적인 학자였다. 그는 오히려 중세에 그리스·로마 문명이 이어지고 발전해왔다고 주장했다. 나는 대학 때 아리스토텔레스의 《시학》을 소재로 중세 수도원에서 벌어졌던 살인 사건을 다룬 소설 《장미의 이름》덕에 그를 알았다.

시간이 지날수록 볼로냐 대학의 중요도는 점점 커졌다. 볼로냐에 유학을 다녀온 교황과 왕들의 브레인들이 로마법을 해석해 각국에 맞는 새로운 법을 만드는 중책을 맡았기 때문이었다. 볼로냐 대학은 고대 로마 시대 논리학이나 수사학에 머물던 법을 아주 중요한 사회과학으로 성장시켰다. 11세기에 시작된 볼로냐의 로마법 연구 덕분에 18세기에는 유럽 대륙의 거의 모든 나라가 자국 현실에 맞는 법체계를 갖추게 되었다. 볼로냐에서 시작한 법학 연구는 주로 독일, 프랑스 등의 대륙법계 연구를 통해 발전했는데, 이런 법학의 흐름이 일본을 거쳐 한국에 들어왔다. 즉 우리나라 법학의 뿌리도 볼로냐 대학에서 온 로마법인 셈이다.*

중세에 꽉 막힌 신학에 의해 부정되었던 법이 부활하면서 세속의 권리는 하나씩 그 힘을 찾기 시작했다. 이제 사인私人간의 거래는 법에 의해 보장되었고, 그렇게 얻은 재산 역시 법에 의해 보호받았다. 심지어 왕과 교회도 이런 절차와 법을 따라야 했다. 왕도 법에 따라 계약을 해야 하는 당사자, 즉 을이 될 수 있었다.

동양의 황제나 술탄이라면 절대 받아들이지 못할 상황이었을 것이다. 서양에서 산업혁명이 일어난 이후에도 한참 동안 동양의 거의 모든 왕국은 왕이 신과 같은 위치에서 나라를 통치하는 왕토사상에 젖어 있었다. 그들은 법 위에 있었고 그들의 환심을 산 환관과 후궁이 특권을 휘두르며 제도와 시장의 개혁을 막았다. 결국

275

---

* 영국은 볼로냐의 로마법이 들어오기 전에 이미 교회법이 들어와, 이에 대한 연구가 독자적으로 발달했다. 그래서 영국은 볼로냐에서 시작된 로마법 연구를 다른 나라보다 상대적으로 천천히 수용했다. 이런 영국법은 훗날 영국의 식민지였던 미국의 법에 영향을 주었고, 이에 따라 프랑스와 독일을 중심으로 한 대륙법과는 다른 영미법 체계가 만들어지게 되었다.

이들 국가는 열강의 식민지나 반식민지로 전락했다. 반면
시앙에서는 시민들이 법과 계약에 의해 왕권을 견제할 수 있는 자치
조직을 끊임없이 만들었다. 대표적인 조직이 국회와 중앙은행이다.
왕이 자신의 권위를 과시하기 위해 전쟁이나 토목공사를 일삼고, 그
경비를 충당하기 위해 돈을 마구 찍거나 세금을 마음대로 걷고 올릴
수 없도록 견제 장치를 만든 것이다.

한발 더 나아가 로마법의 등장으로 정교분리에 대한 법적인
고려가 이루어지기 시작했다. 이는 종교의 자유, 양심의 자유 그리고
표현의 자유로 확장되었다. 영국과 프랑스의 계몽주의가 이를
인간의 기본권으로 발전시켰고, 미국 헌법이 최초로 명시했다.
영국의 정치인 윈스턴 처칠Winston Churchill, 1874~1965은 헌법에 대해
이렇게 말했다.

"문명의 핵심 원리는 헌법에 명시된 대로 민중의 관습과
그들의 의지를 따르는 지배층의 복종이다."

지배층의 민중에 대한 복종을 강조한 새로운 문명의 첫 단추는
볼로냐 대학이 끼웠다.

볼로냐 대학의 또 하나의 횃불, 의학

법학 외에도 볼로냐 대학을 '모든 대학의 모교'로 만든 학문은
의학이었다. 볼로냐에 오면 꼭 봐야 하는 기념비적인 건물이 있다.
볼로냐 시립 도서관 아르키진나시오Archiginnasio이다. 이 건물은 시내
중심인 마조레 광장 남쪽에 위치해 있지만, 로마의 콜로세움이나
피렌체의 두오모처럼 전혀 웅장하거나 화려하지 않고 다른 건물에
가려져 있어 그냥 지나치기 쉽다.

볼로냐 시립 도서관은 원래 1683년에 지어져 볼로냐 대학

본관으로 사용되었던 건물이다. 시내 가장 중앙에 대학 본관이 있었으니, 당시 볼로냐 대학의 위상을 짐작할 수 있다. 특히 이 도서관에는 유명한 볼로냐 대학 해부학 실습 공개홀이 있다.

이 홀은 '해부학 극장'이라는 이름처럼 시신을 해부하는 장면을 학생과 일반인에게 공개하던 장소였다. 홀에 들어가면 가운데 해부용 시신을 놓는 대리석 판을 중심으로 계단형 좌석이 있다. 그리고 고색창연한 나무로 장식된 벽에는 고대 히포크라테스Hippocrates, BC 460?~ BC 377?에서부터 갈레노스Claudios Galenos, 129?~199? 등 서양 의학의 역사를 연 위인의 대리석 동상이 이 홀을 내려다보고 있다. 해부학 실습실이 얼마나 중요하다고 생각했으면 대학 본관 건물에 이런 공개홀을 만들었을까?

이 대학에서 인체 해부학 실험을 처음으로 강의했던 사람은

1638년 문을 연 볼로냐 대학의 해부학 극장. 시민들이 해부학 교수들이 인체를 해부하는 모습을 볼 수 있게 설계되었다.

옛 볼로냐 대학 본관이었던 아르키진나시오의 회랑.
볼로냐가 교황령으로 편입된 뒤 지어진 이 건물의 회랑은
화려한 문장과 문양으로 장식되어 있다.

볼로냐 출신인 몬디노 데 루치Mondino de Luzzi, 1270~1326였다. 그는 기원전 3세기 그리스인 에로필로Erofilo에 의해 처음 창안되고, 2세기 또 다른 그리스인인 갈레노스에 의해 발전된 해부학을 중세 이탈리아에서 다시 부활시킨 인물이었다.

그런데 해부학은 당시 중세 교회의 입장과는 완전히 어긋나는 행위였다. 교황 보니파키우스 8세Benedetto Caetani Bonifacius VIII, 1235~1303는 어떠한 이유로도 시체를 절단할 수 없다는 칙령을 반포했다. 따라서 고대 로마가 사라진 뒤 인체 해부는 금기사항이었고, 중세 의사들은 갈레노스가 쓴 고대 로마 시절의 의학 교재를 바탕으로 환자를 치료해야 했다.

황제의 시의였던 갈레노스는 그 유명한 체액설을 주장했다. 그는 인간의 체액이 혈액, 황담즙, 흑담즙, 점액 네 가지로 이루어져 있고, 모든 병은 이 체액의 균형이 깨져서 일어난다고 생각했다. 그의 체액설은 이슬람 의학자들에 의해 계승되었고 다시 유럽으로 전해졌다.

그의 책과 학설이 어느 정도로 영향력이 컸냐 하면, 중세의 요리도 체액설을 기준으로 조리되었을 정도였다. 요리사는 뜨거움, 건조함, 축축함, 차가움을 특징으로 하는 4체액의 균형을 맞추어야 했다.

예를 들면 소고기는 건조하고 차갑기 때문에 끓여먹어야 하고, 돼지고기는 체액이 축축해서 반드시 구워서 섭취해야 했다. 사실 갈레노스는 인간을 해부한 것이 아니라 동물을 해부하면서 이를 통해 인체의 기능을 유추했기 때문에 전혀 과학적이지 않았다. 그러나 그의 체액설은 천동설만큼이나 오랫동안 신봉되었다.

그 아성에 대한 첫 도전이 볼로냐 의대에서 시작된 인체 해부학 실습이었다. 볼로냐 대학이 인체 해부를 할 수 있었던 것은

몬디노 데 루치가 쓴 《해부학》은 그리스 시대의 4체액론에 기초한 탓에
여러가지 오류가 있었다. 그럼에도 불구하고 이 책은 14세기 이후 3세기 동안
유럽에서 중요한 해부학 교재로 각광을 받았다. (출처: 위키피디아)

보니파키우스 8세가 선종한 뒤 시체 해부 금지 조치를
면제받으면서부터였다. 하지만 이미 12세기부터 볼로냐
대학가에서는 암암리에 시체 해부가 진행되었다. 몬디노는 1315년,
당시로서는 파격적으로 볼로냐에서 의대생과 다른 관중들 앞에서
공개 해부를 실시했다. 그리고 《해부학Anathomia corporis humani》이라는
책을 펴냈는데 이 책은 최초의 근대적 해부학 책으로 평가된다. 많은
오류에도 불구하고 발간된 후, 3세기 동안 중요한 해부학 교재로
쓰일 정도로 영향력이 있었다.

　　그의 제자 가운데 프랑스인인 숄리아크Guy de Chauliac, 1300~1368의
활약도 주목할 만하다. 그는 외과 의사에게 해부학적 지식을

강조했다. 그는 "해부학 지식이 없는 외과 의사는 장님이 통나무를 조각하려는 것"이라고 비유했다. 그의 라틴어 저서인 《외과학대전Chirurgia magna》은 외과 의사의 수술이 거리의 이발사가 실시했던 수술과는 차원이 완전히 다르다는 것을 보여주었다. 이런 명성으로 그는 프랑스 아비뇽에 머물렀던 교황 클레멘스 6세Clemente VI, 1291~1352의 시의로 일했다. 이어 그는 교황 인노첸시오 6세, 우르바노 5세 등 교황 세 명의 개인 의사를 역임했다.

몬디노와 숄리아크의 해부학 책은 르네상스의 예술가인 레오나르도 다빈치에게도 영감을 주었다. 다빈치는 인체를 좀 더 잘 그리기 위해 해부학에 관심을 가졌으며, 30구 정도의 시체 해부에 직접 참여했다. 그리고 그는 신체 기관과 관련된 많은 해부 그림을 남겼다. 그가 해부 그림을 그린 목적은 단순히 해부 과정에서 드러난 인체를 나타내려는 것이 아니라 인체와 각 세부 기관의 놀라운 형태와 기능을 이해하려는 것이었다.

이처럼 해부학은 다빈치뿐 아니라 많은 예술가들이 인체를 바라보는 시각을 폭넓게 확장하는 전기를 마련해주었다. 라파엘로Raffaello Sanzio, 1483~1520, 미켈란젤로Michelangelo Buonarroti, 1475~1564 같은 르네상스 예술가는 물론 루벤스Peter Paul Rubens, 1577~1640 등 바로크와 매너리즘 미술가도 다빈치처럼 해부학적 지식을 쌓았고 이를 자신의 그림에 반영했다. 르네상스 이후 미술품에 등장했던 인간의 모습은 중세 성화에 등장했던 인간의 모습과는 완전히 달랐다.

프랑스 사학자인 에르네스트 뷔커쉐이머Ernest Wickersheimer, 1880~1965는 이에 대해 이렇게 평가했다. "서유럽에서 해부학의 르네상스가 있었다면, 그것은 인체 연구에서 새로운 시대의 시작을 알린 몬디노 덕분이다."

1348년에 시작해 무려 200년이 넘게 유럽 인구의 3분의 1을 죽음으로 몰고갔던 페스트는 인체 해부학에 새로운 전기를 마련해주었다. 당시 의학은 이 전염병의 원인을 밝힐 수가 없었다. 교회는 원인을 알 수 없던 이 질병을 인간의 죄에 대한 신의 벌이라고 이야기했다. 특히 사체의 검은 반점을 죄의 흔적이라며 겁을 주고는, 엄청난 양의 면죄부(면벌부)를 팔았다. 하지만 많은 종교인도 페스트에 걸려 사망했기 때문에 사람들은 교회의 말이 거짓이라는 것을 짐작할 수 있었다. 결국 면죄부를 파는 교회를 비판하면서 종교개혁이 시작되었다.

그러자 1537년부터 교황 클레멘스 7세Clemens VII, 1478~1534는 흑사병 연구를 위해 시체 해부를 수락할 수밖에 없었다. 이때 부터 본격석으로 인체 해부의 관심이 일반인에게도 확산되었다. 끔찍한 페스트에 지친 대중이 참관할 수 있는 공개 해부학 강의가 열렸다. 볼로냐 대학의 해부학 극장도 그 즈음에 생긴 것이다. 하지만 정작 해부학으로 유명한 대학은 베네치아에서 40킬로미터 떨어진 곳에 있는 파도바Padova 대학이었다.

16세기에 볼로냐는 교황령이 되어 교회의 간섭을 많이 받았다. 하지만 베네치아는 교황청의 입김에서 자유로웠고 파도바 대학은 해부학은 물론, 물리학 등 자연과학 실험이 활발했다.

특히 네덜란드인 안드레아스 베살리우스Andreas Vesalius, 1514~1564 의 인체 해부학 공개 강의가 유명했다. 베살리우스는 해부학을 오늘날의 위치에 오르게 한 인물이다. 그의 집안은 대대로 신성 로마 제국 황제의 주치의 등을 맡았다. 그는 당시 네덜란드의 루뱅Louvain 대학(현재는 벨기에)에서 의학을 전공한 뒤 군의관으로 전쟁에 참여해 많은 외과적 경험을 쌓았다. 이후 그는 파도바 대학에서 해부학을 연구하고 제자를 양성했다.

그는 1543년 《인체의 구조에 대하여De humani corporis fabrica》라는 해부학 책을 출판했다.* 총 7권인 이 책은 놀라울 만큼 정교한 인체 해부도를 네덜란드 목판화가의 판화로 담고 있다(심지어 그의 해부도는 예술적이기까지 하다). 그는 이 책에서 1,500년 동안 서구와 이슬람에서 신봉했던 갈레노스의 주장이 얼마나 잘못되었는지를 보여주었다. 베살리우스의 이 책은 인간의 몸이 신의 뜻대로 움직이는 것이 아니라 혈관과 뼈대 그리고 장기에 의해 독자적으로 움직인다는 것을 사람들에게 깨닫게 해주었다. 또 그리스·로마 고전이 오류가 없는 신성불가침한 존재가 아니라는 것도 보여주었다. 베살리우스는 인간의 관찰과 경험이 진리가 될 수도 있다는 과학적 경험론을 해부학으로 입증했다. 베살리우스 덕분에 해부학은 의과 대학 교육은 물론 자연과학의 핵심적인 부분으로 자리 잡게 되었다.

베살리우스의 제자였던 파브리치우스Hieronymus Fabricius, 1537~1619 역시 해부학으로 명성을 떨쳤는데, 심장판막을 발견했다. 이는 그의 영국인 제자인 윌리엄 하비William Harvey, 1578~1657가 심장을 중심으로 한 혈액순환설을 주장하는 데 큰 도움이 되었다. 그는 심장이 판막을 이용해 끊임없이 피를 순환시키면서 생명을 유지한다고 주장했다. 그러나 당시 학계에서는 갈레노스의 체액설을 정면으로 부정한 그의 주장을 받아들이지 않았다. 그 후로 차츰 하비의 주장이 사실로 드러나면서 인류는 생명 근원에 대해 중세 때와는 전혀 다른 생각을 갖게 되었다.

* 1543년은 과학사에서 매우 중요한 해다. 베살리우스의 해부학 책이 출판되던 이 해에 지동설을 주장한 코페르니쿠스의 논문이 발표됐다. 과학의 최전선에 있던 두 명의 선각자들은 각각 인간의 몸과 우주에 대한 근본적인 패러다임의 전환을 이끌어냈다.

16세기 이후 이런 의학적 발견이 계속 이어지면서 이제 누구도 인간이 신의 벌에 의해서 병에 걸린다고 생각할 수 없게 되었다. 십자군 전쟁 이후 시작되었던 교회의 면죄부 장사는 이제 좌판을 걷어야 했다. 신을 내세워 자신의 권위를 정당화하던 교회의 입지가 해부학으로 인해 그만큼 좁아지게 된 것이다.

'현자의 도시'가 된 건 행운인가 실력인가

그렇다면 볼로냐 대학은 도대체 어떻게 해서 이렇게나 훌륭한 성과를 보여준 걸까? 볼로냐의 기운이 우주를 관통하거나 볼로냐인들이 인종학적으로 우수했던 것은 아니었을 것이다 볼로냐가 아펜니노산맥과 가까워 산의 정기를 받아 풍수지리적으로 인재가 많은 천하의 명당이기 때문은 더더욱 아니다.

볼로냐는 이탈리아 반도의 한복판에 있던 도시였다. 우리로 치면 조선 시대 한양이나 고려 시대 때 개경쯤이 될 것 같다. 볼로냐는 힘과 힘이 맞물리는 지정학적인 장소였다. 대륙세력과 해양세력이 만나는 곳이었고, 황제와 종교가 충돌하는 곳이었다. 그리고 인종학적으로는 라틴과 게르만의 접점이었다. 지구상에 사실 이런 지정학적 장소는 굉장히 많다. 역사 속에서 대개 이런 곳은 전쟁으로 점철되어 민초들이 끝도 없는 비극적 삶을 사는 게 보통이다. 소위 말하는 반도의 숙명이었다. 한반도는 물론이고, 발칸반도와 크림반도가 그랬다.

285

그렇지만 볼로냐는 이 아찔한 접점에서 놀라운 결과물을 움켜쥐었다. 그 성과는 도무지 한 도시가 이룬 것이라고 할 수 없을 정도로 거대했다. 로마법과 해부학이 인간의 생각을 어떻게 바꾸었는지는 앞에서 설명했다.

이런 결과물이 그저 행운에 의한 것이었을까? 교회와 황제와 맞서고, 대학을 세우고, 여성과 약자를 보호하고, 중소상인과 농업인을 보호하는 협동조합과 공동체를 만든 게 정말 우연일까? 내가 과문한 편이기는 하지만 나는 지구상에서 이렇게 근사한 우연이 겹쳐진 곳을 거의 들어보지 못했다. 게다가 역사상 아무리 놀라운 성과를 낸 곳이라도 여자와 노예 그리고 이방인(주로 유대인이나 이교도)을 천시했다. 고대 그리스·로마도, 심지어 미국도 그랬다. 하지만 볼로냐는 여자와 노예를 인간으로 대우했다.

볼로냐의 성과는 자신들을 지겹게 괴롭히던 외부 압력에 맞서 자유를 찾으려는 끝없는 갈망에서 시작되었다고 나는 생각한다. 볼로냐시를 대표하는 깃발에 두 발로 걷는 하늘을 배경으로 서 있는 사자 문양이 새겨지고, '자유'라는 라틴어가 쓰인 건 이 때문이 아닐까? 볼로냐인들은 이 갈망을 풀기 위해 주변의 도시는 물론, 압제자에게도 인정받을 수 있는 볼로냐 대학이라는 매우 성공적인 플랫폼을 만들었다. 그 플랫폼은 누가 주도해서 만든 것이 아니라 시민과 이방인의 자율성에 의해서 만들어졌다. 일종의 지적재산권으로도 볼 수 있는 '대학'이라는 볼로냐식 플랫폼은 국경을 뛰어넘어

286

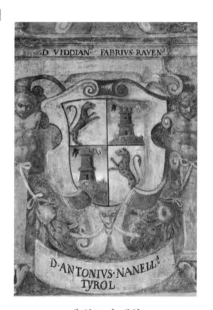

옛 볼로냐 대학
본관(아르키진나시오)에 그려진 학생
가문의 문장. 이 건물에는 이런
문장이 무려 6,000개나 남아 있다.
(출처: 위키피디아)

광범위한 공인을 받았고, 그것이 볼로냐라는 도시를 빛나게
해주었다. 역사적으로 이렇게 전 세계적인 공인을 받은 플랫폼은
기독교, 이슬람, 불교 등의 종교나 화폐와 어음 등의 금융 제도
그리고 인터넷 정도밖에 없었다.

강철로 된 무지개를 밟다

내가 프랑스나 미국을 놔두고 서양 요리를 배울 수 있는 나라로
이탈리아를 선택한 것은 이탈리아가 서양 요리의 출발점이라는 아주
단순한 생각 때문이었다. 프랑스 요리의 중후함보다는 이탈리아
요리의 발랄함이 좋았던 개인 취향도 한몫했다.

　　그 선택은 옳았다. 이탈리아 요리는 남에서 북까지 참으로
다양했다. 이탈리아 요리의 폭넓은 스펙트럼은 고대
그리스·로마에서부터 미국의 현대사에 이르기까지 이어져 있었고,
나의 인문학적 호기심을 자극하기에 충분했다. 서양 요리의 기본인
올리브 오일, 치즈, 와인은 이탈리아에 오지 않았다면 제대로 알
수조차 없었을 것이다. 이탈리아에서의 유학 생활은 말이 낯설고
몸이 고되었지만 그래도 값진 시간이었다.

　　그리고 볼로냐에서 나는 이탈리아에 온 내 선택이 옳다는 것을
한 번 더 확신할 수 있었다. 나는 역사를 좋아하지만 나에게 역사란
실눈을 뜨고 마음 졸이며 봐야 하는 스릴러 영화와 비슷했다. 스릴러
영화의 주인공이 죽지 않고 마지막까지 살아남듯이 역사의
수레바퀴는 살아남기 위해 전진한다. 하지만 그 수레바퀴가 구르는
자국에는 수많은 눈물과 한숨이 깔려 있다. 스릴러 영화에서
주인공을 제외한 주변 인물 대부분이 무참하게 살해당하듯이
말이다. 그런데도 사람들은 그 비극에 별 관심을 두지 않는다. 그저

287

역사는 아름답다고 위대하다고 시원스레 이야기한다.

그래서 나는 수레바퀴의 전진이 반드시 아름답다고만은
여기지 않았다. 때때로 역사는 인간을 그의 의지와는 무관하게
엄청난 힘으로 빨아들인다. 그래서 나는 역사가 마치 물질은
물론이고, 찬란한 빛마저 삼켜버리는 블랙홀과 비슷하다고 생각했다.
그렇다고 나는 인류의 역사를《사피엔스》의 저자 유발 하라리^{Yuval}
^{Noah Harari}처럼 "농업혁명으로 시작한 인간의 문명은 그 자체가
거대한 사기극"이라는 말에는 동의하지는 않는다. 생계 걱정만
없다면 해외여행을 다니고 맛있는 음식을 마음껏 즐길 수 있는
현대인이 구석기인보다 불행하지는 않은 것 같다.

그런데 나는 볼로냐에서 이 수레바퀴의 무게를 잠시 잊어버릴
수 있었다. 볼로냐는 제멋대로인 역사에 맞설 줄 아는 들풀처럼
강인한 사람들이 사는 특이한 지역이었다. 그 비결은 하늘의 뜻도
아니었고, 영민한 천재 혹은 어느 위대한 집단의 영도력도 아니었다.
그저 여럿이 함께 맛있는 음식을 먹으며 한 방향을 보고 달려왔던
덕분이었다.

그들은 역사의 수레바퀴가 자신을 짓밟고 지나가게 숨죽이며
기다리는 무른 땅이 아니라 그 수레바퀴가 자신이 원하는 길로
가도록 궤도를 놓을 줄 알았다. 가끔은 그 궤도가 짓이겨지기도
했지만, 적어도 볼로냐 사람들은 포기하지 않았다. 그리고 그들이
생각한 궤도의 방향은 지금의 관점에서 봐도 놀라울 만큼
지혜로웠다.

볼로냐는 강철로 된 무지개를 놓았다. 그 무지개는 볼로냐
대학과 에밀리아 모델로 불리는 협동조합뿐 아니라 람브루스코
와인, 파르미지아노-레지아노 치즈, 프로슈토와 모르타델라처럼
다채로운 색깔이 있다. 그렇지만 나는 이 멋진 볼로냐를 질투하지

않는다. 오히려 고마웠다. '정의는 왜 패배하는가?' 그리고 '혁명은 왜 고독해야 하는가?' 이런 나의 오래된 넋두리를 볼로냐에서는 잠시 접어둘 수 있었기 때문이다.

미녀의 도시

붉은 벽돌의 숲에 사는
아마조네스

"여자가 글을 배우는 건 요리책을 읽기 위해서가 아니다."
1963년 노벨물리학상 수상자 마리아 메이어

앞에서는 거의 언급하지 않았지만 볼로냐의 여러 별명 가운데
특이한 게 있다. 그중 하나가 '미녀의 도시'다. 각자의 개성이
존중되는 현대 사회에 여성을 미로 판단하는 고전적인 기준은 분명
찬반이 갈릴 것이다. 요즘은 여자의 육체를 강조해 돈을 벌어온 미국
할리우드를 비롯해 전 세계의 미디어가 획일화된 여성상에 대해
자기반성을 하고 있다. 온실 속의 화초 같은 공주의 시대, 말라깽이
미녀가 주인공이 되던 시대는 확실히 저물고 있다.

291

대신 개성이 있고 비범한 걸 크러시Girl Crush(여자가 닮고 싶어
하고 동경하는 여성, 보통 '호감을 가질 만한 강한 여성'을 뜻한다)여성들이
영화와 TV 드라마의 주인공으로 등장하고 있다. 요즘 드라마에는
전형적인 미의 기준에서 벗어난 개성만점의 여주인공이 등장한다.
심지어 이들은 남자 주인공도 필요 없다. 남자 도움 없이 스스로 눈을
뜨는 백설공주와 스스로 자기 발에 맞는 신발을 찾아 신고 계모를
때려눕히는 적극적인 신데렐라가 등장한 것이다. 이런 상황에서
'미녀의 도시'를 소개하는 게 혹시 내가 고전적 여성관에서 벗어나지
못한 '아재'라는 인상을 줄까 우려가 되었다.

그렇지만 볼로냐가 미녀의 도시라고 불린 것은 특정 국가 혹은

특정 지역의 인종학적 특성을 갖추었거나, 사과나 포도주가 발달해 이를 먹은 여성들이 깨끗한 피부나 몸매를 가졌다거나 하는 고리타분한 이유 때문이 아니다. 앞에서도 말했던 이 지역의 특별한 성취 덕분이었다. '미녀의 도시'라는 별명이 남성들의 가부장적 시각에서 온 것이 아니라 볼로냐 역사에 대한 찬탄의 하나였다는 것을 확신하고서야, 나는 이 주제를 쓸 마음을 다잡았다. 그렇다면 볼로냐는 어떻게 '미녀의 도시'라는 속되지만 속되지 않은 상찬을 거머쥔 것일까?

나는 왜 볼로냐에 콩깍지가 씌었나?

흔히 말하는 아름다움이란 무엇일까? 결론부터 말하자면 미는 철저하게 주관적인 것이다. 철학이 신학에서 분리되는 데 시간이 걸렸듯이, 아름다움도 종교와 인간의 이성으로부터 독립하는 데 많은 시간이 필요했다. 어쩌면 아름다움을 숫자로 생각했던 피타고라스Pythagoras, BC 582?~BC 497?나, 이데아 외에는 다 가상의 세계라고 말했던 플라톤Plato, BC 427?~BC 347?의 지독한 그림자 탓일지도 모른다. 하지만 인간은 커피를 마시며 철학을 종교와 구분했고, 근대가 되면서 철학에서 다시 미학을 떼어냈다. 미학자들이 내린 결론은 인간 상반신과 하반신 길이의 비율이 1:1.618가 되어야 한다는 따위의 절대적인 아름다움의 기준이란 존재하지 않는다는 거다.

여성의 아름다움은 정확하게 말하면 편견에 가깝다. 양귀비는 석기 시대 유물인 '뮐렌도르프의 비너스'처럼 통통했기 때문에 당 현종의 눈길을 끌었다. 비슷하게 한때 우리나라에서 유행했던 '부잣집 맏며느리' 같다는 미의 기준은 지금 보면 촌스럽기 그지없다.

근대까지 일본 여성들은 지금은 개그맨들이나 할 법한, 이를 아주 새까맣게 칠하는 독특한 화장법을 고수해왔다. 완벽하게 흰 얼굴, 빨간 입술, 검은 이를 화장의 기준으로 삼은 것이다. 일본 영화에 등장하는 게이샤들의 하얀 얼굴 화장은 여기에서 비롯된 것이다. 물론 아직도 사람들은 미디어의 기준에 맞춰 젓가락처럼 마른 여성을 아름다움의 기준으로 꼽기도 한다. 이 탓에 많은 여성이 무리한 다이어트로 건강을 해치고 심하면 목숨을 잃기도 한다. 권력과 미디어는 대체적으로 사회적 판단력을 흐리는 쪽으로 흐르는 경향이 있다.

　오히려 여성의 아름다움에 대해서는 과학적 설명이 설득력이 있다. 영국의 유전과학자인 리처드 도킨스Clinton Richard Dawkins의 '이기적인 유전자 이론'을 통해서도 아름다움에 대해 말해볼 수 있다. 그는 진화의 주체가 인간 개체나 종이 아니라 유전자라며 자연선택은 개체가 아니라 유전자DNA의 조화라고 말했다. 심지어 그는 "인간이 유전자 보존을 위해 맹목적으로 프로그램화된 기계"라고까지 주장했다. 그의 주장을 아름다움에 대입한다면 미의 기준은 인간이나 그 사회의 문화적 전통이 아니라 인간의 유전자가 세운 것이다. 수많은 유전자의 조합으로 이루어지는 개체의 아름다움을 꼬집어내 수학 공식처럼 객관화하는 것은 불가능해 보인다. 한마디로 모든 존재는 그 자체로 자연선택의 결과물이며 찬미 받을 이유가 있다는 이야기다. 그렇지만 유감스럽게도 인류는 꽤 오랫동안 아름다움과 추함을 그저 이분법적으로 생각해왔다. 볼로냐는 그 잘못된 사고방식에 대항했던 도시였다.

　사실 볼로냐는 나에게도 '미녀의 도시'였다. 내 DNA가 볼로냐에서 유독 꿈틀거렸기 때문은 아니다. 볼로냐 여성들은 여행자인 나에게 더할 나위 없이 친절했다. 물론 이탈리아 여성은 대체로 친절하다. 이탈리아 남성의 친절도를 1이라고 하면 여성의 친절도는 10 이상인 것 같다(어쩌면 100? 이탈리아 남성은 그래도 북유럽 남자들보다는 친절하다).

이탈리아 여성들의 친절은 가톨릭 문화 때문이기도 하다. 가톨릭은 이탈리아만의 독특한 개방성을 낳았다. 16세기 오스만 제국의 확장으로 예루살렘이 이슬람 영토가 된 이후, 이탈리아는 예루살렘을 대체하는 종교적 성지가 됐다. 그래서 많은 유럽인이 이탈리아의 로마, 아시시 등으로 성지순례를 왔다. 이탈리아는 자기 땅을 성지로 여기고 찾아오는 순례자들을 두 팔 벌려 받아들였다. 노잣돈을 들고온 순례자들은 이탈리아를 먹여 살리는 젖줄이기도 했다. 이탈리아에서 음악이나 미술이 발달할 수 있었던 것은 이런 순례자들의 막대한 기부 덕분이었다. 그래서 이탈리아인은 이방인에게 비교적 관대한 편이다. 친해지면 정말 살갑게 대해줘서, 우리나라 같은 정이 느껴질 때가 많았다.

정말 친절한 볼로냐 여성들

볼로냐 여성들의 친절은 여행자로서는 감격스러운 대목이었다. 게다가 대부분의 여성들, 후미진 골목의 카페나 레스토랑에 근무하는 여성들도 영어를 할 줄 알아서 더욱 가깝게 느껴졌는지도 모르겠다. 내가 볼로냐 여성의 친절함을 마음 깊이 느낀 것은 에어비앤비 주인인 G를 통해서였다(이름이 특이해 실명을 사이트에서 바로 찾아볼 수 있어서 대신 약자를 쓴다). 나는 인턴을 마치고 볼로냐에 한 달 동안 있으면서 G가 운영하는 집에 머물렀다.

숙소는 볼로냐 역에서 가까웠다. 그런데 구글 맵으로 집 근처까지는 갔는데 정확하게 집을 찾기가 어려웠다. 토리노

아파트는 실내가 별로여도 대문은 정말 쓸데없이 웅장한데, 볼로냐
아파트의 정문은 대부분 지나치게 소박했다. 왕정이 있던 동네와
시민 자치 도시는 대문부터 달랐다. 거기다 G는 영어를 거의 하지
못했다. 나도 이탈리아어가 그렇게 능숙하지 않아 전화로는 더
의사소통이 잘 되지 않았다. 우리는 우여곡절 끝에 숙소 근처의
슈퍼마켓 앞에서 만나기로 대충 약속을 했다. 그런데 그 근처에 같은
이름의 슈퍼마켓이 두 곳이 있어서 엇갈리고 말았다. 나는 그 집 앞의
길 건너편에 있는 작은 규모의 슈퍼마켓에서, 그녀는 역 근처의 큰
슈퍼마켓에서 서로를 기다린 거다.

아무튼 G는 친절했다. 내가 그 집에 머무는 동안 진심을
다해서 불편이 없도록 애써주었다. 심지어 원래는 투숙자가 집 안에
있는 세탁기를 개별적으로 돌려야 했는데도 내 세탁물을 직접
세탁해주었다. 또 일주일에 두 번씩 침대 시트와 베개 커버를
바꾸어주었다. 이후 많은 에어비앤비에서 묵었지만 그렇게까지
해주는 호스트를 만나지 못했다. 아니 호텔에서도 그렇게 해주지
않았다.

이탈리아는 호텔의 서비스가 가격에 비례하지 않는다. 최고급
호텔도 별로고, 저렴한 호텔은 더 별로다(심지어 먹을 것 천국인
이탈리아 호텔의 조식 뷔페도 별로다*). G는 빵과 우유 그리고 치즈,
살루미, 요구르트는 물론 과일도 매일 보충해주었다. 나는 고마움에

295

---

* 이탈리아인들은 아침을 커피와 달달한 빵으로 간단하게 먹는다. 5성급 호텔이
아니라면 토스트, 오믈렛, 수프 같은 일반적인 조찬 메뉴가 조식으로 제공되지
않는다. 일반 호텔 조식은 빵, 커피, 과일, 요구르트, 치즈 등으로 비교적 간소하다.
그래서 가성비 떨어지는 호텔 조식 대신 인근의 유명한 바르나 카페에서 조식을
먹는 것을 권한다. 오후에는 카페나 바의 스푸만테 칵테일인 아페르티보를
경험해보는 것도 괜찮다. 5~8유로면 스파클링 와인이나 칵테일에 다양한
안주까지 나온다.

시내에서 맛있는 초콜릿이나 빵을 보면 사가서 G에게 건넸다. 그러면 G도 다시 나에게 사탕 등으로 답례를 해주었다.

"한국어를 가르쳐 주세요"

G에게는 딸이 하나 있었는데, 이름이 엘레나였다. 엘레나는 성숙한 외모와 달리 아직 고등학생이었다. 내가 그 집에 처음 체크인하던 날, 영어를 잘하는 엘레나가 어머니와 함께 나를 맞아주었다. 그런데 엘레나는 내가 짐을 풀기도 전에 대뜸 처음 보는 나에게 한국어를 좀 가르쳐줄 수 있냐고 물어보았다. "방탄소년단BTS 팬인데, 번역 없이 한국어 가사로 노래를 즐기고 싶다"는 것이었다.

이탈리아인과 한마디라도 더 해보려 하는 늦깎이 학생인 나야 그녀에게 얼마든지 한국어를 가르쳐주고 싶었다. 그러나 어머니인 G의 표정은 단호한 '노'였다. 그녀의 엄격한 표정을 앞에 두고 엘레나에게 선뜻 오케이를 할 수 없었다. 그리고 짧은 시간에 한국어를 가르친다는 것이 사실 불가능하기도 했다. 거절에 앞서 나는 호기심이 생겨 엘레나에게 물어보았다.

"왜 BTS를 좋아해?"

그런데 다소 의외의 답변이 돌아왔다.

"가사가 좋아요."

"잘 생겼어요. 춤을 잘 춰요." 이런 대답을 예상했는데, 엘레나는 BTS의 노래 가사를 영어나 이탈리아어로 이미 알고 있는 '아미(BTS 팬)'였던 모양이었다. 무슨 노래가 좋다고 했는데 지금은 기억이 나지 않는다. 나는 솔직히 그때까지 BTS 노래를 들어본 적이 없었다.

"가사의 어떤 부분이 좋은데?"

엘레나는 기다렸다는 듯이 대답했다.

"내가 고민하고 있는 부분을 노래로 풀고 있어요. 난 그 의미를 한국어로 더 알고 싶어요."

고등학생인 엘레나는 질풍노도의 시기를 겪고 있고, 그 시기를 아마도 BTS의 노래로 달래고 있었나 보다. 한국이었다면 "열심히 공부해라"라며 통속적으로 마무리를 했을 텐데 이탈리아에서 그런 진부한 말을 할 수는 없었다. 나는 짐짓 둘러댔다.

"한국어로 그 뜻을 알려면 오랫동안 한국어를 배워야 해. 그래서 좀 어려울 거 같다."

그녀가 실망하는 눈빛을 보이자 기다렸다는 듯이 어머니인 G가 엘레나에게 이탈리아어로 뭐라고 말했다. 아마 "너는 너의 일에 집중해야 한다"쯤이 아니었을까?*

나는 그들이 돌아간 뒤, 인터넷에서 'BTS 위로'라고 검색해보았다. '매직 숍Magic Shop'이란 노래가 나왔다. 들국화, 산울림의 노래를 들으며 학창시절을 보냈던 나의 올드한 감성에도 촉촉하게 스며드는 노래였다. 가사는 따뜻했고 멜로디는 부드러웠다.

> 내가 나인 게 싫은 날 영영 사라지고 싶은 날
> 문을 하나 만들자 너의 맘속에다
> 그 문을 열고 들어가면 이곳이 기다릴 거야
> 믿어도 괜찮아 널 위로해줄 Magic Shop

방탄소년단은 이름 그대로 이탈리아 소녀의 마음에도 핑크빛 방패를 쳐주고 있는 모양이었다. 엘레나뿐 아니라 이탈리아에서 만난 많은 여성이 한국에 상당한 호기심을 갖고 있었다. 호기심의

---

* 이탈리아는 고등학교 졸업 시험을 구술로 보는데 이게 생각보다 까다로워 졸업을 못하는 경우도 있다고 한다. 그래서 이 구술 시험에 대비하는 학원이 있다고도 한다.

갈래는 여러 가지였는데, BTS 같은 K팝이 한 갈래였고, 넷플릭스 미니시리즈인 〈킹덤〉 등으로 대표되는 영화나 드라마가 한 갈래였다.

이탈리아에서 놀랐던 것 중에 하나가 넷플릭스에서 방영되었던 〈킹덤〉(심지어 당시는 시즌 1만이 나왔을 때였다)을 본 사람이 적지 않다는 점이었다. 이탈리아 여성들은 한복, 특히 갓에 대해 관심이 많았다. 심지어 〈킹덤〉의 배경이 되었던 창덕궁에 꼭 가보고 싶다는 사람도 여럿이었다. 물론 이런 말을 하는 사람은 대부분 여성이었다.

남녀 간 문화소비의 비대칭성은 이탈리아도 예외는 아니었다. 이탈리아 여성들은 문화를 적극적으로 소비하고, 그 지평을 확장하려는 성향이 뚜렷했다. 특이한 점은 그게 꼭 젊은 여성만 그런 게 아니었다는 점이다. 한국의 문화와 음식을 경험하러 한국에 가보겠다는 중년 여성도 제법 많이 만났다. 봉준호 감독의 〈기생충〉이 지난해 해외 영화제에서 온갖 상을 다 휩쓸었으니 한국에 대한 관심은 더 높아졌을 것 같다.

나도 이탈리아에서 한국을 알리려고 나름 애를 썼다. 인삼즙과 함께 김이나 다시마 같은 한국 육수 재료를 가져갔다. 그리고 이곳저곳에서 한국 음식을 요리해 이탈리아인들에게 대접했다. 볼로냐를 떠나기 전에는 G의 모녀를 불러 한식을 대접했다. 한식이라고 해봤자 잡채, 김밥, 미역국이었지만 말이다. G는 그날 만찬에 정장을 차려입고, 이탈리아 스파클링 와인인 스푸만테를 한 병 가져왔다.

두 사람이 가장 맛있게 먹었던 것은 의외로 당근과 오이, 소고기로 만든 김밥이었다. 잡채는 면의 식감 탓인지 반응이 미지근했다. G는 "해초로 끓인 수프는 처음 봤다"면서 미역국을 거의 먹지 않았다. 엘레나는 '볼로냐에서 고기가 아니라 생선이라니'라는 표정을 지은 채 미역국에 입도 대지 않았다. 미역국을 대구살로 끓인 게 패착이었던 것 같다. 소고기로 끓였어야 하는데 잡채와 김밥에도 소고기가 들어갔는데 미역국마저 소고기로 끓이고 싶지는 않았다. 국 없이 갈비찜이나 불고기 같은 고기 중심의 음식을 해야 했는데 생각이 짧았다. 사실 로마냐의 유서 깊은 도시 페라라에는 장어를 넣은 빵도 있다. 하지만 여기는 에밀리아의 심장인 볼로냐였다. 볼로냐의 돼지와 로마냐의 멸치와 바지락이 에밀리아로마냐의 음식 공식이었다.

한국에 와서도 가끔 볼로냐의 G에게 문자를 보낸다. G도 자신의 근황을 전해온다. 앞으로도 나는 볼로냐에 가면 무조건 G의 집에 머물 것이다. G가 영어를 못했던 것이 당시에는 답답하게 느껴졌지만, 한국에 와서야 이탈리아어를 무료로 배울 수 있는 좋은 기회였다는 생각을 했다. 볼로냐에 소중한 친구이자 이탈리아어 선생님이 생긴 셈이었다.

299

윙크의 도시, 볼로냐

볼로냐 여성의 친절은 몸짓에서도 나타났다. 나는 한국에서뿐 아니라 여행을 다녔던 많은 나라 어디에서건 윙크를 받아본 적이 없었다. 나에게 윙크란 그저 영화나 드라마에서나 볼 법한 일이었다. 그런데 볼로냐에서는 윙크를 참 많이 받았다. 아침에 식당이나 카페를 가서 "Salve"*라고 인사를 건네면 여성들은 "Caio"라고 답변하며 윙크를

＊ 살베Salve는 간단한 단어이지만 격식을 차린 아침 인사다. 이탈리아에서 처음 보는 사람에게 "차오Caio"라고 인사해서는 안 된다. "차오"는 '안녕'이란 뜻의 격의 없는 인사여서 초면에 쓰면 결례다. 하지만 누군가에게 살베나 본 조르노Boun Giorno라는 인사를 받았을 때는 답례로 "차오"라고 대답해도 괜찮다.

해준다. 맨 처음 윙크를 받고 나는 머릿속이 하얗게 되고 말았다. 이탈리아에서 인사로 많이 쓰는 볼 키스를 처음 했을 때와 비슷한 문화적 쇼크였던 것 같다. 그렇지만 볼로냐에 한 달 정도 머무니 볼로냐 여성들의 윙크가 그저 경쾌한 눈인사라는 걸 알 수 있었다.

윙크를 할 때 사람들은 고개를 5도쯤 좌나 우로 기울인다. 이 약간의 기울기가 긴장을 완화시켜주는 것 같았다. 그렇지만 아무리 원리를 이해해도 젊은 여성이 활짝 웃으며 나에게 윙크를 하면 당황스러운 건 어쩔 수가 없었다. 최대한 자연스럽게 웃으며 인사하는 것 말고는 아직까지도 최선의 방책을 찾지 못했다.

볼로냐 여성의 남다른 활달함은 어디서 오는 걸까? 나는 이 활달함을 볼로냐의 특이한 역사에서 찾아야 한다고 생각한다. 볼로냐의 탁월한 이타심은 앞에서 설명했다. 시대를 앞서간 이 휴머니즘은 여성에게도 예외가 아니었다.

볼로냐는 암흑시대라 불리던 중세 때 다른 어떤 곳보다도 여성이 가장 왕성한 사회 활동을 하던 지역이었다. 볼로냐는 이미 13세기에 여성 박사와 여성 교수를 배출했다. 또 17세기에는 시에서 급여를 주는 여성 대학 교수가 있었으며, 18세기에는 여성학회장이 등장했다. 여성이 이 정도 자리에 오르고 대우를 받는 일은 당시 유럽뿐 아니라 전 세계적으로 손꼽을 만한 일이었다. 이런 일은 볼로냐와 이탈리아의 몇몇 도시를 제외한 다른 나라에서는 20세기가 되어서야 가능했던 일이었다.*

---

* 우리나라 최고 고액권의 인물은 여성인 신사임당이다. 하지만 그녀의 이름은 전해져 오지 않는다. 사임당은 당호다. 조선의 여인 가운데 이름(본명)이 전해져오는 사람은 허균의 동생인 허난설헌 허초희와 제주 여인으로 빈민 구제에 앞장섰던 김만덕 등 손가락에 꼽을 정도다. 이름조차 없던 조선 여성이 살아야 했던 삶은 어떤 모습이었을지 짐작이 간다.

이탈리아를 제외한 다른 유럽의 국가에서 여성 박사가 처음 나온 것은 18세기 프랑스에서였다. 그전까지 영국과 프랑스에서는 여성의 역할을 정확하게 법으로 한계 지어놓았고 당연히 여자 교수란 '둥근 사각형'과 같은 모순 형용쯤으로 여겼다. 정치나 종교에서뿐 아니라 교수나 연구자 모임에서의 여성에 대한 배타성은 심각했다.

프랑스에서는 남자 과학자들이 1903년 노벨 물리학상을 비롯해 두 번이나 노벨상을 받은 마리 퀴리Marie Curie, 1867~1934가 과학아카데미 정회원이 되는 것을 총력을 기울여 막았다. 심지어 이들은 "여성은 영원히 과학아카데미의 회원이 될 수 없다"라는 낯부끄러운 조항을 신설하기까지 했다. 마리 퀴리가 조국인 폴란드를 떠나 프랑스에 온 것도 당시 폴란드에서는 여성이 대학에 기는 깃이 금시되었기 때문이었다. 시대착오적인 것은 노벨상을 주관하는 노벨위원회도 마찬가지였다. 위원회는 마리 퀴리를 노벨상 후보에 올리는 것조차 반대했다. 하지만 남편인 피에르가 위원회를 계속 설득해 겨우 공동 수상을 받을 수 있었다. 이후 프랑스 과학아카데미가 여성을 정식 회원으로 받은 것은 1979년이 되어서였다.

영국은 1945년으로 이보다는 조금 빨랐지만 결코 자랑할 일은 아니다. "영국 왕립아카데미에 소속한 여성은 남성 학자를 위해 전시된 여성 해골 표본 밖에는 없다." 여성에 대한 배타성 탓에 이런 말이 있었을 정도였으니 말이다. 1897년 5월, 캠브리지 대학이 여학생에게 학위를 받을 수 있는 권리를 부여하려고 하자 많은 남학생과 졸업생, 직원이 항의 시위를 했다. 이 시위로 인해 캠브리지 대학은 여성에게 학위를 수여하지 않았고, 이 결정이 뒤집힌 것은 1947년이 되어서였다.

따라서 13세기부터 볼로냐에 등장한 여성 박사와 여성 교수는

1897년 영국 캠브리지 대학이 여성에게 학위를 주려고 하자
이에 반대하는 남자 학생과 졸업생 등이 대규모 시위를 벌였다.
결국 1947년까지 캠브리지대학의 여성 졸업자에게 학위는 수여되지 않았다.
(출처: 프린스턴대학 파이어스톤라이브러리 홈페이지)

이탈리아 밖의 다른 세계에서 온 사람들에게는 상당한 충격이었을
것이다. 여성의 역할을 단순히 남성의 보조적 존재로만 알고 있던
영국, 프랑스, 독일 등의 국가에서 온 학자와 학생들은 대학
강의실에서부터 학회에서까지 남성 학자 못지않게 활약하는
이탈리아 여성 박사들에게 대단한 관심을 표현했다고 한다.
    이탈리아에서 이렇게 여성 박사와 교수를 배출한 곳은
볼로냐와 파도바, 살레르노Salerno 대학 정도밖에 없었다.* 17세기에
세계 최초의 여성 철학 박사 학위를 받은 피스코피아Elena Cornaro Piscopia,
1646~1684는 베네치아에서 가까운 파도바 대학 출신이었다. 하지만 이
중에서도 여성 박사의 숫자나 질적인 측면에서 볼로냐가

압도적이었다.

볼로냐의 지성사뿐 아니라 페미니즘
역사에서 중요한 인물은 베티시아
고차디니Bettisia Gozadini, 1209~1261다. 1236년
볼로냐 법대를 졸업한 그녀는 처음에는 집에서
강의를 했다. 당시에는 여자가 학교에서
강의하는 것이 금지되어 있어서, 여자 강사의
경우 자신의 집이나 살롱에서 강의를 했다.
그러나 강의가 너무 훌륭해 결국 볼로냐
대학에서 교수직을 제안받았다. 그녀는 맨
처음에는 남장을 하고 강의를 했다고 한다.

이후에도 많은 여성 인사들이 볼로냐

볼로냐역사박물관에
있는 베티시아
고차디니의 흉상.
(출처: 위키피디아)

대학이나 그 주변에서 강의를 했다. 알레산드라 질리아니Alessandra
Giliani, 1307~1326는 최초의 여성 해부학자로 기록되어 있다. 그녀는 당시
볼로냐 대학의 교수인 몬디노 데 루이치의 조수로 일한 것으로
알려져 있다. 몬디노는 앞서 살펴보았듯이 '해부학의 아버지'로 불릴
정도로 볼로냐 의과 대학을 유명하게 한 사람이었다. 하지만 그녀와
관련된 기록은 기록 보관이 잘되어 있는 볼로냐에도 거의 남아 있지
않다. 그래서 그녀의 존재가 후세 사람이 만든 가공의 인물이라는
주장도 있다. 2010년에는 그녀의 삶을 다룬 소설이 이탈리아에서
발표되기도 했다.

303

✻ 살레르노는 이탈리아 남부 나폴리 인근의 항구 도시다. 9세기부터 아랍인들과
교류하면서 아랍인이 전해준 갈레노스의 의술을 연구하는 의과 대학이 생겼다.
12세기에는 트로타Trota라는 여의사의 산부인과와 피부과 관련 저술이 전 유럽에
알려질 정도로 유명했다. 그녀 이후 여성 의사들의 활약이 유명했으나 13세기
나폴리 대학이 생기면서 그 명성을 잃었다. 살레르노 대학에서는 볼로냐나 파도바
대학에서처럼 인체 해부 실습은 진행되지 않았다.

여성 의학자들은 이후에도 볼로냐에 계속 등장했다. 그 가운데 안나 마졸리니Anna Manzollini, 1716~1774는 주목할 만하다. 그녀는 18세기에 시체 해부와 신체 기관을 밀랍으로 정확하게 구현해 이름을 날렸다. 그녀는 볼로냐 대학뿐 아니라 영국 런던과 러시아 상트페테르부르크에서 해부학 강의를 했던 국제적인 명사였다. 그녀의 삶은 남성의 견제와 편견을 뚫고 독보적인 활동으로 우뚝 선 여성 과학자의 전형이었다.

인체 해부학, 볼로냐 여성에 의해 업그레이드되다

볼로냐 의대를 졸업한 그녀는 26세인 1740년, 밀랍 조각가인 조반니 만졸리니Giovanni Manzolini, 1700~1755와 결혼을 했다. 그녀는 남편과 함께 이전의 해부학자들과 전혀 다른 시도를 하기 시작했다. 기존 해부학자들은 시체 전체를 해부하는 총론적 강의를 했는데, 그녀는 인간의 장기와 신체의 특정 부위만을 해부해 강의했다. 특히 그녀는 눈과 뇌에 대해 관심이 많았다. 눈동자와 눈을 움직이는 근육을 섬세하게 관찰하고 이를 밀랍으로 정확하게 구현했다. 눈동자의 근육 작동 방식에 대한 그녀의 설명은 기존의 해부학 이론과 180도 달랐지만, 눈 주변 모든 근육의 움직임을 하나하나 떼어놓고 연구했던 그녀의 주장이 결국 맞는 것으로 밝혀졌다.

그녀는 이뿐 아니라 많은 장기와 근육을 밀랍으로 재현했다. 만졸리니 부부의 노력으로 해부학 강의에서는 매번 냄새가 고약한 시체를 꺼내 수업하지 않아도 되었다. 이들 덕분에 볼로냐 대학은 '유럽 해부학의 메카'라는 타이틀을 오래도록 유지할 수 있었다. 볼로냐 주교가 만졸리니의 활동을 후원했고, 오스트리아 제국의 황제는 만졸리니의 작업실을 직접 방문한 뒤 그녀에게 훈장을

안나 만졸리니가 밀납으로 만든 자신의 모습과
팔 해부학 모형. (출처: 위키피디아)

수여하기도 했다.

　　그러나 만졸리니가 이렇게 두각을 나타내자 그녀를 공격하는
사람도 늘어났다. 만졸리니는 남성의 생식기를 연구했다. 당시 남성
해부학자들은 주로 여성의 생식 기능에 대해 많은 연구를 했는데,
여성인 만졸리니의 이런 연구는 일종의 터부에 도전하는 의도된
행위였다. 또 만졸리니는 인간의 뇌에 대해서도 연구했다. 이것 역시
여성이 남성보다 작은 뇌를 가지고 있다는 주장을 생물학적 근거로
들어 여성에 대한 편견을 합리화했던 남성 학자들에 대한 정면
도전이었다. 한마디로 그녀는 아주 전략적인 싸움꾼이었다.

　　당시 그녀를 앞장서서 비판하던 해부학자 페트로니오
제키니Petronio Zecchini는 그의 저서에서 "여성은 남성과 달리 두뇌와
지성이 아닌 자궁에 의해 지배된다"고 말했다. 그는 "그래서 여성은
자신들의 불안정성을 억제하기 위해 남성에 복종해야 한다"고도
덧붙였다. 이는 고대 그리스 시대부터 전해져온 오래된 편견이었다.

305

'히스테리hysteria'라는 단어가 고대 그리스어 자궁hystera에서 유래된 것이 ㄱ 예다. 그리스인은 히스테리가 자궁이 제 위치에서 벗어나 발생하는 병이라고 여겼다.

아쉽게도 만졸리니가 이런 남성 의학자들의 편견에 어떻게 반박했는지에 대한 기록은 없다. 하지만 만졸리니가 남긴 자신의 밀랍 흉상을 보면 그녀가 얼마나 위대한 과학자인 동시에 우아한 도전자인지를 알 수 있다. 만졸리니는 귀족적인 옷차림에 미소를 머금은 품위 있는 표정으로 뇌(남성의 뇌로 추정된다)를 해부하고 있는 자신의 모습을 밀랍으로 만들어놓았다. 턱을 약간 들고 살짝 웃음 짓고 있는 그녀의 모습을 볼로냐 대학 포지 박물관에서에서 만날 수 있다.

물리학자인 라우라 바시Laura Bassi, 1711~1778는 '최초의 여성'이라는 타이틀이 많은 과학자다. 그녀는 세계 최초의 여성 물리학박사였고, 최초로 대학에서 급여를 받는 여성 교수였다. 그리고 세계에서 두 번째로 여성 철학 박사가 된 인물이기도 하다.

하지만 그녀도 맨 처음에는 대학에서 강의를 하지 못했다. 그 당시에도 여성이 대학에서 정식으로 강의를 하는 것은 그렇게 쉬운 일이 아니었던 모양이다. 하지만 대학 시절, 볼로냐 주교로 있으면서 그녀의 졸업 논문을 심사했던 교황 베네딕토 14세Benedict XIV, 1675~1758의 후원으로 그녀는 볼로냐 대학 교수가 되었다. 그리고 1732년 볼로냐 과학아카데미의 최초의 여성 회원이 되었다. 바시는 영국의 뉴턴이 발견한 고전 물리학을 직접 실험하고, 그 내용을

라우라 바씨의
초상화(작가 미상).
(출처: 위키피디아)

대중에게 강연했다. 결국 그는 1745년 교황청 과학아카데미의 회원이 되었고, 볼로냐 실험물리학회 위원장까지 올랐다. 프랑스 계몽주의 사상가인 볼테르는 그녀에 대해 "런던에는 뉴턴은 있어도 바시가 없다"라고 말할 정도였다.

최초로 여성의 누드를 그린 볼로냐 여성

볼로냐 대학 출신 여성 가운데는 예술가도 많았다. 그 시작은 볼로냐 대학 박사 출신으로 로마 교황청의 전속 화가가 된 볼로냐 여성 라비니아 폰타나Lavinia Fontana, 1522~1614를 먼저 이야기해야 한다. 그녀는 최초의 전문 여성 화가이자 여성의 누드를 그려 발표했던 최초의 여성 최기로 일러져 있다. 폰타나는 중세 이전의 성화와 다른 성화의 전형을 개척했다고 평가받는 인물이다. 르네상스의 그림이 고전에 대한 충실한 해석 혹은 모방이었다면, 그녀는 거기에 자신의 주관을 입혔다. 이른바 매너리즘 그림이었다. 매너리즘mannerism은 이탈리아어로 '전형'이라는 뜻의 '마니에라maniera'에서 나온 미술 양식으로, 레오나르도 다빈치, 미켈란젤로, 라파엘로와 같이 위대한 미술가의 작품을 모델로 삼아 거기에 자신의 생각을 부여했던 사조다.

307

르네상스 미술이 조화와 균형을 강조했다면, 매너리즘은 개성과 역동성을 강조했다. "르네상스와 바로크를 잇는 교량적 역할을 했지만 르네상스 거장의 작품에 비해 작품성이 부족하다"라는 비판을 받기도 했다. 그

라비니아 폰타나의
자화상(1579).
(출처: 위키피디아)

비판 탓에 매너리즘은 '틀에 박힌 방식'이라는 부정적 의미로 주로 사용되기도 한다. 하지만 이들의 작품은 볼로냐 출신의 카라치Carracci 형제와 밀라노 출신 카라바조Michelangelo da Caravaggio, 1573~1610 등으로 이어져 루벤스, 렘브란트Rembrandt Harmenszoon van Rijn, 1606~1669 등이 활약했던 바로크 미술의 기초를 놓았다는 평가를 받고 있다. 또 20세기 표현주의나 초현실주의에도 영향을 준 것으로 확인되면서 최근 주목을 받고 있다.

폰타나가 매너리즘의 작가로 주목을 받게 된 것은 그녀의 그림 〈옷을 입는 미네르바〉 덕분이었다. 그림 속 미네르바는 기존의 남성 작가들이 그린 엄숙하고 반듯한 모습이 아니라 인상주의 작품에 등장하는 여인들처럼 자연스러운 자세를 취하고 있다. 물론 이 그림은 여성이 옷을 걸치지 않은 여성을 모델로 그림을 그렸다는 비판을 불러왔다. 지금 생각하면 말도 안 되는 논란이지만, 이 그림은 그 논란과 상관없이 그녀의 명성을 드높였다. 그녀는 명성에 힘입어 교황 비오 5세Pius V, 1504~1572의 초청으로 로마로 갔고, 곧 로마에서 교황청 소속 화가가 되어 교황의 초상화를 그렸다.

볼로냐 여성들이 꼭 대학을 중심으로만 활동한 것은 아니었다. 볼로냐 출신의 엘리사베타 시라니Elisabetta Sirani, 1638~1665는 미술가로서 폰타나를 능가할 만큼의 다채로운 활동을 했다. 그녀는 27살에 요절했지만 200여 점의 그림이 지금까지 전해져 올 정도로 작품 활동이 활발했다. 그녀의 그림인 〈성모와 아기 예수〉는 1994년 미국 우정공사United States Postal Service에서 크리스마스 기념우표로 인쇄되기도 했다.

시라니의 가장 큰 공은 세계 최초로 볼로냐에 여성 미술 아카데미를 만들어 여성 화가들이 활동할 수 있는 공간을 제공했다는 점이었다. 그녀와 그녀의 여동생들이 만든 이 학교는

수녀들이 세운 학교를 제외하면 여성이
설립한 중세 유럽 최초의 여성 학교였다.
또 그녀는 화가인 아버지를 대신해 화랑을
운영했는데, 여기에서 많은 여성 화가의
작품을 소개하거나 팔 수 있도록 도왔다.
그녀는 화상과 미술을 후원하는 유력
인사를 많이 소개해주어서, 많은 제자가
적극적인 예술 활동을 펼칠 수 있었다.
이런 분위기 덕분에 볼로냐에는 여성
화가뿐 아니라 많은 화가가 등장했고,
그들의 활동은 유럽의 성화에 큰 영향을
주었다.

라비니아 폰타나가 그린
〈옷을 입는 미네르바〉(1613).
(출처: 위키피디아)

볼로냐는 왜 아마조네스가 되었나?

그렇다면 왜 볼로냐에서는 이런 특별한 여성이 많이 등장할 수
있었을까? 19세기까지도 볼로냐 여성들의 선구자적인 활동은 사실
거의 잊혀져가고 있었다. 르네상스의 도시 피렌체와 레오나르도
다빈치, 미켈란젤로 등 남성 예술가들이 주로 부각되면서, 볼로냐와
볼로냐의 여성들은 상대적으로 조명을 받지 못했다. 1850년대에
이탈리아 통일 운동가들이 이탈리아 여성의 탁월함을 보여주는
자료를 찾으면서, 비로소 볼로냐 여성들의 활약이 재조명되기
시작했다.

　　볼로냐가 그만의 독특함을 갖게 된 첫 번째 원인은 역시나
볼로냐 대학이다. 볼로냐 대학은 설립 당시, 남녀 차별과 외국인
차별이 없는 놀라운 개방성을 지닌 기관이었다. 두 번째는 12세기

볼로냐가 이탈리아에서 가장 경제적으로 윤택한 도시 중 하나였다는 점이다. 볼로냐는 이탈리아에서 가장 넓은 평원인 파다노 평원 덕에 물산이 풍부했고, 베니스와 밀라노, 제노바 등 상업이 발달한 주빈 도시와 가까운 위치를 활용해 경제적 부를 구가했다. 마치 우리나라 고려의 개성이나 혹은 남송의 카이펑처럼 말이다. 개성에서 자유분방한 내용의 고려 가요가 불러지고, 카이펑에서 근대 중국 희곡의 모태가 된 잡극이 올랐던 이유도 활발한 상업 활동으로 축적된 부에서 비롯되었다.

물론, 반대 견해도 있다. 볼로냐 대학이 아니라 볼로냐 교회에 무게 중심을 둔 해석이다. 볼로냐가 이탈리아에서 차지했던 종교적 도시로서의 위상 때문에 거꾸로 여성들이 활동할 수 있는 공간이 많았다는 분석이다. 볼로냐는 로마만큼은 아니지만 교회에서 중요한 곳이었으며, 실제로 많은 순례자가 찾던 도시였다.

거기다 볼로냐 대학 출신이나 볼로냐 주교를 역임했던 사람이 자주 교황에 올랐다. 볼로냐 주교들은 독일에서 시작된 종교 개혁에 맞서면서 자정 노력을 위한 반종교 개혁의 거점 도시로 볼로냐를 활용했다. 그중의 하나가 볼로냐 여성 화가가 그리는 새로운 스타일의 성화였다. 볼로냐에서 많은 여성 화가가 나올 수 있었던 것은 당시 교황을 비롯한 교회의 적극적인 후원 덕분이었다. 그들의 후원으로 여성 미술학교가 생겨났고, 많은 여성이 화가로 활동할 수 있었다.

이와 관련해 좀 더 정치경제학적인 분석도 있다. 캐롤리나 머피Caroline P. Murphy 미국 캘리포니아대 교수는 "교황을 포함해 교계의 후원을 받았던 볼로냐 여성의 남편들이 사업적으로 성공했고, 그 성공에 따른 수익을 여성들이 관리했다"라고 말했다. 당시 볼로냐 여성들이 자신의 활동으로 넓힌 사회적 명성을 이용해 여러 가지

사업을 벌였고, 그렇게 얻은 수익을 본인들이 관리했다는 것이다. 관점이 어떻든, 볼로냐 여성의 사회적 지위가 당시 어떤 지역에 사는 여성의 지위보다 높았다는 것은 분명하다. 교회의 후원을 받았건 혹은 교회에 맞섰건, 볼로냐는 일반적인 중세 사회와는 다른 사회였다. 이는 볼로냐의 역사나 예술사를 연구한 학자들의 공통된 전제다.

이렇듯 볼로냐를 뒷받침해준 것은 휴머니즘(인문주의)였다. 그리스에서 만들어 로마로 이어져 내려온 인간 중심의 사고는 서로마 제국이 멸망하면서 유럽에서 사라졌다. 이것이 다시 시작된 곳은 볼로냐였다. 거기다 볼로냐의 인문주의는 새롭기까지 했다. 고대 그리스와 고대 로마에는 없었던 여성 존중과 노예 해방을 추구했기 때문이었다. 볼로냐는 여성에게 인간이 가진 권리를 인정해주었을 뿐 아니라 1257년 세계 최초로 노예 해방 법안을 만들어 이를 실현한 곳이기도 하다. 여성과 흑인에 대한 사회적 인정은 신앙의 자유를 찾아 목숨을 걸고 신대륙으로 건너간 미국인들도 20세기가 되어서야 본격적으로 고민하기 시작했던 문제였다. 그런데 볼로냐는 이를 13세기에 이미 시작했던 것이다.

볼로냐가 이렇게 남다른 생각을 한 이유는 사실 수수께끼다. 인류사를 봤을 때 이런 새로운 생각은 농업혁명이나 산업혁명 등의 거대한 변화로 인해 엄청난 규모의 자본이 쌓이거나, 모든 것을 앗아갈 정도의 대재앙(페스트 혹은 세계대전) 뒤에나 나올 법한 것이다. 그런데 볼로냐는 그런 계기와 상관없이 한결같이 새로운 생각을 발전시켜왔다. 그런 점에서 볼로냐는 참 유별난 곳이다.

사실 볼로냐는 단순히 미녀의 도시가 아니다. 변화를 두려워하지 않고 새로운 것을 추구하는 과감함을 지니고 과거의 유산을 발전시켜 온 '아름다운 사람들의 도시'다.

산 페트로니오 성당 계단에서 본 마조레 광장.

"Let us shine."
방탄소년단 '소우주'에서

내 삶은 요리 시작 전과 후로 나뉜다

코로나가 전 지구를 덮치기 직전인 2020년 3월 초, 나는 이탈리아로
떠나려고 했다. 이 책을 처음부터 읽은 독자라면 당연히 내 목적지가
볼로냐라는 걸 쉽게 추측할 수 있었을 것이다. 그때 나는 베네치아를
거쳐 볼로냐에서 3~6개월쯤 어학연수를 한 뒤에 9월 이후 시칠리아
바닷가에서 지내려고 했다.

2019년 12월 중순 이미 볼로냐어학원에서 입학 허가는 미리
받아놓은 상태였다. 이 어학교는 내가 볼로냐에서 가장 좋아했던
산토 스테파노 성당 회랑에 있다. 이 회랑을 자주 다니다 눈에 띄어
인터넷으로 찾아보고 방문했다. 볼로냐에서 가장 유서 깊은 성당
옆의 건물에 있는 만큼 학교 건물 자체가 문화재급이었다. 2층
강의실에서 성당으로 이어진 회랑과 길이 내려다보이는 운치 있는
학교였다.

요리에 뜻을 둔 만학도가 창업은 안하고 이탈리아로 자꾸
다니려고 하는 건 이탈리아가 멋진 곳이기도 하지만 솔직히 말하면
요리에 대한 공포 탓이 컸다. 나는 지금도 하루 3끼와 두어 번의

314

간식을 먹는다. 아내가 음식을 해주는 경우도 있긴 하지만 대부분
내가 만든다. 심지어 새벽에 일을 하다가 김치를 담그거나
소르베토(sorbetto, 셔벗의 이탈리아어)를 만든다. 나물도 무치고,
이탈리아 만두도 만들고, 손질 하고 남은 자투리 채소로 족보에도
없는 소스를 만든다. 아내는 야밤에 주방에서 사부작거리는 나를
이해하지 못하지만 나는 요리가 좋다. 나의 삶은 요리를 시작하기
전과 그 후로 나뉘는 건 변함없는 사실이다.

하지만 내가 이탈리아에서 요리유학을 하면서 깨달은 것
가운데 하나가 내가 기존의 레스토랑 산업에 뛰어들기에는 내
나이가 제법 많다는 사실이었다. 매일 아침 9시부터 자정까지 자는
시간을 빼고 하루 15시간 계속 주방에 서서 요리하는 일은
고통스러웠다. 강도 높은 노동으로 인턴을 하면서 나의 체중이
10킬로그램 가까이 빠졌다. 내 목이 그렇게 길다는 것을
이탈리아에서 처음 알았지만 나는 전혀 기쁘지 않았다.

315

요리는 너무도 즐거웠지만 쉰이라는 나이는 그 즐거움에
혹해서는 안 된다는 걸 깨닫게 해주었다. 나이 오십은 귀가
순해진다는 이순耳順이라더니 나는 비로소 운명의 속삭임을 수긍하기
시작했다. 혹시 레스토랑을 연다며 가뜩이나 없는 살림을
거덜낼까봐 두려워하던 아내는 나의 이런 변화에 "철들었다"며
반겼다.

와인으로 시작하고픈 새로운 인생

하지만 나는 아직도 요리를 하고 싶고 불 앞에서 내려올 생각은
없었다. 그래서 타협점으로 찾은 것이 와인이었다. 내가
이탈리아에서의 놀라운 경험은 레드 와인의 황홀이었다. 고량주에

견주면 참 가성비 떨어지고 수익률(알코올 도수)도 한참 부족한 이 술이 어떻게 '예수님의 피'라는 종교적 의미를 획득했는지 이탈리아에서 비로소 깨달았다.

무엇보다도 와인은 맛이 있었다. 바디감이 단단할수록 안주는 역시 눅진해야 했다. 고기 자체에 향기가 있는 양고기나 야생 고기와 탄닌이 강한 와인은 놀라운 조화를 선보였다. 치즈나 빵 조각을 놓고 레드 와인을 음미하려고 잔을 열심히 돌리는 짓을 이탈리아에서는 하지 않아도 되었다. 화이트 와인도 만만치 않았다. 그냥 마시면 맹탕인 피노 그리지오는 해산물 요리와 함께 먹으면 완전히 다른 얼굴을 보여주었다.

나는 이렇게 가랑비에 옷이 젖듯이 한 잔 두 잔 기울이다 와인에 빠졌다. 징용살이 같았던 인턴이 끝난 뒤, 나는 자유를 만끽하며 여러 곳의 와이너리를 돌았다. 이 때 나의 막연했던 생각은 더욱 가닥을 잡았다. 아직 어떻게 이탈리아 와인을 한국에서 풀어낼지에 대해서는 구체적인 계획은 없다. 일주일에 2~3일만 저녁에 문을 여는 서퍼supper클럽이나 이탈리아 와인만을 소개하는 와인 클래스를 열어볼 생각도 해본다. 와인수입법인이나 소매상을 해보는 것도 고민 중이다.

이탈리아에서 판매되는 와인의 품종은 600종이지만 실제로는 더 많은 2,000종이라는 이야기도 있다. 포도품종이 이렇게 다양한 것은 이탈리아의 지역주의 전통 때문이기도 하고 작은 규모의 포도밭으로도 와인을 생산할 수 있는 협동조합 문화 덕분이기도 하다. 품종만 다양한 게 아니다. 남북으로 긴 이탈리아 반도의 특성상 같은 품종이라도 맛이 전혀 다르다. 남쪽 피노 그리지오와 북쪽 피노 그리지오 맛은 다르다. 이탈리아 와인은 그래서 머리가 아프기도 하다.

결국 내가 내린 결론은 '이탈리아를 좀 더 탐닉하자'였다. 탐닉하려면 언어가 필요했다. 그 언어의 기항지로 나는 볼로냐를 선택한 것이다.(이탈리아어의 표준어는 토스카나어다. 이 지역 말이 표준어가 된 것은 단테의 명작 《신곡》 덕분이며, 단테는 볼로냐 대학을 졸업했다.)

새로운 길을 보여주고 영감을 준 도시 볼로냐

나는 한국에 와서도 스스로를 볼로네제라고 부를 정도로 볼로냐에 푹 빠졌다. 체류 기간 내내 나에게 윙크를 해주었던 많은 볼로냐의 멋진 아가씨들의 때문일 수도 있고, 입에 삼삼한 볼로네제 파스타와 프로슈토 덕분일 수도 있다.

한국에 돌아와서 나는 이탈리아를 가는 지인들에게 볼로냐를 침이 마르게 칭찬했다. 어떤 이들은 볼로냐를 다녀와 나에게 고맙다고도 말했지만 어떤 이는 내 말과 달리 볼로냐에는 볼 게 없었다고 푸념하기도 했다. 심지어 볼로네제 파스타가 미국식 미트볼 파스타보다 맛이 없다는 이도 있었다. 정말 '아는 만큼 보이는 건가'라는 탄식이 나왔다. 어쩌면 나의 볼로냐에 대한 애정이 지나친 것인지도 모르겠다. 이 책을 읽고 볼로냐에 가봤더니 책에서 말한 것과 달리 별로더라는 말을 들을 수도 있겠다는 노파심이 들기도 한다.

나는 역사가 전진한다고 믿는다. 그렇지만 살아오면서 유감스럽게도 그 전진을 감격스럽게 느껴본 적은 드물었다. 그런 감정은 그저 역사책에서만 볼 수 있는 공허한 것으로만 생각했다. 그렇지만 자유도시 볼로냐의 광장에 섰을 때 느껴지는 공기는 전혀 달랐다.

시민들이 손을 잡고 교황과 황제에 맞서 자유를 얻어냈던 이 도시의 역사는 인류 역사에서 참 특별했다. 시민들이 왕을 쫓아내고 자치도시를 만들었다. 그리고 도시의 깃발에 '자유'라는 단어를 새겨넣었다. 또 학생들은 스스로 대학을 만들었다. 심지어 이들은 라틴어로 '공동체'라는 멋진 이름을 대학에 붙여주었다. 그리고 그 공동체는 알프스 바깥의 이방인은 물론이고 여성들까지 받아들였다. 비슷한 시기 남녀유별을 하늘의 섭리인양 외쳤던 수많은 지역과 달리 볼로냐는 분명 독보적인 도시였다.

작은 도시인 볼로냐가 어떻게 이런 성취를 이루었는지는 나에게는 여전히 수수께끼다. 하지만 분명한 건 볼로냐는 왕이나 신이 아니라 사람을 가장 최우선으로 여겼다는 점이다. 인간 한 명 한 명이 위대한 소우주며 신의 선물이라는 것을 믿었던 것이다. 그렇지 않았다면 왕이나 교황을 부정하며 그들로부터 공동체를 지켜야 한다고 생각할 수는 없었을 것이다. 그리고 볼로냐 사람들은 그 공동체에서 서로를 믿으며 서로가 빛날 수 있도록 도왔다. 가난한 자나 여성이나 이방인도 예외가 아니었다.

자유도시, 대학, 미술과 음악 그리고 협동조합까지 볼로네제들이 어깨를 걸고 함께 만든 성취는 그 크기를 떠나서 아름답다. 그리고 그 성취가 몽롱한 단어로 가득한 책들이 아니라 와인과 살루미와 치즈와 파스타 같은 일상의 음식으로 느낄 수 있다는 것이 좋았다. 앎과 행함이 나란히 누워있는 볼로냐식 한 접시 요리는 나에게는 늘 영감을 준다. 반백의 나이에 요리유학을 떠나 여러 생각으로 머리가 복잡했던 나는 볼로냐에서 새로운 길을 보았고 볼로냐에서 다시 그 길을 시작해볼 계획이었다. 하지만 코로나가 나의 발목을 잡았다.

다행히 이탈리아가 올 여름부터 제한적으로 코로나백신

접종자들의 입국 허용을 검토한다고 한다. 일단 이탈리아와의 하늘길이 열리면 모교인 ICIF에 가서, 나의 와인 선생님인 에지오를 비롯해 나의 스승이자 인턴 레스토랑의 셰프인 프랑코 그리고 나에게 볼로냐행을 권해주었던 제빵과정 동기인 부르노 등의 지인들을 만나 와인과 관련한 나의 구상을 물어볼 계획이다.

하지만 볼로냐를 소개한 이 책을 들고 가서 그들에게 건네야 할지는 좀 난감하긴 하다. "너는 피에몬테에서 이탈리아 요리를 배웠는데 볼로냐 책부터 쓰냐"라는 지청구는 피하기는 어려울 것 같다.

볼로냐, 붉은 길에서
인문학을 만나다

맛, 향기, 빛깔에 스며든
인문주의의 역사

글, 사진 권은중

ⓒ 권은중, 2021

초판 1쇄 2021년 5월 30일 발행
초판 3쇄 2022년 9월 19일 발행

ISBN 979-11-5706-233-1 (03900)

책임편집   배소라
편집도움   최윤선
디자인   조주희
마케팅   김성현 김예린
인쇄   한영문화사

펴낸이   김현종
펴낸곳   (주)메디치미디어
경영지원   전선정 김유라
등록일   2008년 8월 20일
          제300-2008-76호
주소   서울시 중구 중림로7길 4, 3층
전화   02-735-3308
팩스   02-735-3309
이메일   editor@medicimedia.co.kr
페이스북   facebook.com/medicimedia
인스타그램 @medicimedia
홈페이지   www.medicimedia.co.kr

이 책을 읽는 당신이 궁금합니다.

 카메라를 켜고 QR코드를 스캔해 주세요.
담해주시는 분들 중 추첨을 통해
소정의 선물을 드립니다.